国家级职业教育规划教材
人力资源和社会保障部职业能力建设司推荐

■ 高等职业技术院校公路类专业教材 ■

公路施工养护机械

主编　于建永
主审　张宏春

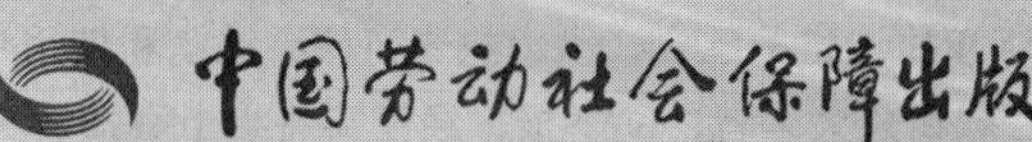

中国劳动社会保障出版社

简介

本书根据高等职业技术院校教学实际，由人力资源和社会保障部教材办公室组织编写。主要内容包括土方机械、混凝土机械、路面机械、养护机械，旨在培养学生熟悉公路工程施工、养护机械的一般结构和使用方法，能够熟练操作小型施工、养护机械，并进行必要的维护与保养。

本书由于建永主编，孟庆辉、张泓、李领健参编，张宏春主审。

图书在版编目(CIP)数据

公路施工养护机械/于建永主编. —北京：中国劳动社会保障出版社，2012
高等职业技术院校公路类专业教材
ISBN 978-7-5045-9812-7

Ⅰ.①公… Ⅱ.①于… Ⅲ.①筑路机械-高等职业教育-教材②养路机械-高等职业教育-教材 Ⅳ.①U415.5②U418.3

中国版本图书馆 CIP 数据核字(2012)第 166276 号

中国劳动社会保障出版社出版发行
(北京市惠新东街 1 号 邮政编码：100029)
出 版 人：张梦欣
*
国铁印务有限公司印刷装订 新华书店经销
787 毫米×1092 毫米 16 开本 14 印张 319 千字
2012 年 8 月第 1 版 2022 年 12 月第 2 次印刷
定价：26.00 元

营销中心电话：400-606-6496
出版社网址：http://www.class.com.cn
http://jg.class.com.cn

前言

随着我国公路交通的高速发展，公路施工、养护、工程测量等岗位从业人员的数量日益增多，对其具备的知识和能力的要求也在不断提高。为了更好地满足各类职业院校对公路类专业高技能人才的培养需求，全面提升教学质量，人力资源和社会保障部教材办公室组织全国有关院校的教学专家、行业企业专家，在充分调研学校教学情况和企业生产实际的基础上，精心编写了高等职业技术院校公路类专业教材，包括公路类专业基础平台课教材《公路概论》《公路工程识图》《公路CAD》《工程力学基础》《土质与筑路材料》，以及公路类专业课教材《路基路面施工技术》《桥涵工程施工技术》《公路养护技术》《公路工程测量》《公路勘测及简单设计》《公路工程现场测试技术》《公路工程施工组织与概预算》《公路施工养护机械》《公路施工安全》。

在教材的编写过程中，力求做到以下几点：

1．采用模块化设计，合理构建专业教材体系

针对公路类专业培养目标和企业对岗位能力的不同需求，本套教材分为公路施工养护模块、公路工程测量模块、公路试验检验模块、公路施工组织与管理模块等。教师可以在专业基础平台上组合不同的能力模块实施教学，以达到公路（桥梁）施工、养护、工程测量等专业方向的能力培养要求。

2. 以国家职业标准为依据，以能力培养为目标组织教材内容

教材编写以筑路养护工、工程测量工、桥梁工、隧道工等职业的国家职业标准为依据，注重企业对公路施工、养护、工程测量等岗位从业人员的能力要求，坚持实用、够用的原则，合理组织教材内容，有效解决了公路类教材存在的理论性过强的问题。

3. 贯彻先进的教学理念，根据教学内容的不同精心选择编写模式

本次教材编写贯彻了职业教育的先进教学理念，对于理实一体化和工程实践操作性较强的课程，采用了任务驱动的编写模式；对于理论性较强的课程，采用了理论与工程实践相结合的编写模式。在教材的表现形式上，尽量采用以图代文、以表代文的表达方式，增强教材的可读性，激发学生的学习兴趣，引导学生自主学习。

为方便教学，与《公路概论》《公路工程识图》《工程力学基础》《土质与筑路材料》《公路工程测量》《公路工程施工组织与概预算》相配套，开发了习题册；与《公路概论》《公路工程识图》《公路 CAD》《工程力学基础》《土质与筑路材料》《路基路面施工技术》《桥涵工程施工技术》《公路工程测量》《公路工程现场测试技术》相配套，开发了多媒体教学课件，可进入中国人力资源和社会保障出版集团网站（http://www.class.com.cn）免费下载。

在本套教材的编写过程中，得到了有关省市教育部门、人力资源和社会保障部门以及一批高等职业技术院校的大力支持，教材的主编、主审等有关人员做了大量的工作，在此表示衷心的感谢！同时，恳切希望广大读者对教材提出宝贵的意见和建议，以便修订时加以完善。

人力资源和社会保障部教材办公室

2012 年 6 月

目录

模块一

土方机械

任务一　推土机的基本操作与维护

学习目标

- ◆ 了解推土机的作用、组成和适用范围。
- ◆ 了解推土机的几种作业方式。
- ◆ 能够使用推土机进行施工作业。
- ◆ 能够对推土机进行维护。

工作任务

推土机（见图1—1—1）是一种多用途的自行式施工机械，在公路施工中，用来铲挖并移运土壤、砂石等物料，完成路基挖填、松散骨料的堆集等工作。通过本任务的学习，要求学生能够掌握推土机的操作和维护方法。

相关理论

一、推土机的用途

推土机是一种多用途的自行式施工机械，其主要用途是铲挖并移运土壤、砂石等物料。

图 1—1—1　推土机的外观

在公路施工中，通常用推土机完成路基基底的处理、路侧取土、横向填筑高度不大于 1 m 的路堤、沿公路中心纵向移挖填筑、完成路基挖填工程、傍山取土侧移修筑半堤半堑的路基。可以利用松土作业装置将坚硬的土壤疏松，在稳定土拌和场和沥青混凝土搅拌厂，还经常用推土机来完成松散骨料的堆集任务。利用推土机协助平地机或铲运机完成施工作业，可提高这些施工机械的作业效率。

推土机由于受到其铲刀容量的限制，推运土壤的距离不宜太长，因而，它只是一种短运距的土方施工机械。运距过长时，运土过程中受到铲刀下土壤漏失的影响，会降低推土机的生产效率；运距过短时，由于换向、换挡操作频繁，在每个工作循环中，这些操作用时所占比例增大，同样也会使推土机生产效率降低。通常中、小型推土机的运距为 30 ~ 100 m，大型推土机的运距一般应不超过 150 m，推土机的经济运距为 50 ~ 80 m。

二、推土机的类型

按照不同的分类方式，推土机可以分为多种类型，见表 1—1—1。

表 1—1—1　　**推土机的类型**

分类方法	种类	分类方法	种类
按柴油机功率分	小型推土机：功率在 37 kW 以下	按行走方式分	轮胎式推土机
	中型推土机：功率为 37 ~ 250 kW		履带式推土机
	大型推土机：功率在 250 kW 以上	按传动方式分	机械传动式推土机
			液力机械式推土机
接铲刀操纵方式分	钢索式		全液压传动式推土机
	液压式		电传动式推土机

下面仅对生产中常用的几种类型的推土机进行介绍。

1. 履带式推土机

履带式推土机附着性能好，牵引力大，接地比压小，爬坡能力强，能适应恶劣的工作环境，具有优越的作业性能，是重点发展的机种。

2. 液力机械式推土机

液力机械式推土机采用液压变矩器与动力换挡变速箱组合的传动装置，具有自动无级变扭、自动适应外负荷变化的能力，柴油机不易熄火，且可带载换挡，减少换挡次数，操纵轻便、灵活，作业效率高。缺点是液力变矩器在工作过程中容易发热，降低了传动效率，同时传动装置结构复杂，制造精度要求高，提高了制造成本，且维修较困难。目前大、中型推土机采用这种传动形式较为普遍。

3. 全液压传动式推土机

全液压传动式推土机由液压马达驱动，驱动力直接传递到行走机构。因为取消了主离合器、变速箱、后桥等传动部件，所以结构紧凑，大大方便了推土机的总体布置，使整机质量减轻，操纵轻便，可实现原地转向。但其制造成本较高，且耐用度和可靠性差，维修困难，目前只在中等功率的推土机上采用全液压传动。

目前，公路施工中常用的推土机类型为柴油机驱动、履带式、液力机械式推土机。

三、履带式推土机的结构

履带式推土机由发动机、传动系统、行走系统、推土工作装置和操纵控制系统等部分组成，其结构如图1—1—2所示。

图1—1—2　履带式推土机的结构

发动机：发动机是推土机的动力装置，大多采用柴油发动机。

传动系统：传动系统的作用是将发动机的动力传递给履带或车轮，使推土机具有足够的牵引力和合适的工作速度。履带式推土机的传动系统多采用机械传动和液力机械传动。传动由主离合器、联轴器和变速箱进入后桥，再经中央传动装置，左、右转向离合器，最终由传动机构传给驱动链轮，进而驱动履带使推土机行驶。

行走系统：行走系统的作用是支撑机体，并使推土机行走。行走系统包括机架、悬架装置和行走装置三部分。机架是全机的骨架，用来安装所有总成和部件；悬架装置连接机架与行走装置；行走装置用来支撑机体，并将发动机传递给驱动轮的转矩转变成推土机所需的驱动力。行走装置由履带、驱动轮、支重轮、托带轮、引导轮、张紧—缓冲装置六部分组成，如图 1—1—3 所示。履带围绕着驱动轮、托带轮、引导轮、支重轮呈环形安装，故驱动轮转动时通过轮齿驱动履带，推土机就能行驶。支重轮用于支撑整机，将整机的载荷传给履带。支重轮在履带上滚动，同时又可以夹持履带，以防止其横向滑脱；在推土机转向时，还可迫使履带在地面上滑移。托带轮用来撑托履带的上方部分，防止履带过度下垂和运转时的上下跳动，也起防止履带横向脱落的作用。引导轮是引导履带缠绕的，可使履带铺设在支重轮的前方，同时又借张紧—缓冲装置使履带保持一定的张紧度，以防止其跳振和滑落。张紧—缓冲装置可调整履带的松紧度，还可缓和外部冲击力通过履带对台车架的冲击。

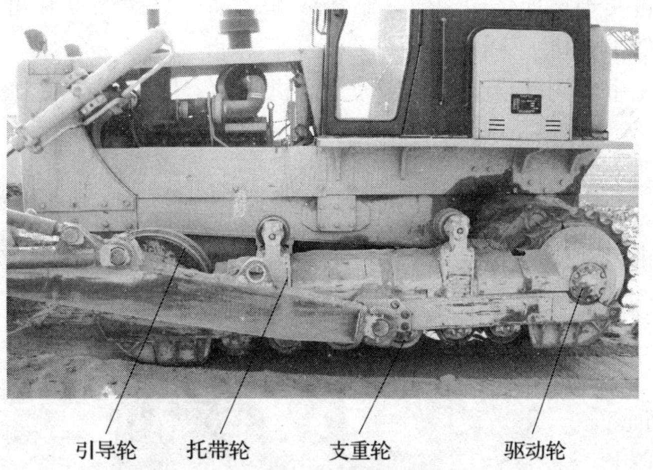

图 1—1—3　履带式推土机的行走装置

推土工作装置：推土工作装置由铲刀和推架两大部分组成。推土工作装置安装在推土机的前端，是推土机的主要工作装置。

推土机处于运输工况时，推土工作装置被提升液压缸提起，悬挂在推土机前方；推土机进入作业工况时，则降下推土工作装置，将铲刀置于地面，向前可以推土，后退可以平地。推土机牵引或拖挂其他机具作业时，可将推土工作装置拆除。

四、推土机的作业形式和铲土作业方法

1. 推土机的作业形式

（1）推土机的基本作业

推土机的基本作业包括铲土、运土、卸土和空回四个工作过程。

1）提起铲刀，空驶到取土地点。

2）放下铲刀架至一定的位置。

3）铲挖土壤（铲土），推送至用土地点（运土）。

4）提起刀架，边退边卸（卸土）。

5）驶回取土处。

（2）推土机的铲土作业

推土机在铲土作业行程内，使铲刀切入土中一定深度，以最短的时间、最短的距离，使铲刀前堆满土壤，并用铲刀推动。

为了在最短的时间、最短的距离内铲满土或多铲土，一般常采用接力铲土法。即分次铲土、叠堆推运，分次的目的是使柴油机有喘息的时间。按铲土距离的不同，又分四次、六次接力铲土。

（3）推土机的运土作业

推土机在运土作业行程中，为了尽可能地减少运土损失，常采用沟槽运土（或填土）法、推土机并列推土法以及下坡推土法。

（4）推土机的卸土作业

卸土作业行程是以提升铲刀来进行的。卸土的方法视施工条件不同而异。

提高推土机作业效率的原则是：铲土时应以最短时间、最短距离铲满土；运土时应尽量减少土壤漏损，使较多的土运送到卸土点；卸土时应根据施工条件采取不同的卸土方法，以达到施工技术要求并确保施工安全；空回时应以较快的速度驶回铲土处。

2. 推土机的铲土和运土作业方法

（1）浪波式铲土法

图1—1—4所示为推土机浪波式铲土法。其优点是可使发动机功率得到充分发挥并缩短铲土时间和距离，缺点是空回时产生颠簸。

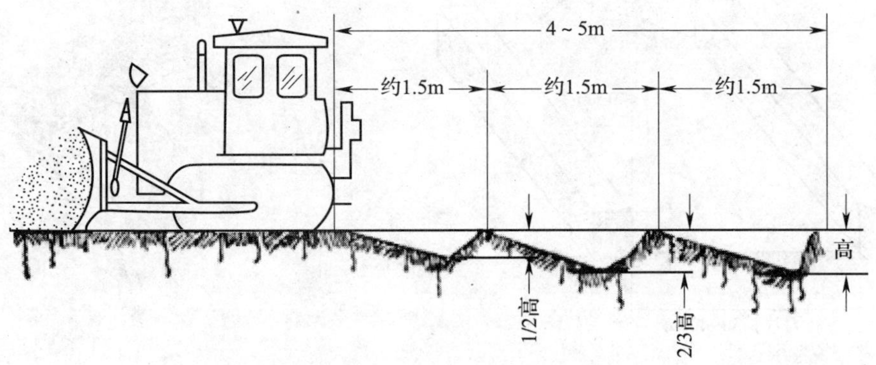

图1—1—4　浪波式铲土法

（2）接力式推土法

图1—1—5所示为推土机接力式推土法。在取土场较长且土质较硬的场地作业时，可由近至远分段将土推送成堆，然后再由远至近地将各段土堆一次推送到卸土地点。

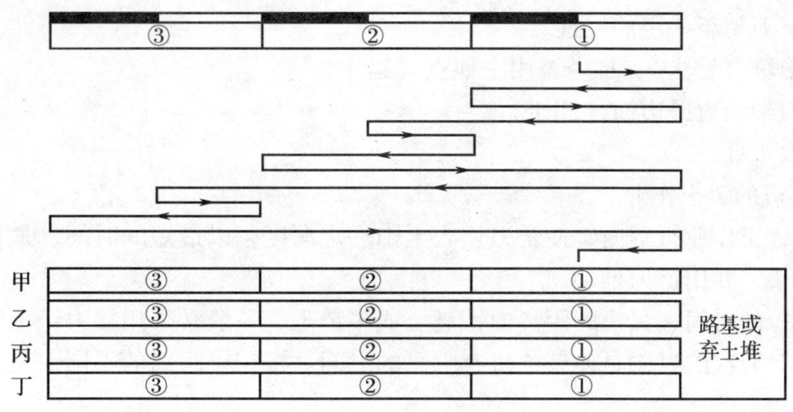

图1—1—5　接力式推土法

（3）槽式推土法

图1—1—6所示为推土机槽式推土法。在运送土壤时，为了尽可能地减少运土损失，可在一条固定作业线上经多次推运而形成一条土槽，或者利用铲刀两端外漏的土壤形成土埂而产生的土槽推运，可以增加一次推运土壤的体积，提高生产效率。

（4）并列推土法

图1—1—7所示为推土机并列推土法。即两台以上推土机并列起来同步推运土壤，可以减少运土损失，两铲刀间隔以15～20 cm为宜，必须掌握好每台推土机的运行速度和方向，避免碰车。

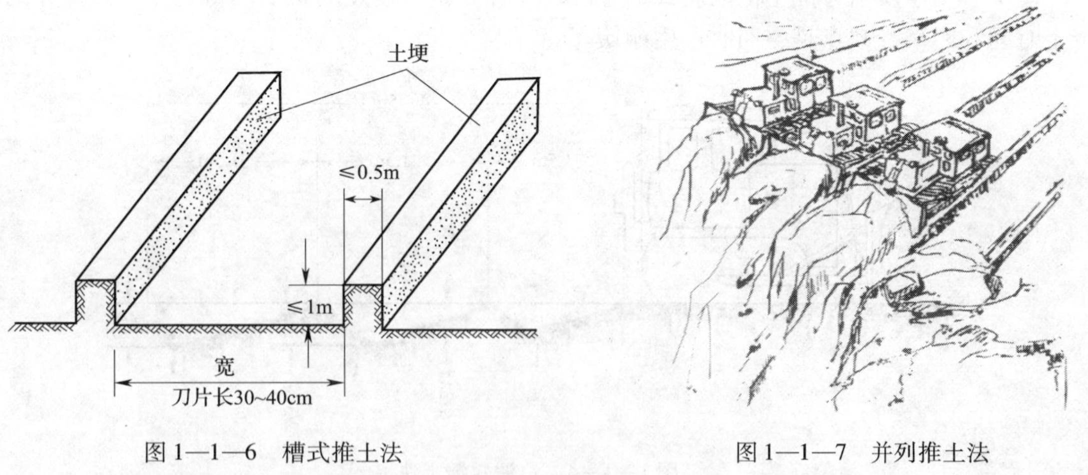

图1—1—6　槽式推土法　　图1—1—7　并列推土法

（5）下坡推土法

利用下坡时推土机重力的分力加速铲土过程并增大运土量，以提高作业效率。坡度一般不宜超过20°。

任务实施

一、推土机的驾驶操作过程

推土机驾驶员在进行作业时，不仅要按一定的方向驾驶推土机，而且应能克服障碍，在没有道路的地方或疏松的土壤上行驶；同时，还应会操纵铲刀完成推土机的作业过程。

1. 驾驶室与操作台

（1）如图1—1—8所示为河北宣化工程机械股份有限公司的直铲推土机驾驶室仪表。

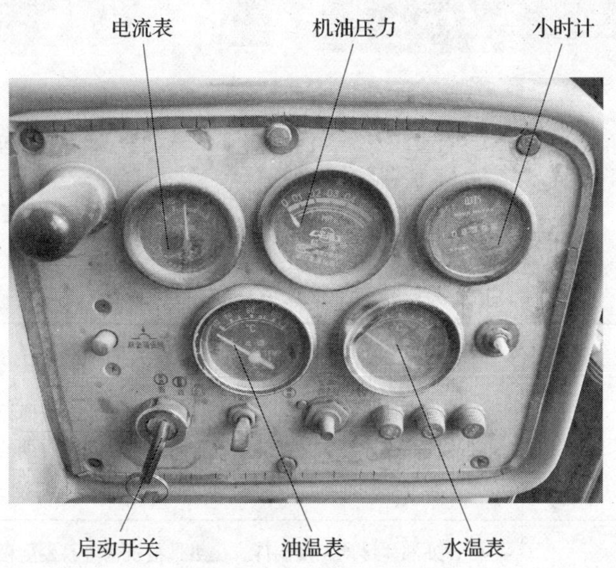

图1—1—8　驾驶室仪表

推土机在正常作业中各仪表的读数范围如下：

水温表：70 ~ 90℃。

电流表：指向“+”或“-”。

小时计：显示发动机工作时间。

油温表：45 ~ 90℃。

机油压力表：0.245 ~ 0.294 MPa（发动机转速为1 500 r/min）；≥0.049 MPa（发动机转速为500 ~ 600 r/min）。

（2）操纵机构如图1—1—9所示。

2. 驾驶前的准备

推土机驾驶前的检查项目和检查方法见表1—1—2，驾驶前应首先对推土机按表1—1—2进行检查。

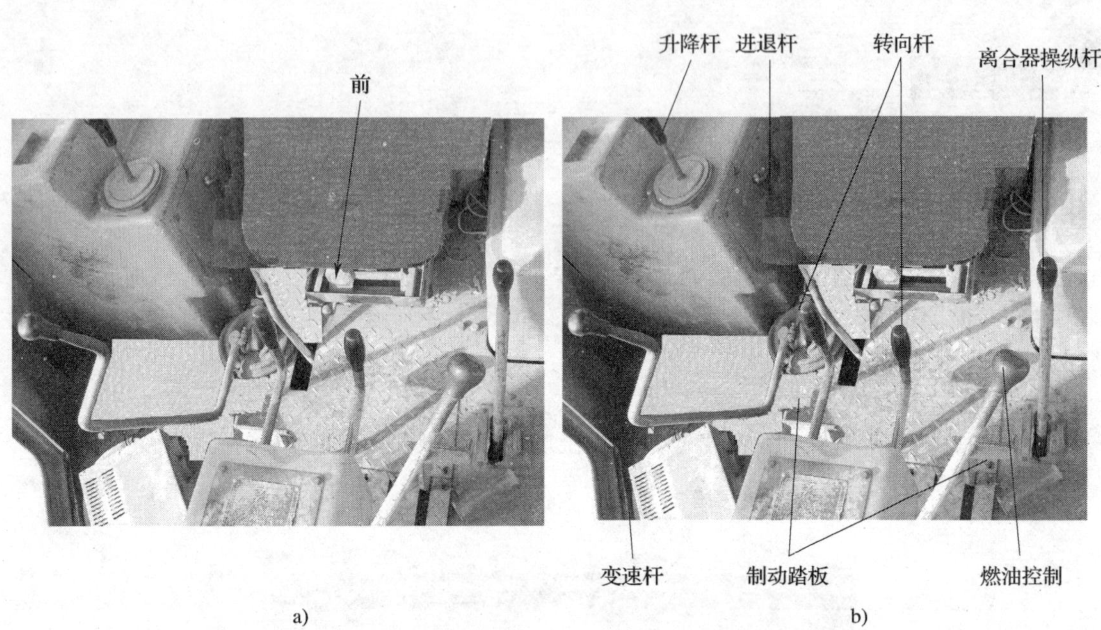

图 1—1—9　操纵机构

a）操纵机构位置　b）各操纵杆名称

表 1—1—2　　推土机驾驶前的检查项目和检查方法

检查项目	检查方法
检查漏油、漏水	在推土机四周巡视，查看是否有漏油、漏水和其他异常现象。特别要注意高压软管接头、液压缸、托带轮浮动油封处和水箱密封处的情况。如发现泄漏和异常情况，应加以修复
检查螺栓、螺母	检查外部连接件、紧固件、操纵连接机构等易发生松动部位的螺栓、螺母的紧固程度，必要时应予以拧紧
检查电路	电线有无损坏、短路，端子是否松动
检查冷却水位	卸下水箱盖检查水位，若不足时应补充水。冷却水过热时，要慢慢拧动水箱盖，使内部压力释放后再打开，以免热水喷出
检查燃油油位	卸下油箱盖后，抽出燃油标尺检查油位；每次完工后，从加油口处加满燃油；要随时检查和清理油箱盖上的通气孔，如堵塞，可能影响发动机的供油
检查发动机油底壳的油位	机油油位应在规定位置。检查油位时要把推土机停在水平地面，发动机停止 15 min后进行
检查转向离合器箱（包括锥齿轮箱）油位	用油尺检查，必要时从加油口补充油。如在大于 25°的斜坡上作业，要把油位加到高油位处

续表

检查项目	检查方法
检查变速器箱（包括液力变矩器箱）油位	发动机停止 5 min 后，用油尺检查油位，油位应位于油尺的两刻度之间
检查制动器踏板行程	踏板的标准行程为 95 ~ 115 mm，一旦超过 115 mm，应进行调整
检查灰尘指示灯及仪表	发动机启动后，如果灰尘指示灯亮，表示空气滤清器滤芯堵塞，需要及时清理或更换；观察各种仪表是否正常

3. 驾驶步骤及方法

（1）检查各操纵杆启动前的位置

发动机油门操纵杆在低速位置；制动闭锁杆在闭锁位置（两个制动闭锁杆的位置在两个制动踏板之间）；变速器变速杆在空挡位置；进退杆在中间位置；离合器在脱开位置；转向操纵杆在初始位置；推土铲落到地面，升降杆在中间位置。

（2）启动发动机

油门操纵杆放在低速位置。将启动钥匙由“关（OFF）”经“开（ON）”的位置拨至“启动（START）”位置，发动机启动后立即松手，使其自动弹回“开”的位置。钥匙在“启动”位置的停留时间一般不超过 5 s，两次间隔不少于 15 s。若发动机长时间停机，或因缺油停机而加注柴油后，应排除燃油系统中的空气。

发动机启动后进行预热及检查。使发动机在低速运转，直到油压表针进入绿色区域内；拉油门操纵杆，使发动机中速空转约 5 min；轻载运转，直到水温表进入绿色范围内；检查各种仪表指示是否正常，排烟颜色是否正常，有无不正常的声音和振动。

（3）行驶

释放制动闭锁杆，将松土器提升到最高位置（如有则进行此项操作），把铲刀升降操纵杆推到上升位置，使铲刀上升到离地面 400 ~ 500 mm 高度，拉油门操纵杆，提高发动机转速。

前进（后退）：将进退杆移到前进（后退）的位置，将变速杆移到所需挡位，按动喇叭按钮，缓慢拉离合器操纵杆，使推土机起步。

变速：踩下制动踏板，使发动机转速降低；将变速杆调到前进或后退所需挡位；释放制动踏板，使发动机转速提高。这样减速后进行变速，可防止冲击机械。

转弯：拉一侧的转弯操纵杆，机械就向这一侧转弯；如拉转弯操纵杆的同时踩下同侧制动踏板，机械就原地转弯（一般情况禁用）。

驻车：将油门减小，降低发动机转速；分离离合器，将变速杆放到空挡位置；踩下左、右制动踏板，停住推土机；把铲刀操纵杆拨到下降位置，使铲刀着地；发动机低速运转 5 min，停止发动机。

4. 推土板的调整

以上海—120 型推土机为例，调整推土板时，要先将推土板适当地提高，并在拱形架下面用垫木垫牢，以确保安全。

根据作业条件的需要，可将推土机的推土板调节成斜铲、侧铲，也可以使推土板改变切土的角度。

侧铲可以使一侧刀尖高于另一侧刀尖25°。斜铲可以使一侧刀尖高于另一侧刀尖300 mm左右。推土板的切土角度可以由48°调至72°。

（1）侧铲的调整

1）将锁销拉出，再将两侧撑杆座销从拱形架的撑杆座中拔出。

2）当需要向左（右）侧偏时，先将推土板左（右）撑杆座向后拉，将左（右）撑杆座销插入拱形架后面的销座中；然后再将右（左）撑杆座销插入拱形架的前销座中，并将锁销插入。

当需要恢复直铲时，应先将锁销拔出；再拔出左（右）座销，将推土板转正，将两侧座销插入中间销座；最后将锁销插入。

（2）斜铲的调整

1）将各夹紧螺栓旋松。

2）用特制扳手将需要降低一侧的上撑杆调整螺杆缩短，同时将另一侧调整螺杆伸长来配合，以得到需要的斜铲角度。若经调节上撑杆还不能满足斜铲要求时，可以调整下撑杆，即将需要降低一侧的下撑杆伸长，也可将另一侧的下撑杆缩短。

3）调整完毕，将夹紧螺栓旋紧，将螺杆夹住。

二、推土机的维护

1. 发动机的维护

发动机的维护包括日常维护（每班工作）、一级维护（累计工作100 h或每隔一个月）和二级维护（累计工作500 h或每隔六个月）。日常维护是驾驶员必须进行的维护，一级维护、二级维护是专业维修人员进行的维护，具体项目如下。

（1）日常维护

日常维护项目以及维护程序见表1—1—3。

表1—1—3　　日常维护项目以及维护程序

维护项目	维护程序
检查燃油箱油量	观察燃油箱存油量，根据需要添足
检查油底壳中机油平面	油面应达到机油标尺上的刻线标记，不足时应加到规定量
检查喷油泵调速器机油平面	油面应达到机油标尺上的刻线标记，不足时应添足
检查三漏（水、油、气）情况	消除油、水管路接头等密封面的漏油、漏水现象；消除进、排气管，汽缸盖垫片处及涡轮增压器的漏气现象
检查柴油机各附件的安装情况	包括各附件安装的稳固程度，连接件与工作机械相连接的牢靠性

续表

维护项目	维护程序
检查各仪表	观察读数是否正常，否则应及时修理或更换
检查喷油泵传动连接盘	查看连接螺钉是否松动，否则应重新校正喷油提前角并拧紧连接螺钉
清洗柴油机及附属设备外表	用干布或渗柴油的抹布揩去机身、涡轮增压器、汽缸盖罩壳、空气滤清器等表面的油渍、水和灰尘；用压缩空气吹净充电发电机、散热器、风扇等表面的尘埃

（2）一级维护

除日常维护项目外，尚需增添的维护项目以及维护程序见表 1—1—4。

表 1—1—4　　一级维护项目以及维护程序

维护项目	维护程序
检查蓄电池电压和电解液密度	用密度计测量电解液密度，此值应为 1.28 ~ 1.30 g/cm^3（环境温度为 20℃时），一般应不低于 1.27g/cm^3。同时液面应高出极板 10 ~ 15 mm，不足时应加注蒸馏水
检查 V 带的张紧程度	按照 V 带张紧调整方法，检查和调整 V 带松紧程度
清洗机油泵吸油粗滤网	拆下滤网放在柴油中清洗，然后吹净
清洗空气滤清器	对惯性油浴式空气滤清器应清洗钢丝绒滤芯，更换机油；对盆（旋风）式空气滤清器应清除集尘盘上的灰尘，对纸质滤芯应按正确的方法进行保养
清洗通气管内的滤芯	将机体门盖板加油管中的滤芯取出，放在柴油或汽油中清洗并吹净，浸上机油后装上
清洗燃油滤清器	每隔约 200 h 拆下滤芯和壳体，在柴油或煤油中清洗或换滤芯，同时应排除水分和沉积物
清洗机油滤清器	一般每隔约 200 h 进行： 1. 清洗绕线式粗滤器滤芯 2. 对刮片式滤清器，转动手柄清除滤芯表面的油污，或放在柴油中刷洗 3. 将离心式精滤器转子放在柴油或煤油中清洗
清洗涡轮增压器的机油滤清器及进油管	将滤芯及管子放在柴油或煤油中清洗，然后吹干，以防止被灰尘和杂物污染
更换油底壳中的机油	根据机油使用状况（油的脏污和黏度降低程度）每隔 200 ~ 300 h 更换一次
加注润滑脂（油）	对所有注油嘴及机械式转速表接头等处加注符合规定的润滑脂（油）
清洗冷却水散热器	用清洁的水通入散热器中，或用专门的水箱清洁剂，清除其中沉淀物质，直至干净为止

（3）二级维护

除一级维护项目外，尚需增添的维护项目以及维护程序见表 1—1—5。

表 1—1—5　　二级维护项目以及维护程序

维护项目	维护程序
检查喷油器	检查喷油压力，观察喷雾情况，并进行必要的清洗和调整
检查喷油泵	必要时重新调整
检查气门间隙和喷油提前角	必要时进行调整
检查进、排气门的密封情况	拆下汽缸盖，观察配合锥面的密封、磨损情况，必要时进行修理
检查水泵漏水情况	如溢水口滴水成流时，应掉换封水圈
检查汽缸套封水圈的封水情况	拆下机体大窗口盖板，从汽缸套下端检查是否有漏水现象，如漏水，则应拆出汽缸套，更换新的橡胶封水圈
检查传动机构盖板上的喷油塞	拆下前盖板，检查喷油塞喷孔是否通畅，如堵塞，应进行清理
检查冷却水散热器、机油散热器和机油冷却器	如有漏水、漏油现象，应进行必要的修补
检查主要零部件的紧固情况	对连杆螺栓、曲轴螺母、汽缸盖螺母等进行检查，必要时要拆下检查，并重新拧紧至规定力矩
检查电气设备	检查各电线接头是否接牢，有烧损的应更换
清洗机油、燃油系统管路	包括清洗油底壳、机油管道、机油冷却器、燃油箱及其管路，清除污物并吹净
清洗冷却系统管道	除加清洗液外，还可用每升水加 150 g 苛性钠（NaOH）的溶液灌满柴油机冷却系统，停留 8 ~ 12 h 后开动柴油机，使出水温度到 75℃以上，发动机熄火放掉清洗液，再用干净水清洗冷却系统
清洗涡轮增压器的气、油道	包括清洗导风轮、压气机叶轮、压气机壳内表面、涡轮及涡轮壳等零件的油污和积炭

2. 底盘的维护

（1）保持适当的履带张紧度

如果履带张紧过度，引导轮弹簧张力作用于履带销及销套，销子外圆和销套内圆一直受到高挤压应力，运转时销子和销套产生过早的磨损，同时引导轮张紧弹簧的弹力还作用于引导轮轴和轴套，产生很大的表面接触应力，这容易将引导轮轴套磨成半圆，容易拉长履带节节距，并且会降低机械传动效率，消耗发动机传给驱动轮和履带的功率。

如果履带张紧过松，履带容易脱离引导轮和支重轮，而且使履带失去正确的对中，运行的履带会受到波动、拍打、冲击，造成引导轮和托带轮的异常磨损。

（2）保持引导轮位置对中

引导轮不对中对行走机构其他零件有严重影响，因此，调整引导轮导板与履带架之间的间隙（修正不对中）是延长行走机构使用寿命的要点。调整时用导板与轴承之间的垫片来修正，如果间隙大，拆去垫片；间隙小，增加垫片。标准间隙为 0.5 ~ 1.0 mm，最大许可间隙为 3.0 mm。

（3）在适当时刻将履带销与销套翻面

在履带销与销套的磨损过程中，履带节节距被逐渐拉长，造成驱动轮与销套的啮合不良，导致销套破损及驱动轮齿面异常磨损，会引起蛇行、拍打、冲击，从而大大缩短行走机构的使用寿命。当通过调整张紧度仍不能恢复节距时，就需要将履带销和销套翻面，以得到正确的履带节节距。在现场有两种决定履带销与销套翻面的时刻：一种方法是检查并确定履带节节距拉长 3 mm 的时刻；另一种方法是检查并确定销套外圆直径磨损 3 mm 的时刻。

（4）及时拧紧螺栓、螺母

当行走机构的螺栓松动时，容易造成螺栓的折断或丢失，引发一系列的故障。日常检修及保养应检查以下部位的螺栓：支重轮和托带轮的安装螺栓、驱动轮齿块安装螺栓、履带板安装螺栓、支重轮护板安装螺栓。主要螺栓的拧紧力矩参考各机型的使用说明书。

（5）及时润滑

行走机构的润滑非常重要，很多支重轮轴承“烧死”而导致报废就是因为漏油而没有及时发现。一般认为以下五处有可能漏油：由于挡环和轴之间的 O 形圈密封不良或损坏，从挡环外侧与轴之间漏油；由于浮封环接触不良或 O 形圈缺陷，从挡环外侧与支重轮（托带轮、引导轮、驱动轮）之间漏油；由于支重轮（托带轮、引导轮、驱动轮）与衬套之间的 O 形圈密封不良，从衬套与滚轮之间漏油；由于加油口螺塞松动或锥形螺塞密封的座孔损坏，在加油螺塞处漏油；由于 O 形圈密封不良，在挡盖与滚轮之间漏油。因此，平时应该注意检查以上部位，并按照各部位的润滑周期定期添加、更换润滑油。

（6）检查裂纹

应及时检查行走机构的裂纹，并及时焊修、加强。

推土机的安全操作规程

1. 推土机的操作应遵守一般安全技术要求的有关规定。

2. 绞盘式推土机钢丝绳的安全技术要求应符合起重机械的一般安全技术要求。

3. 推土机使用前的准备工作应参照推土机驾驶前的准备工作进行。

4. 在推土机工作中应注意以下安全事项：

（1）发动机启动后，严禁有人站在履带上或推土刀支架上。

（2）推土机工作前，工作区内如有大石块或其他障碍物，应予以清除。

（3）推土机工作应平稳，吃土不可太深，推土刀起落不要太猛。推土刀与地面的距离一般以 0.4 m 为宜，不要提得太高。

（4）推土机通过桥梁、堤坝、涵洞时，应事先了解其承载能力，并以低速平稳通过。

（5）推土机在坡道上行驶时，其上坡坡度不得超过 25°，下坡坡度不得大于 35°，横向坡度不得大于 10°。在陡坡（25°以上）上严禁横向行驶，纵向在陡坡上行驶时，不得做急转弯动作。上、下坡应用低速挡行驶，并不许换挡。下坡时严禁脱挡滑行。

（6）在上坡途中，若发动机突然熄火，应立即将推土刀放到地面，踩下并锁住制动踏板，待推土机停稳后，再将主离合器脱开，把变速杆放到空挡位置，用三角木块将履带或轮胎楔住，然后重新启动发动机。

（7）推土机在陡坡（25°以上）上进行推土时，应先进行填挖，待推土机能保持自身平衡后，方可开始工作。

(8) 填沟或驶近边坡时，禁止推土刀越出边坡的边缘，待换好倒车挡后，方可提升推土刀进行倒车。

(9) 推土机在陡坡地区作业时，应有专人指挥。

(10) 推土机在基坑或深沟内作业时，应有专人指挥。基坑与深沟一般不得超过2 m；若超过2 m，应放出安全边坡。同时，禁止用推土刀侧面推土。

(11) 用推土机推树时，应注意高空杂物和树干的倒向。

(12) 用推土机推围墙或屋顶时，用大型推土机施工墙高不得超过2.5 m；用中、小型推土机施工墙高不得超过1.5 m。

(13) 在电线杆附近推土时，应保持一定量的土堆。土堆大小可根据电杆结构、掩埋深度和土质情况，由施工人员确定。土堆半径一般应不小于3 m。

(14) 施工现场若有爆破工程，爆破前应将推土机开到安全地带；爆破后，驾驶员应亲自到现场查看，认为符合安全操作条件后，方可将机械开入施工现场。若认为有危险时，驾驶员有权拒绝进入危险地段，并及时请示上级。

(15) 数台推土机共同在一个工地作业时，其前后距离不得小于8 m，左右距离不得小于1.5 m。

(16) 推土机在有负荷情况下禁止急转弯。履带式推土机在高速行驶时，也应禁止急转弯，以免履带脱落或损坏行走机构。

(17) 工作时间内驾驶员不得随意离开工作岗位。

(18) 推土机在工作时，严禁对其进行维修、保养，并禁止人员上下。

(19) 夜间施工，工作场所应有良好的照明。

(20) 在雨天泥泞的土地上，推土机不得进行推土作业。

5. 推土机工作后，应将其外部灰尘、泥土、污物冲洗并擦拭干净，按例行保养对机械进行检查、保养、调整、润滑、紧固。将机械开到平坦、安全的地方，推土刀落地，关闭发动机（冬季还应放净冷却水），锁闭门窗后，方可离开。

6. 推土机越过浅滩时，应预先检查水深和河床情况，并检查后桥底部螺钉是否紧固，以防泥水进入。

7. 不准推土机做长距离行驶，其行驶距离一般应不超过1.5 km。

8. 不得将推土机当吊车、绞盘使用。

9. 不得将推土机用于搅拌白灰、推白灰、烟灰及压实等工作。

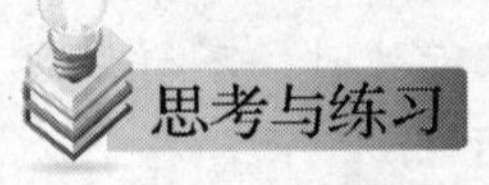

思考与练习

一、填空题

1. 推土机通过______、______、______时，应事先了解其承载能力，并以______平稳通过。

2. 调整引导轮导板与履带架之间的间隙（修正不对中）是延长行走机构使用寿命的要点，标准间隙为______mm，最大许可间隙为______mm。

3. 如果履带______，履带容易脱离引导轮和支重轮，而且使履带失去正确的对中，运行的履带会受到波动、拍打、冲击，造成引导轮和托带轮的异常磨损。

二、判断题

1. 在履带销与销套的磨损过程中，履带节节距被逐渐缩短，造成驱动轮与销套的啮合不良，导致销套破损及驱动轮齿面异常磨损，会引起蛇行、拍打、冲击，从而大大缩短行走机构的使用寿命。 (　　)

2. 日常维护、一级维护是驾驶员必须进行的维护，二级维护是专业维修人员进行的维护。 (　　)

三、选择题

1. 用推土机推围墙或屋顶时，用大型推土机施工墙高不得超过（　　）m；用中、小型推土机施工墙高不得超过（　　）m。

A. 1.5　0.5　　B. 2.5　1.5　　C. 3　2　　D. 3.5　2.5

2. 发动机启动后，应该做的工作是（　　）。

A. 将变速器变速杆置于空挡位置　　B. 预热及检查

C. 行驶　　D. 调整推土板

四、简答题

1. 推土机的用途有哪些？

2. 试述驾驶步骤及方法。

3. 如何调整推土板？

任务二　铲运机的使用和施工作业

- 了解铲运机的用途和结构。
- 了解铲运机的使用方法。
- 能够使用铲运机进行施工作业。

铲运机是一种常用的土方施工机械，广泛用于公路、铁路、港口及大规模的建筑施工等

工程中的土方作业。如在公路施工中，用来开挖路堑、填筑路堤、搬运土方等；在水利工程中，用来开挖河道、渠道，填筑土坝、土堤等；在农田基本建设中，用来进行土地整平、铲除土丘、填平洼地等。如何使用铲运机进行施工作业呢？本任务要求学生通过相关知识的学习，能够使用铲运机进行施工作业。

一、铲运机的用途

铲运机是一种利用装在前后轮轴或左右履带之间的带有铲刃的铲斗，在行进中顺序完成铲削、装载、运输和卸铺的铲土运输机械。铲运机主要用于中距离（100 ~ 2 000 m）大规模土方转移工程。它能综合地完成铲土、装土、运土和卸铺四道工序，并能控制填土铺层厚度，进行平土作业和对卸下的土进行局部碾压等。铲运机适用于Ⅰ ~ Ⅲ级土壤的铲运作业，在Ⅳ级土壤或冻土中进行铲运作业时，应预先进行松土；铲运机不能在混有大石块、树桩的土壤中作业。

铲运机的适用范围主要取决于运距、机种、道路状况和运输材料的性质等。当运距为100 ~ 600 m时，用拖式铲运机最经济；当运距为600 ~ 2 000 m时，宜用轮胎自行式铲运机；当运距短、场地狭小时，可用履带自行式铲运机。铲运机适宜于在含水量较小的砂黏土上作业，而在干燥的粉土、砂加卵石与含水量过大的湿黏土上作业时，生产效率则大为下降。各种铲运机的适用范围见表1—2—1。

表1—2—1　　各种铲运机的适用范围

种类			推装斗容（m^3）		适用运距（m）		道路坡度（°）
			一般	最大	一般	最大	
拖式铲运机			2.5 ~ 18	24	100 ~ 300	100 ~ 1 000	15 ~ 30
自行式铲运机	单发动机	普通装载式	10 ~ 30	50	200 ~ 1 500	200 ~ 2 000	5 ~ 8
		链板装载式	10 ~ 30	35	200 ~ 600	200 ~ 1 000	5 ~ 8
	双发动机	普通装载式	10 ~ 30	50	200 ~ 1 500	200 ~ 2 000	10 ~ 15
		链板装载式	6.5 ~ 16	34	200 ~ 600	200 ~ 1 000	10 ~ 15

对于单发动机的轮胎自行式铲运机，因其附着牵引力不足，铲装时一般都用助铲机；双发动机的轮胎自行式铲运机虽附着牵引力大，铲装时最好还是用助铲机加力，以提高作业效率。

链板装载式铲运机适用于运距较短（约为1 000 m）的场地，它最大的优点是能自装，不需助铲。链板升运机构铲装的物料、土质不能太黏，石块不能太大，对于粒度均匀的砾石最适宜。

二、铲运机的类型

主要根据铲运机的行走方式、卸土方式、装载方式、铲斗容量、工作机构的操纵方式等进行分类。

1. 按行走方式分类

按行走方式不同可将铲运机分为拖式和自行式两种，如图 1—2—1 所示。

a) b)

图 1—2—1 按行走方式分类

a）拖式铲运机 b）自行式铲运机

（1）拖式铲运机

通常拖式铲运机由履带式拖拉机牵引，它具有接地比压小、附着能力大和爬坡能力强等优点，在短运距和松软、潮湿地带工程中普遍使用。

（2）自行式铲运机

按行走装置不同可将自行式铲运机分为履带式和轮胎式两种，其本身具有行走能力。轮胎式自行铲运机由牵引车和铲运车两部分组成，大多采用铰接式连接，铲运车不能独立进行工作。轮胎式自行铲运机具有结构紧凑、行驶速度快、机动性好等优点，在中距离的土方转移施工中应用较多。

2. 按卸土方式分类

按卸土方式不同，铲运机分为自由卸土式、半强制卸土式和强制卸土式。

3. 按装载方式分类

按装载方式，铲运机分为升运式（链板装载式）与普通式（开头装载式）两种。

（1）升运式

在铲斗的铲刀上方装有链板装载机构，由它把铲刀铲切起的土升运到铲斗内，从而加速装土过程及减小装土阻力，有效地利用自身动力实现自装，可单机作业，不用助铲机械即可装至堆尖容量。土壤中含有较大石块时，不宜使用此种形式的铲运机，其经济运距在 1 000 m之内。

（2）普通式

靠牵引机的牵引力和助铲机的推力，使用铲斗的铲刀将土壤铲切起，并在行进中将铲切起的土屑挤入铲斗内，这种铲装土方式的装斗阻力较大。

4. 按铲斗容量分类

（1）小型：铲斗容量小于 3 m^3。

（2）中型：铲斗容量为 3 ~ 15 m^3。

（3）大型：铲斗容量为 15 ~ 30 m^3。

（4）特大型：铲斗容量在 30 m^3以上。

5. 按工作机构的操纵方式分类

按工作机构的操纵方式不同，铲运机分为机械操纵式、液压操纵式和电液操纵式三种。

（1）机械操纵式

用动力绞盘、钢索和滑轮来控制铲斗、斗门及卸土板的运动，由于结构复杂，技术落后，已逐渐被淘汰。

（2）液压操纵式

工作装置各部分用液压操纵，能使铲刀刃强制切入土中，结构简单，操纵轻便、灵活，动作均匀、平稳，因此应用越来越广泛。

（3）电液操纵式

操纵轻便，易实现自动化，是今后发展的方向。

三、自行式铲运机的结构

自行式铲运机一般由单轴牵引机和铲运车组成。单轴牵引机是自行式铲运机的动力部分，由发动机、传动系、转向系、制动系、悬挂装置、车架等组成；铲运车是自行式铲运机的工作装置，主要由转向枢架、辕架、前斗门、铲斗体、尾架及卸土装置等组成。

如图 1—2—2 所示，单发动机自行式铲运机的发动机、变速器等都安装在机架上，为液力机械式传动，机架与驱动桥壳连在一起。中央枢架与机架铰接，以保持驱动桥可能在横向平面内摆动。由于自行式铲运机普遍采用铰接转向方式，因而转向枢架与辕架的曲梁用两根垂直布置的主销铰接在一起，以便在转向时，用液压操纵的两个转向液压缸控制牵引机相对铲运车偏转，实现转向。

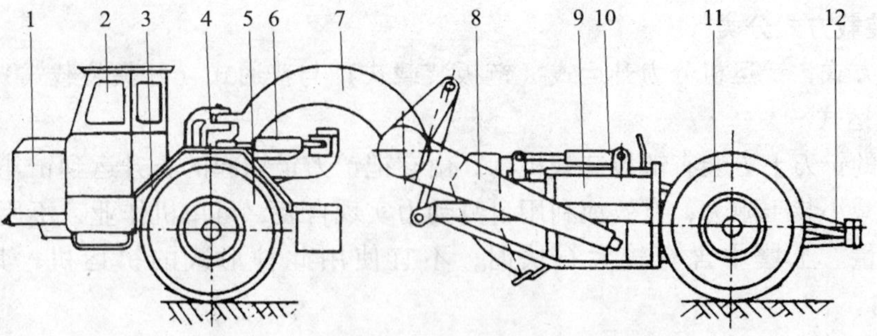

图 1—2—2 单发动机自行式铲运机

1—发动机 2—驾驶室 3—传动装置 4—中央枢架 5—前轮 6—转向液压缸 7—曲梁 8—辕架 9—铲斗 10—斗门液压缸 11—后轮 12—尾架

辕架的“门”形架的两下端点与铲斗相铰接，铲斗的升降由装在辕架横梁支臂上的铲斗液压缸控制。铲斗由斗体、斗门和卸土板三部分组成，其后部利用尾架与后轮的桥壳相连接，保证铲斗升降时可绕后轮轴转动。斗门的开闭、卸土板的前后移动分别由斗门液压缸和卸土板液压缸控制。

轮胎式双发动机铲运机一般由单轴牵引车和单轴铲运车两部分组成，如图 1—2—3 所示。它可利用其前、后发动机分别驱动前、后轮，提高附着牵引力，以便在铲装土方过程中能克服较大的铲土阻力，并提高爬坡的能力，适用于路面条件不好、铲装阻力和行驶阻力较大的场合。

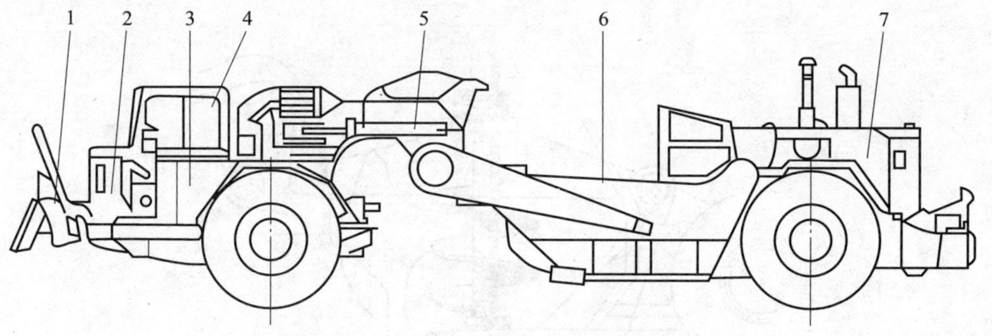

图 1—2—3　双发动机自行式铲运机

1—推拉装置　2—牵引发动机　3—液压油箱　4—驾驶室　5—转向液压缸　6—铲斗　7—铲运发动机

四、其他类型的铲运机

1. 履带自行式铲运机

履带自行式铲运机是将铲运斗直接安装在两条履带中间，铲运斗也当做机架用，前面装有辅助推土板，后部装发动机和传动装置。上部是驾驶室，驾驶员座位横向安放，以便前后行驶时观察方便。

装土时，铲运机向前行驶，开启斗门并降下斗体底部的切土刀片将土铲起，土被强行挤入铲斗。铲斗装满后，将铲斗提起并关闭斗门，铲斗中的土即可运送到卸土场卸出。卸土时可按要求铺土层的厚度将斗体置于某一高度，开启斗门，前移铲斗后壁，将土强行挤出。

2. 链板装载自行式铲运机

在铲运斗前部铲刀刃上方装链板升送装置，用以将铲运斗铲刀刃铲切下的土输送到铲斗内，以加速装载过程和减小装土阻力，故可单机作业，不用推土机助铲。链板式铲运机因安装了升运装置而无法设置斗门，因此，应用于运距短、路面平坦的工程。由于其前方斜置着链板升送器，多采用抽底式卸载方式。

3. 串联作业的自行式铲运机

在两台自行铲运机的前端及后端加装一套牵引顶推装置，以实现串联作业，如图 1—2—4 所示当前铲运机铲土作业时，后机为助铲机；后机铲土作业时，前机可给后机强大的牵引力，从而使铲土时间大大缩短，降低土方成本。

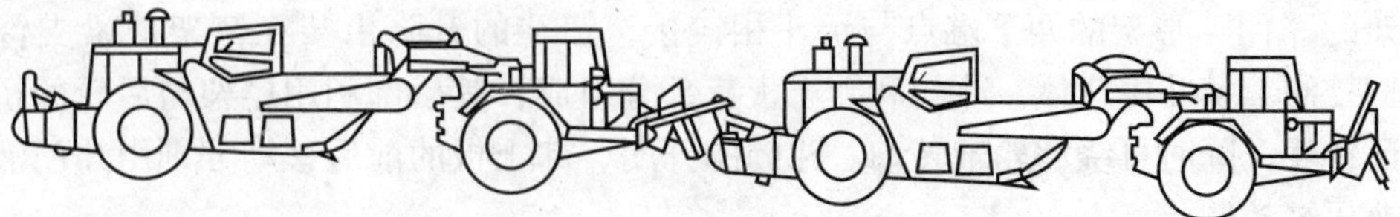

图 1—2—4　串联作业的自行式铲运机

4. 螺旋装载自行式铲运机

螺旋装载自行式铲运机是在铲运斗中垂直安装一个螺旋装料器，如图 1—2—5 所示。它把标准式铲运机与链板铲运机结合起来，结构简单，更换迅速，易于在一般铲运机上进行改装。

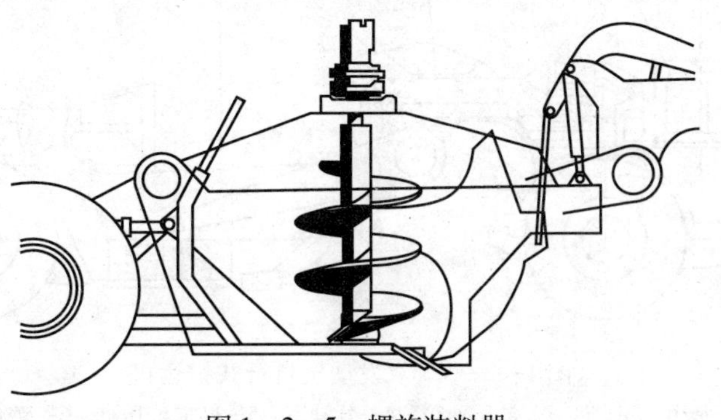

图 1—2—5　螺旋装料器

螺旋装料器有一套独立的液压系统，包括液压泵、液压马达、冷却器、滤油器、压力油箱及电子气动控制器。轴向柱塞液压马达经一个行星齿轮减速器驱动螺旋装料器旋转，转速为 35 ~ 50 r/min。它把铲刀刃切削下来的物料提升起来并均匀地撒在整个铲斗内。液压系统采用高压小流量，可在一定转速范围内获得较大转矩。

这种铲运机的优点是：能在较短的时间内自动装满铲斗，作业时尘土较少，由于斗门关闭，能使易流动的物料很好地保持在铲斗内，运输时不致撒漏。螺旋式铲运机的生产效率比斗容量相等的链板式或推拉作业式铲运机高 10% ~ 30%，而铲装距离减少一半。其运动零件比链板式铲运机少，因而维修、保养的时间和费用也少，驱动轮胎的使用寿命是助铲式铲运机的 2 ~ 3 倍。

5. 带有双铲刀机构的铲运机

带有双铲刀机构的铲运机铲斗的结构特点是：在铲斗后部另设一装料口，并在装料口沿整个铲斗宽度装有直刀刃的第二铲刀，故称为双铲刀铲运机。

铲运机既可用前铲刀单独作业，也可同时用两个铲刀作业。当用两个铲刀作业时，用液压缸控制后铲刀相对于固定铰接处摆动，打开有一定切削角的装料口，铲刀切入土层表面，同时土屑进入后部铲斗，如图 1—2—6a 所示，前、后铲刀能处在同一水平面，也可以处在不同的水平面。也可只用前铲刀铲装，如图 1—2—6b 所示，此时关闭后部装料口，铲运机可按传统的方式作业。

如关闭前斗门和后铲刀机构，便形成重载运输状态，如图 1—2—6c 所示。在液压系统中，控制铲刀机构的液压缸和油管之间装有液压锁，以保证后铲刀机构在举升运输时可靠地关闭。

卸土时，后铲刀机构也可进行卸铺，如图1—2—6d所示。

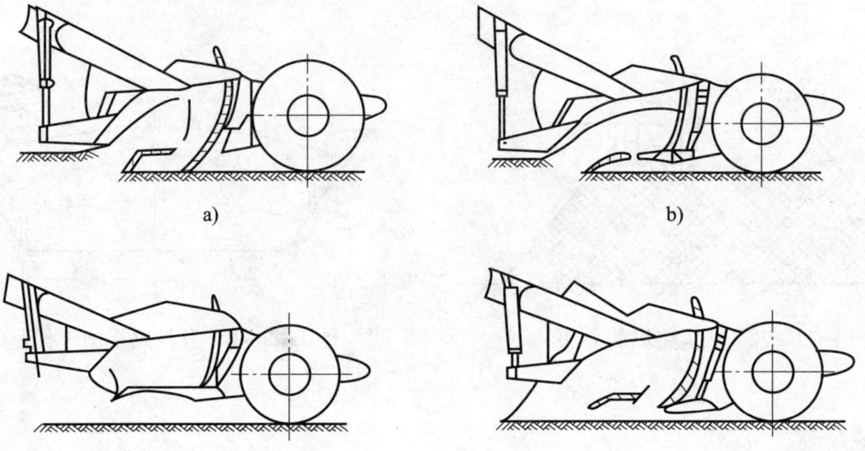

a)　b)　c)　d)

图1—2—6　双铲刀铲运机的工作循环图

a）用双铲刀铲切土　b）用前铲刀作业　c）运输状态　d）卸土作业

这种形式的铲运机不仅提高了铲装效率，而且保持了普通式铲运机结构简单、工作可靠的优点。

小资料

铲运机填筑路堤施工作业

利用铲运机填筑路堤时，按卸土方向的不同，分为纵向填筑和横向填筑两种。

纵向填筑的程序：首先检查桩号，在边坡处应用明显的标杆标出其准确的位置，再根据施工方案进行基底处理，然后按照选定的运行路线进行施工。填筑高度在2 m以下时，应采用椭圆形运行路线，如运行地段长也可采用“之”字形；填筑高度在2 m以上时，应采用“8 ”字形运行路线，这样可使进、出口的坡道平缓些。

填筑路堤时应从两侧分层向中间填筑，如图1—2—7所示，使填筑层始终保持两侧高于中间，这样可以防止铲运机向外翻车。

铲运机开挖路堑施工作业

铲运机开挖路堑也有两种作业方式，一种是横向弃土开挖，另一种是纵向移挖作填。路堑应分层开挖，并从两侧开挖，每层厚15 ~ 20 cm，这样做既能控制边坡，又使取土场保持平整度。

横向开挖路堑的施工方法与横向取土填筑路堤相似。

铲运机纵向移挖填筑，当路堑须向堑口外相接的路堤处填筑土方时，铲运机应当利用地面纵坡自路堑端部开始向下坡铲土，并逐渐向堑内延伸挖土长度，而填筑路堤也应延伸。

铲运机在开挖路堑时应先从两边开始，如图1—2—8所示，这样不致超挖或欠挖；否则，将大大增加边坡修整工作量。特别是在边坡坡度大于1∶3，而又不能用机械修整时，尤应注意。

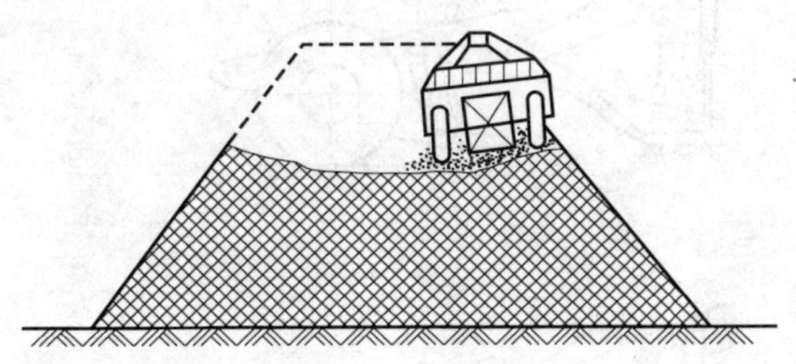

图1—2—7　填筑路堤的方法

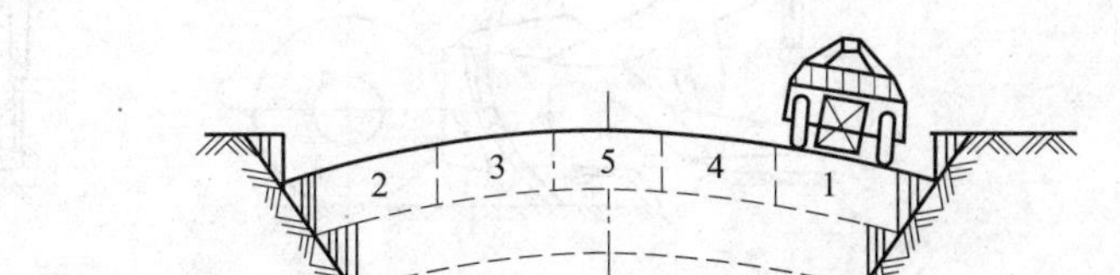

图1—2—8　开挖路堑施工作业的方法

一、铲运机的基本操作

铲运机在施工作业时要按一定的方向行驶，同时要会克服路中的障碍，在没有道路的施工场地或疏松的土壤上行驶时，完成铲运机的作业过程。

1. 开车前的检查

（1）检查发动机机油和变速箱油油位，柴油箱和液压油箱的油位，蓄电池液位，冷却液液位。

（2）检查各部位的油管和接头以及各部件的密封及泄漏情况。

（3）检查各操纵机构、转向系统、制动系统等是否操纵灵活，安全可靠。

（4）检查各部位的螺栓、螺母，特别是变速箱、柴油机、传动轴、驱动桥、轮胎等部位的螺栓、螺母是否有松脱或断裂现象。

（5）检查柴油机的风扇、发电机传动带的松紧度。

（6）检查液压胶管、电线等不得靠在传动轴或柴油机排气管上，应可靠固定。

（7）检查各焊接部位是否有开焊、断裂现象，特别应着重检查铰接部、桥壳支架、大梁的焊接部位。

（8）按规定加润滑脂，检查各润滑点的油嘴是否损坏。

（9）检查轮胎气压及胎面磨损情况。

2. 发动机的启动

（1）闭合电源开关。

（2）把变速杆手柄移到空挡位置。

（3）一次启动不允许超过5 s，在重复启动之前要间隔15 s以上。

（4）当发动机启动后，轻踩油门踏板使发动机在中速状态平稳地运转。

（5）发动机启动后，检查指示灯、仪表、报警灯、仪表灯、制动压力、发动机机油压力、变矩器压力、温度表、电压表等；检查各部位有无不正常的声响，制动是否可靠，液压系统是否漏油等。

（6）发动机启动后，待油压、发动机水温等达到正常后再挂挡行驶。

（7）检查灯光。

3. 铲运机的驾驶操作

（1）起步前一定要释放驻车制动器，制动压力要足够。

（2）铲运机在行驶中若从高速挡变到低速挡时，要先放松油门，然后再换挡。如果改变行驶方向时，应先将变速手柄移到空挡位置，停稳后再换挡。

（3）在整个铲装过程中，要合理使用铲斗操纵杆和加速机构，使所有轮胎都在运行中，防止打滑或空转。

（4）上坡或下坡时，铲斗端应总是指向坡底，在情况危险时，可以放下铲斗来帮助停止铲运机。

4. 驻车操作

（1）将油门减小，降低发动机的转速。

（2）分离离合器，将变速杆放在空挡位置。

（3）将铲运机停在无松动石块、无滴水、无垮塌、无爆破作业等情况发生的安全处。

（4）将各操纵杆复位，动臂放到底，铲斗下翻并接触地面。

（5）将驻车闭锁放到锁定位置。

（6）断开车上电源开关及主电源开关。将铲运机停在平地上，若停在斜坡上，须用三角木或石块将车轮楔住。

（7）拖动铲运机时，在正常的拖挂或拉杆之外要加用安全链条或钢丝绳索，长距离牵引时必须断开驱动系统。

二、铲运机的工作过程

铲运机是一种循环作业的土方施工机械，它的工作过程与推土机大致相同。

1. 机械操纵式铲运机的工作过程

铲运机的工作情况如图 1—2—9 所示。

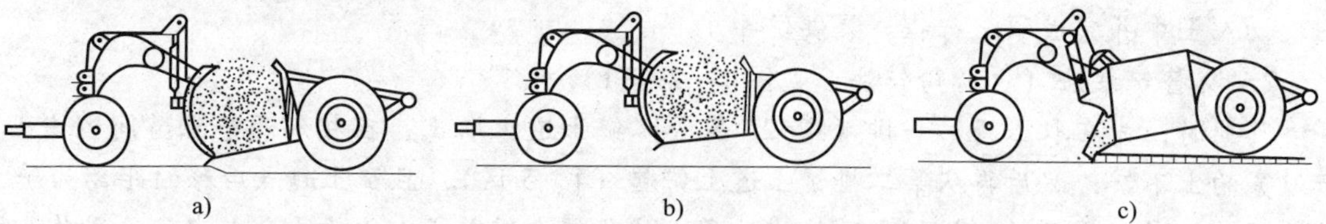

图 1—2—9 铲运机的工作情况

a）铲土 b）运土 c）卸土

（1）铲装过程

首先升起铲斗斗门，放下铲斗，铲斗在自重作用下，随着铲运机的前进，铲刀逐渐切入土中，切下的土层被挤入铲斗内。在开始铲土时，土层沿着斗底向后移动，直至后斗壁为止，此时斗门以开启 60 ~ 70 cm 为宜。当继续铲土时，各土层则由刀片处向上弯曲，沿着之前进入的土层堆置在前一层的上面，随着土层的堆高，土层就曲向前方，朝斗门的方向挤去，此时应将斗门放低些，以便土壤向斗门处弯曲挤入，一般斗门开度为 25 ~ 40 cm 。如要将土层继续挤入，使铲斗装得更满，则必须具有相当大的压力才能装入，为此应将斗门重新开大一些，一般为 35 ~ 55 cm。等到被铲下的土层再不能挤入时，即可关闭斗门，升起铲斗进行运输。

（2）运输过程

当铲斗内装满土后，升起铲斗的同时关闭斗门，铲运机运行到需要卸土的地方。

（3）卸土过程

放低铲斗，使斗口离地面一定的距离，开启斗门，用卸土板将铲斗内的土向外推，随着铲运机的行驶，在卸土地段铺卸一层土层。

（4）回驶过程

卸土完成后，关闭斗门，升起铲斗，铲运机空驶到铲土地段进行下一循环的作业。

2. 液压操纵式铲运机的工作过程

当液压操纵式铲运机的机架前端抬升到最高位置时，铰链连杆机构使斗门打开，同时铲斗翻转而卸土，即卸土过程，此时斗底与水平面成 55° ~ 60°角；当机架前端降到某一位置，通过铰链连杆机构使铲斗向后复位，斗门关闭，而成为运输位置，进入运输过程；当机架前端再下降，铲斗前缘触地，斗门微开，可开始铲装，当切土开始后，机架前端再下降一些，斗门也再开大一些，这时就正式进入铲装状态，即铲装过程。铲装土层的厚薄是通过工作液压缸控制机架前端的下降度来决定的。

铲运机的铲装作业方法

1. 一次铲装法（见图 1—2—10）

铲运机在Ⅰ、Ⅱ级土壤上开始铲土时，应使铲刀以最大深度切入土中（不超过 30 cm)，随着斗内土量的增加，行驶阻力不断增大，而逐渐减小铲土深度，直至铲斗装满为止。铲刀一次切入土中并完成铲土行程，装满铲斗。

2. 交替铲装法（也称跨铲法，见图 1—2—11）

作业时，先在取土场第一排（1、2、3 区）铲土道上取土，在相邻两铲土道间留出 1/2 铲刀宽的土不铲；然后再从第二排铲土道上铲起（4、5 区），且铲土起点后移的距离为铲土道长度的一半；第三、四排铲土道依次后移，使各铲土道前后、左右重合起来。这种作业的特点是：在铲土后半数土量因切土宽度减小而使铲土阻力降低，从而使铲运机有足够的功率将铲斗装满，同时又可缩短铲土道长度和铲土时间，提高铲装功效。

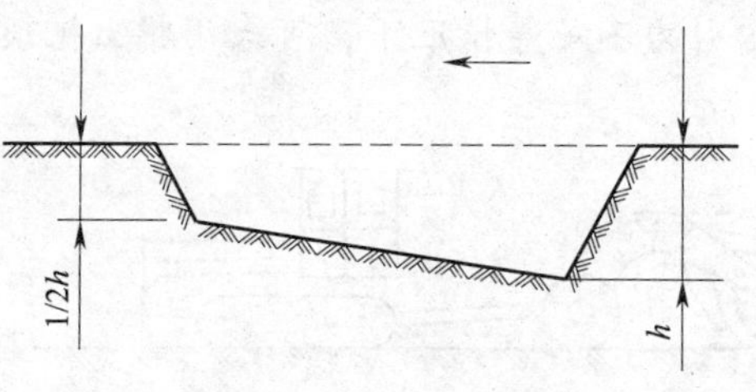

图 1—2—10 一次铲装法

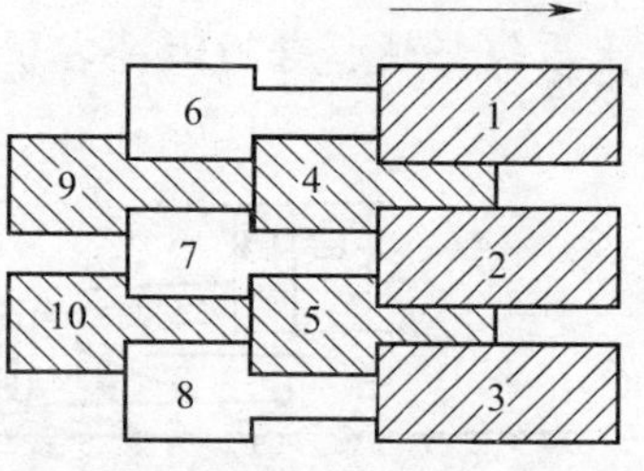

图 1—2—11 交替铲装法

3. 波浪式铲土法（见图 1—2—12）

波浪式铲土法适用于较硬的土壤，当铲运机开始铲土时，使铲斗以最大深度切入土中，随着负荷逐渐增加，发动机转速降低，车速降低，相应地减小切土深度，使发动机恢复转速，车速增加，而后再加大切土深度。这样反复若干次，直至铲斗铲满为止。这种铲土方法的优点是可以充分利用发动机功率，并能改善装土条件，从而可以提高作业效率。

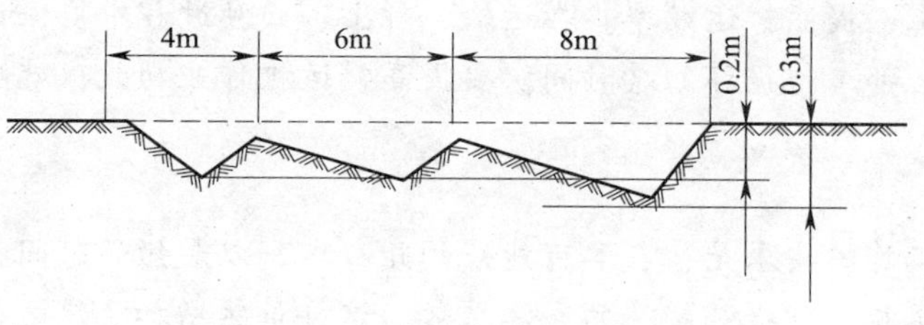

图 1—2—12 波浪式铲土法

4. 下坡铲土法（见图 1—2—13）

下坡铲土法主要是利用铲运机重力的分力所产生的下坡推力使牵引力增加，从而提高铲土效率。在平地铲土时，应先挖前一段，然后逐渐向后延伸铲土道，以便形成前低后高的自然坡道。当铲土区为一小土丘时，先从四周斜向铲起，然后逐渐向后延伸，以创造下坡取土的有利地形。铲土下坡角一般为 7°～8°，最大不超过 15°。

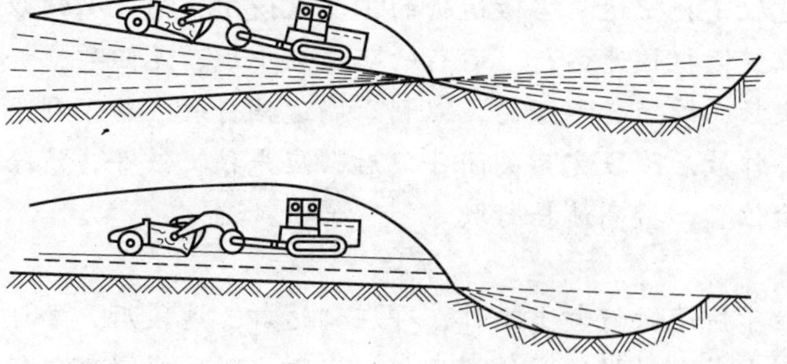

图 1—2—13 下坡铲土法

5. 顶推铲土法（见图1—2—14）

在土质较坚硬、普通大斗容铲运机作业或牵引力不足等情况下，可采用推土机顶推铲土法。

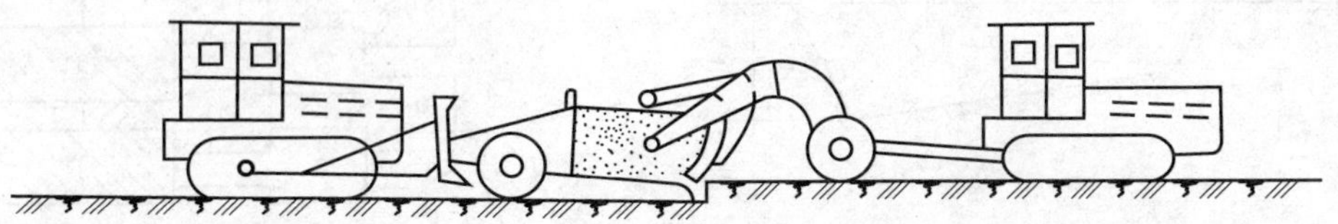

图1—2—14　顶推铲土法

提高铲运机操作功效的措施

从铲运机的铲装、运输、卸土、回驶这四个工作过程来看，由于铲运机运输距离长，消耗功率大，所以，想要提高铲运机作业功效的基本原则是尽力地做到在最短的时间、最短的距离将铲斗内铲满土，提高铲运效率。在运输、卸土、回驶过程中应保证安全、快速并提高卸土质量，以缩短全部工作循环的总时间。要提高铲运机作业功效，就应从铲运机的工作过程入手。

1. 铲装过程

对铲运机铲装工作的要求是：在尽可能短的距离内，以最短的时间把铲斗内充满，或者是超过铲斗的几何容积，即提高铲斗的充满系数。这样虽然增加了铲运机重载运输负荷，但不影响铲运机的牵引力。因对铲运机所配动力的功率是按铲装阻力计算的，而铲装阻力所要求的机械牵引力大大超过重载运输时的牵引力，故运输时即使铲斗内装得再满也不会超载。

另外，要正确地掌控铲运机斗门的开度，使更多的土壤被挤入斗内，等到被铲下的土壤再不能挤入时，即可关闭斗门，提高铲斗，进入运输过程。

铲装沙土时，除了掌握斗门的开度外，在铲装作业过程中，要多次将铲斗进行波浪式作业法的铲装，其目的是使所铲的土比较快地被挤入斗内。

2. 运输过程

铲运机的运土过程是把铲运机当做运输的工具来使用，为此必须以多装、快运、安全行驶为原则。为了保证铲运机快速运行，运行的路线应平坦、无阻碍，并应选择重载下坡的有利地形，减少转弯次数，缩短行程距离，以利于高速挡行驶。为了利于本次运行并便于下次铲装工作，在铲装工作最后阶段完毕关闭斗门后，应先稍提铲斗，清除斗口前1 m以内的余土，然后提升到运输位置，换高速挡行驶。

3. 卸土过程

卸土作业主要在于快速做好卸土工作，即在到达卸土地段后，要适当放下铲斗，以低速铺成层。对于自由卸土式或半强制式的铲运机，在卸土时要慢慢翻转铲斗，试图让土陆续倒出，铺卸成层。若遇难卸的黏土，可将翻斗连续翻振几次，以便振出黏土。

4. 回驶过程

回驶时，应在保证安全的前提下以高速挡行驶为宜，若行驶道路不平，应利用铲斗刀刃将道路刮平，以利于下次运行。

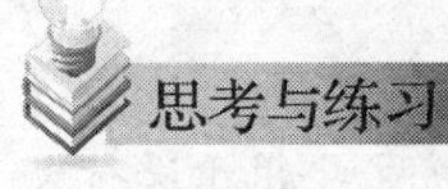

一、填空题

1. 开车前应：检查________和变速箱油油位，柴油箱和液压油箱的油位，____液位，冷却液液位。

2. 带有双铲刀机构的铲运机铲斗的结构特点是：在铲斗后部另设一装料口，并在装料口沿整个铲斗宽度__________，故称为双铲刀铲运机。

3. 铲装土层的厚薄是通过______控制机架前端的下降度来决定的。

二、判断题

1. 一次启动不允许超过 5 s，在重复启动之前要间隔 15 s 以上。（　　）

2. 带有双铲刀机构的铲运机卸土时，后铲刀机构也可进行卸铺。（　　）

三、选择题

1. 在开始铲土时，土层沿着斗底向后移动，直至后斗壁为止，此时斗门以开启（　　）cm 为宜。

A. 45～55　B. 50～60　C. 60～70　D. 70～80

2. 铲运机在行驶中若（　　）时，要先放松油门，然后再换挡。

A. 从低速挡变到高速挡　B. 从高速挡变到低速挡

C. 改变行驶方向　D. 后退

四、简答题

1. 简述铲运机的用途。

2. 简述铲运机的驾驶操作。

任务三　平地机的使用与维护

- 了解平地机的用途、类型和结构。
- 能够正确使用及操作平地机。

◆ 能够对平地机进行日常维护。

平地机是一种能从事多种作业的工程机械，在各种土建工程中，平地机主要用于进行大面积平地修整作业；此外，还可进行推土、挖沟、刮坡等作业。那么平地机总体结构是怎样的呢？如何使用、维护平地机呢？本任务要求学生通过相关知识的学习，能够掌握平地机的操作和维护方法。

一、平地机的用途

平地机是一种以刮刀为主，并配置有其他多种可更换的作业装置，以完成土地平整和整形作业的公路施工机械。在公路施工中，可利用平地机进行路基基底处理，完成草皮或表层剥离；从路线两侧取土，填筑高度小于1 m的路堤；整修路堤的断面；开挖路槽和边沟；在路基上拌和、摊铺路面基层材料。平地机可以用于整修和养护土路，清除路面积雪。在机场和现代交通设施建设中的大面积、高精度的场地平整工作中，更是其他道路施工机械所不能代替的。

平地机的刮刀比推土机的铲刀使用起来更加灵活，它能连续改变刮刀的平面角和倾斜角，并可使刮刀向任意一侧伸出，除了具有作业范围广泛、操纵灵活、控制精度高等特点外，平地机在作业过程中空行程时间只占约15%，有效作业时间明显高于装载机和推土机。因此，平地机是一种高效、多用途的土方施工作业机械。

二、平地机的类型

平地机的类型及特点见表1—3—1。平地机分为牵引式和自行式两种，目前生产的平地机大多数为自行式平地机，其外形如图1—3—1所示。

表1—3—1　　平地机的类型及特点

分类方法	类型	特点
按操纵方式分	机械操纵式	操纵较难
	液压操纵式	操纵容易
按机架结构形式分	整体机架式	整体刚度高，转弯半径较大
	铰接机架式	转弯半径小，作业范围大，稳定性好

续表

分类方法	类型	特点
按车轮数量分	六轮平地机	3×2×1 型——前轮转向，中后轮驱动
		3×3×1 型——前轮转向，全轮驱动
		3×3×3 型——全轮转向，全轮驱动
	四轮平地机	2×1×1 型——前轮转向，后轮驱动
		2×2×2 型——全轮转向，全轮驱动

图 1—3—1　自行式平地机的外形

三、平地机的结构

平地机的主要组成部分有发动机、传动系统、行走装置、机架、液压系统、工作装置和操纵控制系统，国产 PY180 型平地机的结构如图 1—3—2 所示。

1. 发动机

发动机一般采用风冷或水冷柴油机，装在发动机罩下，大多数柴油机都采用了废气涡轮增压技术。

2. 传动系统

传动系统一般由主离合器、液力变矩器、变速箱、后桥传动装置、平衡箱串联传动装置等组成。

3. 行走装置

行走装置的驱动形式有后轮驱动型和全轮驱动型。当全轮驱动时，前轮的驱动力可由变速箱输出，通过多级带万向节的传动轴传至前桥，或采用液压传动方式将动力传至前桥。

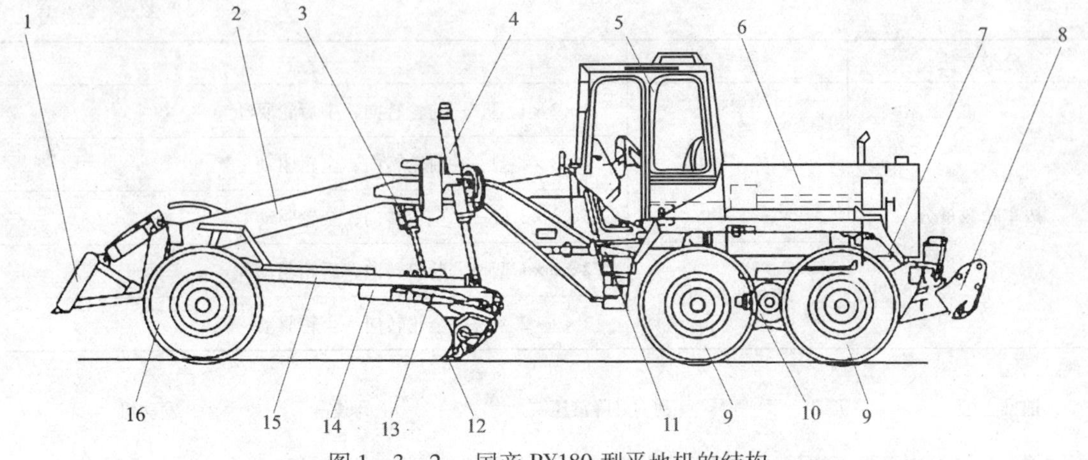

图 1—3—2　国产 PY180 型平地机的结构

1—前推土板　2—机架　3—牵引架升起液压缸　4—刮刀升降液压缸　5—驾驶室　6—发动机　7—后机架　8—后松土器　9—后轮　10—后桥　11—铰接转向液压缸　12—刮刀　13—铲土角变换液压缸　14—转盘齿圈　15—牵引架　16—前轮

4. 机架

机架是一个支撑在前桥与后桥上的弓形梁架。在机架上装有发动机、主传动装置、驾驶室和工作装置等。在机架中间的弓背处装有液压缸支架，上面安装刮刀升降液压缸和牵引架升起液压缸。铰接机架设有左、右铰接转向液压缸，用以改变或固定前、后机架的相对位置。

5. 液压系统

液压系统由液压泵、控制阀、液压缸（如铲土角变换液压缸 13、刮刀升降液压缸 4、铰接转向液压缸 11）液压马达、管路、油箱等组成。液压传动系统通过液压泵将发动机的动力传递给液压马达、液压缸等执行元件，推动工作装置动作，从而完成各种作业。

6. 工作装置

工作装置主要是刮刀，各种平地机的刮刀都基本相似，它包括刀身和切削刃两部分，刀身为一块钢板制成的长方形曲面弧形板，在其下缘和两端用螺栓固定有切削刀片。

前推土板是平地机主要的辅助作业装置之一，装在机架前端的顶推板上。

后松土器主要用于疏松比较坚硬的土壤，对于不能用刮刀直接切削的地面，可先用松土装置疏松，然后再用刮刀切削。

耙土器可用来疏松、破碎土块，也可用于清除杂草；布置在刮刀和前轮之间；耙过后的土块度较小，疏松效果好。

7. 操纵控制系统

操纵控制系统包括作业装置操纵系统和行驶操纵系统。

四、操纵监视控制装置

驾驶员座位的前方是转向盘，转向盘下方是中央功能面板，左右两侧是工作操纵手柄，如图 1—3—3 所示为驾驶室内部结构。

图 1—3—3　驾驶室内部结构

中央功能面板（见图 1—3—4a）指示的内容如下：

发动机水温表 A：指示发动机冷却水的温度。当指针指到红色区域时，应停下机器，检查发动机风扇、传动带和散热器水位。

变速箱油温表 B：指示变速箱的工作油温。当指针指到红色区域时表示油温过高，变速箱油温报警指示灯闪烁，应停下机器查明故障原因。

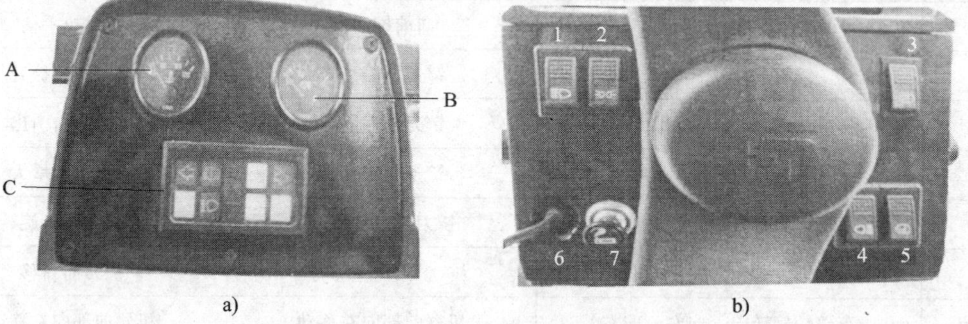

图 1—3—4　中央功能面板

a）上半部分　b）翘板开关

根据监测项目的相对重要程度不同，监控系统 C 分为两级报警。

一级报警：项目灯闪烁。包括转向指示灯、充电指示灯、前大灯远光指示灯。

二级报警：项目灯闪烁，蜂鸣器鸣响。包括行车制动低压报警灯、紧急制动低压报警灯、机油压力报警指示灯、变速油压报警灯。

翘板开关（见图 1—3—4b）指示的内容如下：

前大灯开关 1：控制左、右前大灯同时亮或灭。

小灯开关 2：控制小灯的开关。

工作灯开关3：控制驾驶室顶上的两个工作灯同时亮或灭。

后大灯开关4：控制左、右后大灯同时亮或灭。

前顶灯开关5：控制前顶灯的开关。

工作操纵手柄（见图1—3—5）的功能见表1—3—2。

图1—3—5　工作操纵手柄

表1—3—2　　　　工作操纵手柄的功能

手柄序号	手柄控制的位置	向前推手柄	向后拉手柄
1	铲刀左端，升、降	铲刀左端下降	铲刀左端提升
2	铲刀引出，向左、向右	铲刀向左引出	铲刀向右引出
3	铲刀铲土角，小、大	铲土角度减小	铲土角度增大
4	铲刀旋转，逆、顺时针	铲刀逆时针旋转	铲刀顺时针旋转
5	铲刀侧移，向左、向右	铲刀向左移	铲刀向右移
6	车轮铰接转向，向左、向右	机器前部向左移动	机器前部向右移动
7	车轮倾斜，向左、向右	车轮左倾	车轮右倾
8	铲刀右端，升、降	铲刀右端下降	铲刀右端提升

右侧功能面板位于驾驶员座椅右侧，前半部分（见图1—3—6a）由发动机手动油门、变速操纵手柄、驻车制动按钮组成；后半部分（见图1—3—6b）由燃油表、电流表、小时计、启动开关、空调控制面板、一组翘板开关组成。

右侧功能面板前半部分（见图1—3—6a）包括以下项目：

发动机手动油门1：当发动机脚油门不动时，按下发动机手动油门手柄顶部的按钮，将手柄向后扳，发动机转速增加。

a)

b)

图 1—3—6　右侧功能面板

a）前半部分　b）后半部分

变速操纵手柄 2：前后拨动手柄，可以分别操纵平地机前进（手柄在“V”的位置）、后退（手柄在“R”的位置）；在中间位置（手柄在“N”的位置）时是空挡。图中数字 1、2、3、4、5、6 表示前进挡不同的挡位位置，数字 1、2、3 表示后退挡不同的挡位位置。

注意：整车电气系统有空挡/启动联锁保护功能，即只有变速操纵手柄在空挡位置时才能启动发动机。

驻车制动按钮 3：驻车制动按钮（手制动）在右侧功能面板上。按下时，驻车制动器闭合，实施制动；向上拉起时，释放驻车制动器，解除制动。驻车制动器也用做紧急制动器。在机器工作时，若出现紧急情况，手动按下驻车制动按钮，即可实施紧急制动，如果此前变速箱处于一挡或二挡位置，则变速箱同时自动挂空挡。

右侧功能面板后半部分（见图 1—3—6b）包括以下项目：

驻车灯开关 1；

前窗刮水器开关 2；

喷水开关 3；

后窗刮水器开关 4；

强制润滑开关 5（关闭此开关要拨开锁扣）；

旋转信号灯开关 6；

蜂鸣器静音开关 7。

燃油表 8：显示燃油箱内燃油的数量。

电流表 9：指示蓄电池充放电，“－”表示蓄电池放电，“＋”表示蓄电池充电。

小时计 10：显示发动机总的工作时间。

启动开关11：插入电钥匙，顺时针旋转一挡接通电源，旋转两挡接通起动机，启动发动机，松开钥匙停止启动，自动回到一挡位置。

空调12：即空气调节器，它的功能是对该驾驶室内空气的温度、湿度、洁净度和空气流速等参数进行调节，以满足人体舒适或工艺过程的要求。

平地机的基本操作包括驾驶、铲土角的调整、刮刀回转角的选择、前轮倾斜的运用等，作业前必须根据实际施工对象和施工条件进行选择及调整。

一、驾驶

1. 操作前的准备

（1）日常检查

1）清理堆积的垃圾；清洁扶手或阶梯上的油迹或污泥；擦净驾驶舱玻璃，检查所有后视镜是否调节到位。

2）清除推土板或转盘齿圈区域内的碎石、残渣和垃圾等物，并确保推土板滑轨和转盘齿圈顶面干净。

3）拧紧机器周围和机器底部松动的螺栓；修理、更换损坏或磨损的零件。

4）检查燃油、液压油、制动液或冷却液的量，检查工作装置的情况和液压元件的状况。

5）每周或工作50 h就进行一次检查。检查时还要使用每天启动前的检查方法。进行所有检查时，平地机都要处于停机状态。

（2）上机或下机

1）只能在有阶梯或扶手的地方登上或走下机器；上机或下机时要面对机器，手拉扶手，脚踩阶梯，保持三点接触（两脚一手或两手一脚），以确保身体平稳。

2）上机或下机时绝不能将任何操纵杆当做扶手。

3）携带工具或其他物品时不要上机或下机，应用绳子将所需工具吊上操作平台。

4）严禁跳下机器；严禁在机器移动时上机或下机。

2. 驾驶操作

（1）启动发动机。

（2）查看各种仪表和指示灯，具体包括：

变矩器出口温度表：温度应为80～110℃之间。

电流表：指针指向“+”的方向。

水温表：水温应在80～90℃以下。

变速器操作压力表：压力范围一般为0～3.2 MPa。

液压滤清器指示灯。

制动压力指示灯。

预热指示灯。

机油粗滤器指示灯。

机油压力指示灯。

（3）把刮刀和所有附属装置抬离地面，确保前轮转动时不会撞到刮刀。

（4）向左或向右轻推操纵杆，选择开始挡位。松开驻车制动器按钮，慢慢松开离合器和制动踏板；踩下加速踏板；平地机已经处于启动状态。

注意：开始移动平地机时，不要使用高于四挡的前进挡或高于二挡的倒退挡。

（5）转动转向盘，可实现平地机的转向。

（6）驾驶机器时，不要把脚放在离合器或制动踏板上，这样会造成不必要的磨损。

（7）换向时，先踩下离合器，后踏下制动踏板，待平地机停稳后，把换挡操纵杆移到前进或后退位置。

3. 停止驾驶操作

（1）降低发动机速度，然后慢慢踩下并一直压住离合器和制动踏板，将平地机停下来。

（2）拉起驻车制动器手柄，固定住平地机，把换挡器操纵杆移到“空挡”位置，当变速箱还挂着挡，且发动机还在运转时使用驻车制动。

（3）松开离合器和制动踏板。把刮刀和所有附属装置降至地面，关闭发动机；取下启动钥匙，关掉电源总开关，锁住驾驶室门。

二、铲土角的调整

平地机刮土作业时，应根据土壤性质和切削阻力大小适时调整刮刀切削角。刮刀切削角的调整有人工调整（见图1—3—7a）和液压缸调整（见图1—3—7b）两种方式。

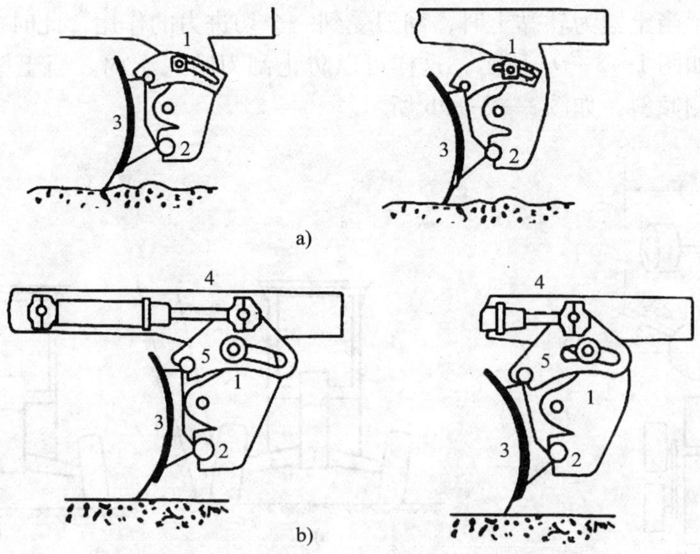

图1—3—7　平地机刮刀切削角的调整方式

1—锁紧螺母　2—铰接点　3—刮刀　4—活塞杆　5—角位器

1．人工调整

目前，在中、小型平地机上应用较多。调整方法：松开锁紧螺母 1，移动刮刀 3 绕铰接点 2 转动，使刮刀 3 至合适的切削角度，锁紧螺母 1。

2．液压缸调整

液压缸的活塞杆 4 与角位器 5 铰接。将平地机停下来（发动机不熄火），松开锁紧螺母 1，操纵液压缸活塞杆 4 的伸缩，则角位器 5 带动刮刀 3 绕铰接点 2 转动，使刮刀 3 至合适的切削角度，锁紧螺母 1。

三、刮刀回转角的选择

刮刀回转角如图 1—3—8 所示。当回转角 ω 增大时，工作宽度减小，单物料的侧移输送能力提高，刮刀单位切削宽度上的切削力提高。对于剥离、摊铺、混合作业及硬土切削作业，回转角可取 30°～50°；对于推土摊铺或进行最后一道作业刮平以及进行松软或轻质土刮平、调整作业时，回转角可取 0°～30°。总之回转角应视具体情况及要求来确定。

四、前轮倾斜的运用

平地机作业时，由于刮刀有一定的回转角，或由于刮刀在伸出机外刮边坡时，使机器受到一个侧向力的作用，常会迫使机器前轮发生侧移以致偏离行驶方向，导致轮胎的磨损加剧；同时，对前轮的转向销轴产生很大的力矩，使转动前轮的阻力增大。因此，通过前轮倾斜的运用能有效地抵消这种阻力。

具体方法是：当土壤为软黏土时，刮刀受到一个切进力的作用，此时操纵轮子向离开坡道的方向倾斜，如图 1—3—9a 所示，这样可以防止刮刀啃入土内。当土壤为硬质土时，操纵前轮向坡道一侧倾斜，如图 1—3—9b 所示。

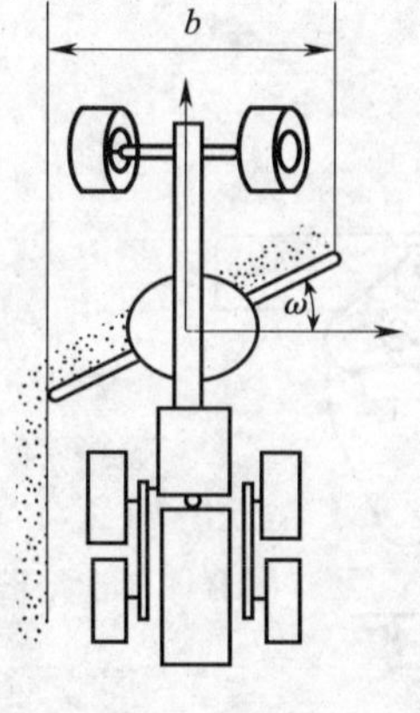

图 1—3—8　刮刀回转角

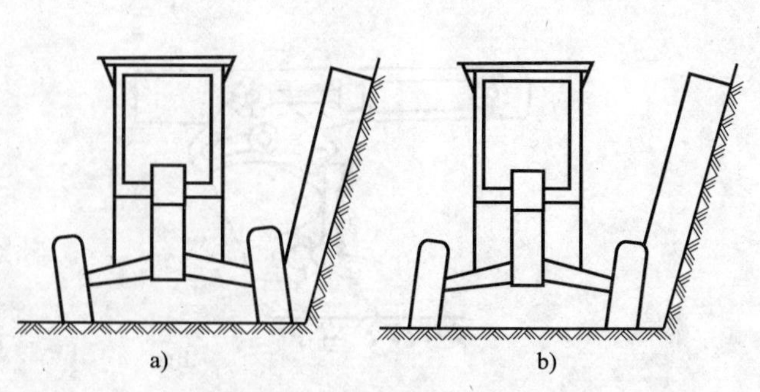

图 1—3—9　前轮倾斜

五、平地机的维护

1. 安全注意事项

在对机器进行维护时，请仔细留意所有相适用的安全细则。

（1）将平地机停在平坦的路面上，变速杆置于空挡，并使用驻车制动。

（2）把刮刀和所有附属装置移至地面，不要向下施加压力。

（3）关闭发动机。

2. 日常技术维护

（1）检查控制灯。

（2）检查制动容器液位。

（3）检查发动机空气滤清器阻塞指示器。

（4）检查液压油油位、冷却液液位、燃料料位等。

（5）检查变速箱油位在怠速时的中间位置。

3. 周期性技术维护

每隔一周、250 h、500 h、1 000 h、2 000 h进行技术保养，参阅详细的维护表。

4. 长期停放的维护

（1）当平地机停止使用超过30天时，必须保证其部件不暴露于外。

（2）彻底清洗平地机，确保把所有腐蚀性残留物冲洗掉。

（3）打开燃料箱底部的排放阀，放出约1 L燃料，以便除去积水。

（4）更换空滤、机滤，并在燃料箱中加入燃料稳定剂和防腐剂。

（5）拆除蓄电池，存放在通风、干燥的地方。温度应为0～21℃，确保蓄电池已充满电。

1. 基本施工作业方法

（1）刀角铲土侧移：适用于开挖沟内移或外移物料。

（2）刮土侧移：适用于移土修整路基、平整场地、撒铺物料等作业。

（3）刮土直移：适用于平整不平整度较小的场地，作为整修路形时的最后平整工作，以及撒铺物料。

（4）机外刮土：适用于修刮边坡、边沟等。

2. 平地机的施工作业

（1）摊铺路基物料，修整路形

1）首先用刮土侧移的方法进行第一遍整幅粗平。

2）然后使平地机的行驶方向与第一遍的方向相反，用刮土侧移法进行第二遍摊平。

3）满幅基本摊平后修刮路形，先从一侧边线用刮土侧移的方法把土堤移到另一侧，但最后留下的土堤不能靠边。

4）修整路拱时，应采用几刀制的方法进行施工，如当路宽为5～8 m时，采用五刀制，即以路中线为标准，用刮土侧移的方法，左边一刀，右边一刀；用刮土直移方法中间一刀；再用刮土侧移方法，左、右再各一刀。如达不到质量要求，再按此方法连续作业，直到符合标准为止。

（2）弯道作业法

1）将车停在弯道始点内侧，用刮土侧移的方法沿内侧边线把铲刀放下。

2）平地机起步后，缓慢左右下降铲刀，让车身向内侧倾斜，并符合弯道超高要求，进行作业。

3）当刮到弯道终点时，被侧移出一个小土堤，第二刀骑着小土堤刮土，这样连续刮土作业直到外侧边线；如此反复作业，达到技术标准为止。

（3）人字道口作业法

1）用刮土侧移的方法先从内向外推刮，粗平后再掉头沿人字道口的一侧边线往内刮，每铲刮到中心。

2）然后转铲用同样的作业方法从另一侧刮到中心；最后用刮土直移的方法刮平中心的多余物料。

小资料

铲　土　角

铲土角即切削角，是指刮刀切削刃与地面的夹角。铲土角的大小一般依据作业类型来确定，一般平地机铲土角都有一定的调整范围，以适应不同的作业要求。中等的切削角（约为60°）适用于通常的平地机作业；当用平地机剥离土壤时，如剥离草皮、刮平凸缘、切削路边沟等，需要较小的铲土角，以降低切削阻力；当进行摊铺、混合物料作业时，应选用较大的切削角，这样可以避免大物料对铲刀的推挤力，大粒料容易从刮刀下滚出，由于铲土角大，刮刀载料减少，使物料滚动混合作用加强。

知识拓展

当在狭窄地段施工，平地机掉头困难时，可采取刮刀回转180°的方法，使平地机进行倒退作业；所以，平地机倒退的挡位较多，但刮刀回转时应注意操作顺序，防止刮刀碰到轮胎、耙土器等。

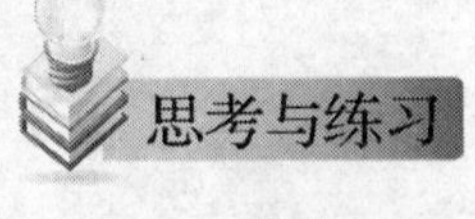

思考与练习

一、填空题

1．平地机刮土作业时，应根据________和________适时调整刮刀切削角。

2. 工作装置主要是______，各种平地机的刮刀都基本相似，它包括______和______两部分。

3. 对于剥离、摊铺、混合作业及硬土切削作业，刮刀回转角可取__________。

二、判断题

1. 将车停在弯道始点内侧，用刮土侧移的方法沿内侧边线把铲刀放下。（　　）

2. 携带工具或其他物品时不要上机或下机，应用绳子将所需工具吊上操作平台。（　　）

三、选择题

1. 拆除蓄电池，存放在通风、干燥的地方。温度应为（　　）℃，确保蓄电池已充满电。

A. 0 ~ 21　　B. 10 ~ 31　　C. 20 ~ 41　　D. 30 ~ 51

2. 当平地机停止使用超过（　　）天时，必须保证其部件不暴露于外。

A. 10　　B. 20　　C. 30　　D. 40

四、简答题

1. 平地机的用途有哪些？

2. 铲土角的调整方法有哪些？

3. 驾驶操作前的准备工作有哪些？

任务四　单斗挖掘机的操作及履带的维护

- 了解单斗挖掘机的用途、类型及基本构造。
- 能够用单斗挖掘机进行挖掘操作。
- 能够维护单斗挖掘机的履带。

挖掘机（见图 1—4—1）是一种常用的土方施工机械，在某些土建施工现场可用来挖掘土壤或者建筑物、残杂物。挖掘机是由人坐在驾驶室中来操作的，如何准确、安全地操作挖掘机进行施工挖掘、搬运货物等工作呢？本任务要求学生通过相关知识的学习，能够掌握挖掘机的操作和维护方法。

图 1—4—1　挖掘机及其工作场景

一、挖掘机的用途和类型

挖掘机是用来进行土方开挖的一种施工机械。主要用途是：开挖路堑，修筑路堤，开挖建筑基坑，开挖河道、沟渠，剥离表土和开挖矿石，装载松散材料。挖掘机的作业过程是用铲斗的切削刃切土并把土装入斗内，装满土后提升铲斗并回转到卸土地点卸土；然后再使转台回转，铲斗下降到挖掘面，进行下一次挖掘。

单斗挖掘机是挖掘机中最常见的一种，同多斗挖掘机相对应，单斗挖掘机只有一个挖斗。本书中讲解的挖掘机均指单斗挖掘机。

按照分类方法不同，单斗挖掘机可以分为很多种，见表 1—4—1。

表 1—4—1　　单斗挖掘机的类型

分类方法	种类	分类方法	种类
按动力装置分	电驱动式	按回转范围分	全回转式（360°）
	柴油机驱动式		非全回转式（<270°）
	复合驱动式		
按传动装置分	机械传动式	按工作装置分	正铲挖掘机
	全液压传动式		反铲挖掘机
按行走方式分	轮胎式挖掘机		拉铲挖掘机
	履带式挖掘机		抓斗挖掘机

正铲挖掘机、反铲挖掘机、拉铲挖掘机、抓斗挖掘机的外形如图 1—4—2 所示，其中，图 1—4—2a、b、c 所示均为履带式挖掘机，图 1—4—2d 所示为轮胎式挖掘机。

图 1—4—2　挖掘机的分类

a）正铲挖掘机　b）反铲挖掘机　c）拉铲挖掘机　d）抓斗挖掘机

正铲挖掘机的挖掘动作由下向上，适用于开挖停机面以上的土壤；反铲挖掘机的挖掘动作由上向下，适用于开挖停机面以下的土壤；拉铲挖掘机工作时，将铲斗向外抛掷于挖掘面上，铲斗借重力切入土中，挖满后由提升索将铲斗提起，转台转向卸土点卸土，可挖停机面以下的土壤，还可进行水下挖掘，挖掘范围大，但挖掘精确度差；抓斗挖掘机的铲斗由两个或多个颚瓣铰接而成，同拉铲挖掘机一样，利用重力切入土中，挖掘土壤，用于基坑或水下挖掘，挖掘深度大，也可用于装载颗粒物料。

公路施工中常采用柴油机驱动、全回转、液压传动式挖掘机。

二、单斗挖掘机的结构

单斗挖掘机是利用单个铲斗挖掘土壤或矿石的自行式挖掘机械。作业时，铲斗挖掘满斗后转向卸土点卸土，空斗返转挖掘点进行周期作业。它广泛应用在房屋建筑施工、筑路工程、水电建设、农田改造和军事工程以及露天矿场、露天仓库和采料场中。

1. 总体结构

单斗液压挖掘机的总体构造如图 1—4—3 所示，主要由发动机、液压系统、工作装置、回转与行走装置和电气控制等部分组成。

发动机放置在发动机舱 9 内，它是液压挖掘机的动力源，大多采用柴油机，也可改用电动机。

液压系统由液压泵、控制阀、液压缸（如铲斗液压缸 2、斗杆液压缸 4、动臂液压缸

6）、液压马达、管路、油箱等组成。液压传动系统通过液压泵将发动机的动力传递给液压马达、液压缸等执行元件，推动工作装置动作，从而完成各种作业。

图 1—4—3　单斗液压挖掘机的总体构造

1—铲斗　2—铲斗液压缸　3—斗杆　4—斗杆液压缸　5—动臂　6—动臂液压缸　7—驾驶室　8—液压油箱　9—发动机舱　10—履带板　11—链轮　12—托带轮　13—支重轮　14—引导轮

工作装置是直接完成挖掘任务的装置。它由动臂 5、斗杆 3、铲斗 1 等部分铰接而成。动臂起落、斗杆伸缩和铲斗转动都用往复式双作用液压缸控制。为了适应各种不同施工作业的需要，液压挖掘机可以配装多种工作装置，如挖掘、起重、装载、平整、夹钳、推土、冲击锤等多种作业机具。

回转与行走装置（如链轮 11、履带板 10、引导轮 14 等）是液压挖掘机的机体，转台上部设有动力装置和传动系统。

电气控制系统包括监控盘、发动机控制系统、泵控制系统、各类传感器、电磁阀等。

2. 操纵装置

单斗挖掘机的驾驶室（见图 1—4—4）内最重要的部分是挖掘机的操纵装置，操纵杆操作方法的图形及说明见表 1—4—2。

图 1—4—4　单斗挖掘机的驾驶室

表 1—4—2 **操纵杆操作方法的图形及说明**

名称	图形	说明
左侧工作装置操纵杆	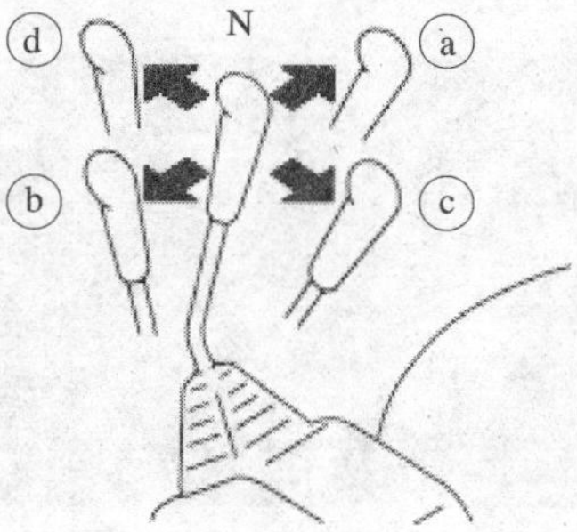	操纵杆向前至 a，斗杆伸出；操纵杆向后至 b，斗杆收进；操纵杆向右至 c，上部车体向右回转；操纵杆向左至 d，上部车体向左回转；操纵杆在中位 N，上部车体和斗杆保持在原位不动
右侧工作装置操纵杆	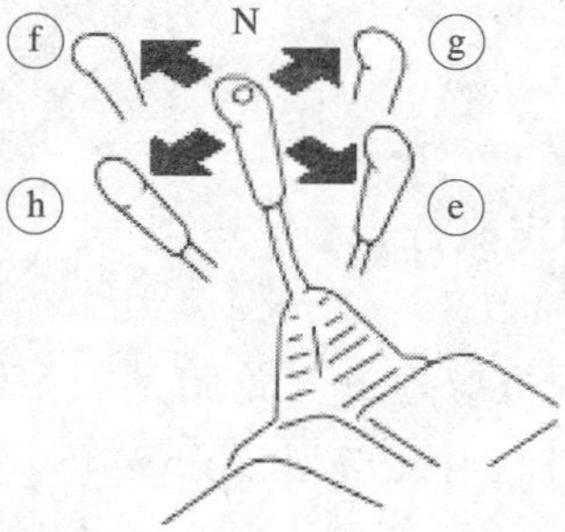	操纵杆向后至 e，动臂提升；操纵杆向前至 f，动臂下降；操纵杆向右至 g，铲斗翻出卸载；操纵杆向左至 h，铲斗收进挖掘；操纵杆在中位 N，动臂和铲斗保持在原位不动
行走操纵杆	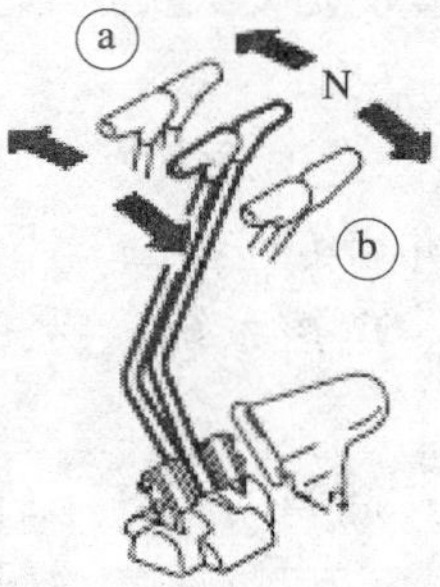	在操作行走操纵杆前，要检查履带架是在前还是在后。如果链轮在后部，履带架在前，向前推操纵杆至 a 前进；向回拉操纵杆至 b 倒车；操纵杆在中位 N，机器停止。如果履带架在后部，行走操作的方向将是相反的

各操纵杆的位置及与驾驶员座椅之间的位置关系如图 1—4—4 所示，仪表面板如图 1—4—5所示，按钮面板如图 1—4—6 所示。

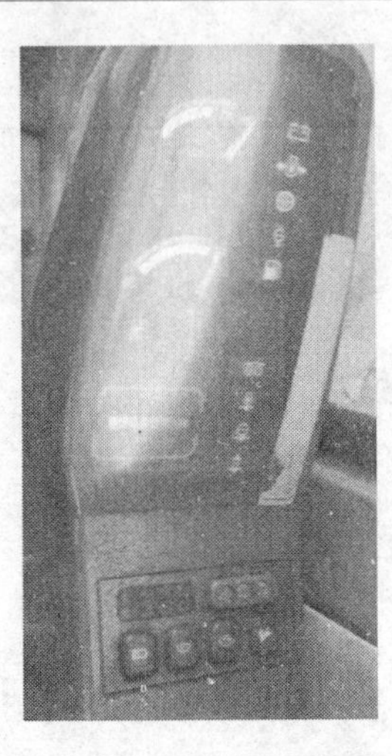

图 1—4—5　仪表面板

图 1—4—6　按钮面板

三、挖掘机的操作技术要求

1．挖掘机作业前的技术准备

（1）发动机部分按通用操作规程的有关规定执行。

（2）发动机启动或操作前应发出信号。

（3）检查液压系统有无渗漏；轮胎式挖掘机应检查其轮胎是否完好，气压是否符合规定；检查传动装置、制动系统、回转机构及仪器、仪表，并经试运转，确认正常后方允许进入作业状态。

（4）详细了解施工任务和现场情况；检查挖掘机停机处土壤的坚实性和稳定性，轮胎式挖掘机应加支撑，以保持其平稳、可靠；检查路堑和沟槽边坡的稳定情况，防止挖掘机倾覆。

（5）严禁任何人员在挖掘机作业区内滞留；禁止无关人员进入驾驶室。

（6）挖掘机作业现场应有自卸车进出的道路。

2．作业与行驶中的技术要求

（1）挖掘机作业时，禁止任何人上、下挖掘机和传递物品，不准边作业边保养、维修；不要随意调整发动机（或变速器）以及液压系统、电控系统；要注意选择和创造合理的作业面，严禁掏洞挖掘。

（2）挖掘机卸料时，应待自卸车停稳后进行；卸料时，在不碰撞自卸车任何部位的情况下，应降低铲斗高度；禁止铲斗从自卸车驾驶室上方越过。

（3）禁止利用铲斗击碎坚固物体；如遇到较大石块或坚硬物体时，应先清除后再继续作业；禁止挖掘未经爆破的五级以上的岩石。

（4）禁止将挖掘机布置在上、下两个挖掘段内同时作业。挖掘机的工作面应先平整，并清除通道内的障碍物。

（5）禁止用铲斗液压缸全伸出的方法顶起挖掘机。铲斗没有离开地面时，挖掘机不能做横行行驶或回转运动。

（6）禁止用挖掘机动臂横向拖拉物品；使用液压挖掘机时不能用冲击方法进行挖掘。

（7）挖掘机在做回转运动时，不能对回转手柄做相反方向的操作。

（8）驾驶员应时刻注意挖掘机的运转情况，发现异常应立即停车检查，并及时排除故障。

（9）在挖掘机作业、运行过程中，应经常检查液压油温度是否正常。

（10）挖掘机运行中遇电线、交叉道、桥涵时，应了解情况后再通过，必要时应设专人指挥；挖掘机与高压电线的距离不得少于 5 m；应尽可能避免倒退行走。

（11）挖掘机运行时，其动臂应与行走机构平行，转台应锁止，铲斗离地面 1 m 左右；下坡运行时应使用低速挡，禁止脱挡滑行。

（12）挖掘机行走路线应与边坡、沟渠、基坑保持足够距离，以保证安全；越过松软地段时应使用低速挡匀速行驶，必要时使用木板、石块等予以铺垫。

1. 反铲挖掘机的作业过程

反铲挖掘机每一作业循环包括挖掘、回转、卸料和返回四个过程。挖掘时，先将铲斗向前伸出，动臂带着铲斗落在工作面上；然后铲斗向着挖掘机方向拉转，铲斗在工作面上挖出一条弧形挖掘带并装满土壤；随后将铲斗连同动臂一起升起，上部转台带动铲斗及动臂回转到卸土处；将铲斗向前推出，使斗口朝下进行卸土；卸土后将动臂及铲斗回转并下放至工作面，准备下一循环的挖掘作业。

2. 反铲挖掘机的基本作业方式

反铲挖掘机的基本作业方式有沟端挖掘、沟侧挖掘、直线挖掘、曲线挖掘、保持一定角度挖掘、超深沟挖掘和沟坡挖掘等。

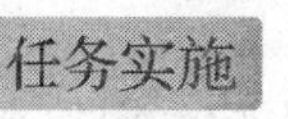

挖掘机的每一个工作循环包括挖掘、回转、卸料和返回四个过程。下面根据挖掘机的操作步骤，从启动、移动、转向、回转等几个方面阐述挖掘机的操作过程。

挖掘机的维护主要是指履带的维护，包括履带的检查和调整等内容。

一、挖掘机的启动

1. 清洁机器。

2. 检查冷却液液位、燃油油位和发动机油底壳内的机油油位；检查空气滤清器是否堵塞，并检查电线是否损坏。

3. 检查机器的上面、下面及在机器的周围区域有无人员或障碍物。

4. 调整座椅到易于进行操作的位置，检查操纵杆是否全部处于中位，安全锁定操纵杆是否处在锁定位置。

5. 启动发动机。

二、挖掘机的直线移动

1. 将安全锁定操纵杆置于自由位置，折回工作装置并将其升离地面 40 ~ 50 cm，如图 1—4—7a 所示。

2. 操作右行走操纵杆和左行走操纵杆的步骤。

（1）当链轮在机器后部时，如图 1—4—7b 所示，同时向前推右行走操纵杆、左行走操纵杆，挖掘机直线向前移动；同时向后拉右行走操纵杆、左行走操纵杆，挖掘机直线向后移动。

（2）当链轮在机器前部时，如图 1—4—7c 所示，同时向后拉右行走操纵杆、左行走操纵杆，挖掘机直线向前移动；同时向前推右行走操纵杆、左行走操纵杆，挖掘机直线向后移动。

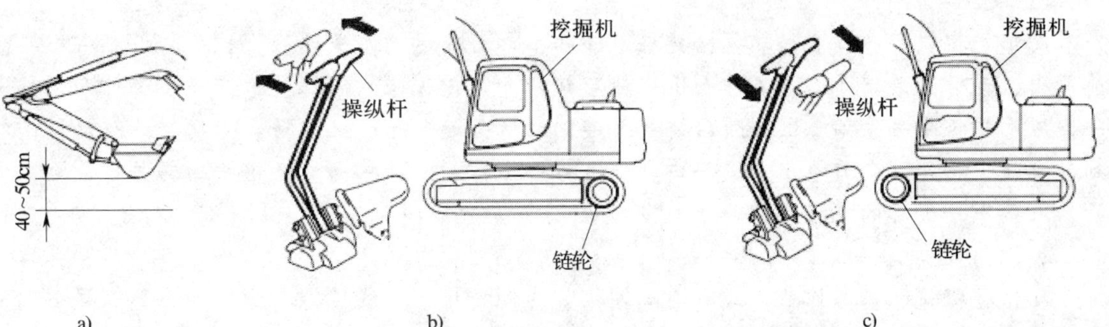

图 1—4—7　向前移动挖掘机

3. 对于装有行走报警装置的机器，检查报警器的响声。如果报警器不响，应检查修理。

4. 停住机器：将左行走操纵杆和右行走操纵杆置于中位，然后停住机器。

5. 向后移动机器：操纵杆的扳动方向与移动方向相反。

三、挖掘机的转向

1. 停住机器时的左转向

如图 1—4—8 所示，当链轮在机器后部时，向前推右侧行走操纵杆以向左转弯；当链轮在机器前部时，向回拉右侧行走操纵杆以向左转弯。当向右转弯时，按相同的方法操纵左侧行走操纵杆。

2. 机器行驶时的左转向

如图 1—4—9 所示，当链轮在机器后部时，机器前进或倒退时，左侧行走操纵杆回到中位以向左转弯。当向右转弯时，按相同的方法操纵右侧行走操纵杆。

3．原地转向

如图1—4—10所示，当链轮在机器后部时，向回拉左侧行走操纵杆并向前推右侧行走操纵杆，挖掘机原地向左转弯。当向回拉右侧行走操纵杆并向前推左侧行走操纵杆，挖掘机原地向右转弯。

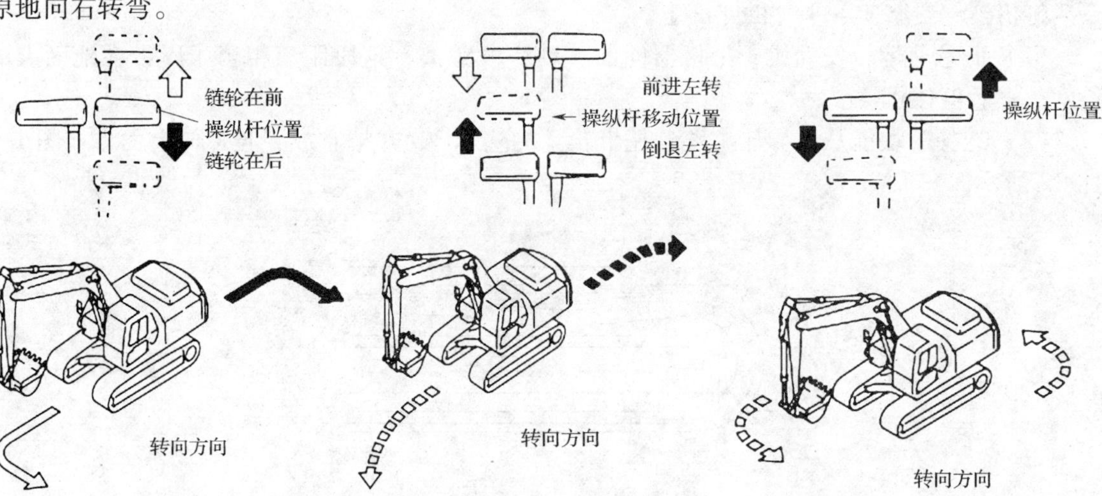

图1—4—8　停住时左转向　　图1—4—9　行驶时左转向　　图1—4—10　原地转向

四、挖掘机的回转

1．操纵挖掘机回转前，将回转锁定开关置于“OFF（解除）”位置。

2．向左、向右操纵左侧工作装置操纵杆，上部车体分别实现左回转、右回转，如图1—4—11所示。

3．当不需要回转时，将回转锁定开关转到“ON（起作用）”位置。

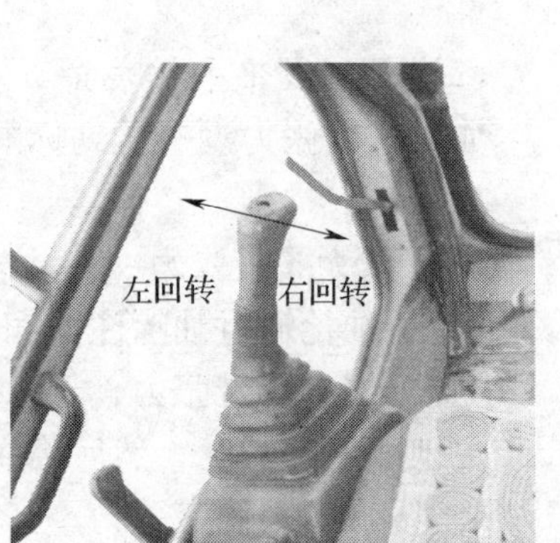

图1—4—11　挖掘机的回转

五、爬斜坡时的操作

1．行驶中爬斜坡时，工作装置要位于上坡方向，链轮在机器后部。

2．行驶中爬陡坡时，要把工作装置伸向前方，这样重心就移向坡的上方，增大了爬坡力。

3．上平台时，先把铲斗勾在平台上面，然后同时进行行驶操作和工作装置的操作，利用工作装置的力往上爬，当接近平台上面时，一面用工作装置支撑起车体，一面缓缓地着地；下平台时，首先把工作装置伸开，铲斗略高于地面，缓缓地向前移动，重心至平台的下坡方向后，车体倾斜，铲斗接地，这时用复合操作收起斗杆，提升大臂，一面支撑车体，一面继续前进。

六、履带张力的检查与调整

1. 检查

将机器停在坚实、平整的路面上。

（1）低怠速运转发动机，把机器向前移动一段距离，这段距离相当于履带在地面上的长度，然后停住机器。

（2）选择一块能从引导轮 1 够到托带轮 2 的垫木 3，并把它放到履带的上面，如图 1—4—12 所示。

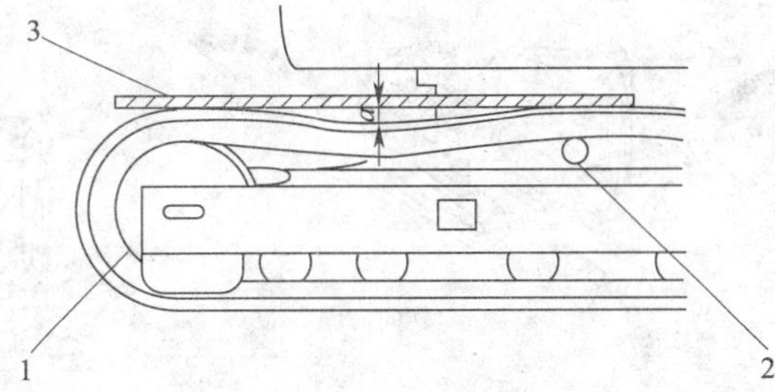

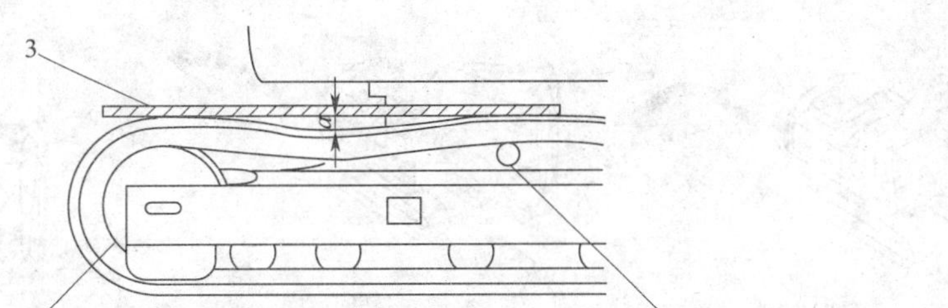

图 1—4—12　履带张力的检查

1—引导轮　2—托带轮　3—垫木

（3）测量履带上部表面与垫木底面之间的最大垂度。标准垂度 a 应为 10 ~ 30 mm。

如果履带张力没有达到标准值，应按下述方法调整。

2. 调整

（1）增大履带张力

1）用油枪通过油嘴注入润滑脂，如图 1—4—13 所示。

2）为检查履带张力，低怠速运转发动机，把机器向前移动一段距离，这段距离相当于履带在地面上的长度，然后停住机器。

3）再次检查履带张力，如果张力不合适，再进行调整。

4）继续注入润滑脂直至尺寸 s 为零，如图 1—4—14 所示。如果张力依然松弛，可能是销轴和销套过度磨损，所以必须进行颠倒或更换。

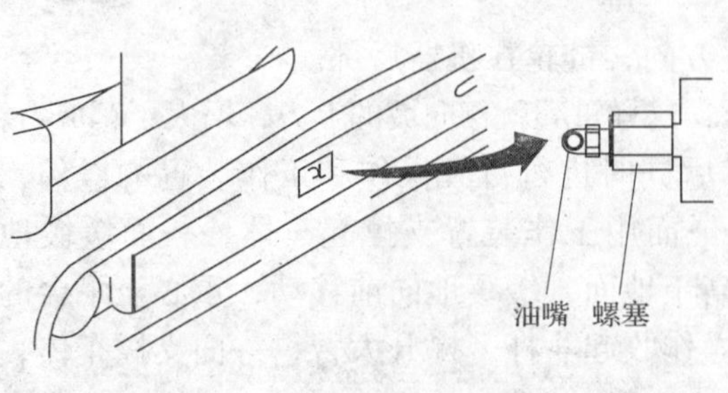

图 1—4—13　注入、排放润滑脂的位置

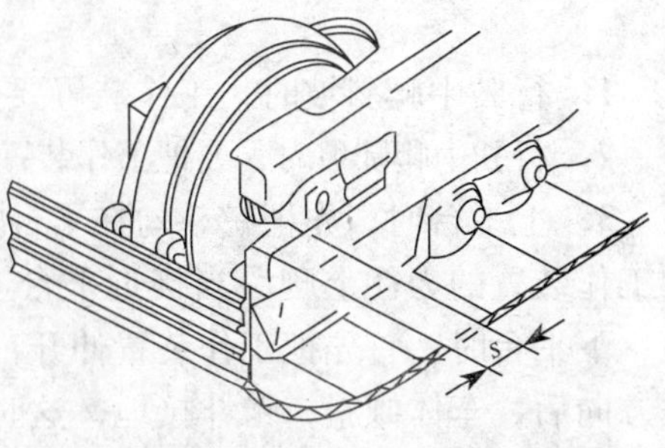

图 1—4—14　张力不合适的调整位置

（2）减小履带张力

1）逐渐地松开螺塞（见图1—4—13）以排放润滑脂。

2）当松开螺塞时，最多转动螺塞一圈。

3）如果润滑脂不能顺畅地出来，短距离地向前或向后移动机器。

4）拧紧螺塞。

5）为检查履带张力是否合适，低怠速运转发动机，把机器向前移动一段距离，这段距离相当于履带在地面上的长度，然后停住机器。

6）重新检查履带张力，如果张力不合适，再进行调整。

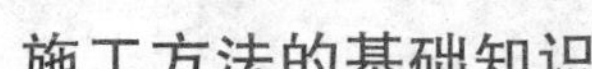

工程应用

施工方法的基础知识

1．挖掘作业的基础知识

液压挖掘机在铲斗液压缸与连杆、斗杆液压缸与斗杆的角度成90°时，各液压缸的推力达到最大；斗杆挖掘时，斗杆要在外侧45°和内侧30°的角度范围内动作，因此，操纵大臂及铲斗时，大体的限定范围是液压缸的行程不到末端。

（1）挖掘松软土质时，把铲斗底板与地面的角度设定为约60°，具体操作是：一面降下大臂，一面收斗杆，当铲斗插入约2/3时，用铲斗的力一次掘进。

（2）挖掘较硬的土质时，把铲斗底板与地面的角度设置为约30°，铲斗角度变小后，挖掘阻力也减小，铲的土就多。具体操作是：一面进行提升大臂的微操作，一面水平收拢斗杆，观察铲土的状况，当铲斗插入约1/3时，用铲斗掘进。

（3）挖掘软黏及纹理多的岩石地基时，铲斗底板角度设定在30°以内，根据负荷的大小，一面进行提升大臂的微操作，一面收斗杆，浅浅地进行铲削；当铲刃碰到坚硬岩石时，斗杆滞留而无法动作，可以在保持收斗杆的状态下增大铲斗角度，并再次缓缓收斗，进行撬挖。

（4）土太硬时，铲斗插不进去，这时可先松一下土，然后再挖掘，这样效果较好。

2．下方挖掘作业

下方挖掘时，铲斗底板与斜面的角度设定在30°以内，沿斜面一边提升大臂，一边收斗杆，浅浅地进行铲削，如图1—4—15所示；铲刃碰到坚硬岩石而无法动作时，可保持收斗杆的状态，并提起铲斗撬挖。这时候，再加上提升大臂的操作，就可以利用大臂的力而较易挖掘。

注意：不能在挖掘机下方过度挖掘，否则有些土质松软的地面可能会塌方。

3．上方挖掘作业

上方挖掘时，使铲斗铲刃垂直挖掘面，一面保持着铲斗的这个角度，一面收斗杆并下降大臂进行挖掘，碰到坚硬岩石而无法动作时，大臂保持压紧状态，用铲斗撬挖，并使铲齿切入石块的纹路进行切削。挖掘时按照图1—4—16中①～④的顺序进行，在①和②挖掘时使用斗杆力和铲斗力；在③和④挖掘中用大臂压紧，利用车体的质量挖掘。

4．挖沟作业

挖掘与铲斗同宽的沟的方法按照图1—4—17所示的顺序实施，①和②时，一面使铲斗保持约30°，一面浅浅地掘削。③是使铲斗角度约成90°修削远端的沟壁，同时把铲斗切入，收斗杆挖掘。④、⑤、⑥是一面收斗杆，一面用大臂和铲斗的力进行挖掘。⑦是用斗杆和大臂的动作来完成沟底面的修整。①～⑦都完成后，挖掘机后退少许，斗杆充分伸开使铲斗的齿尖够到 A 点，然后按④～⑥的要领使用斗杆、大臂、铲斗的力进行挖掘。

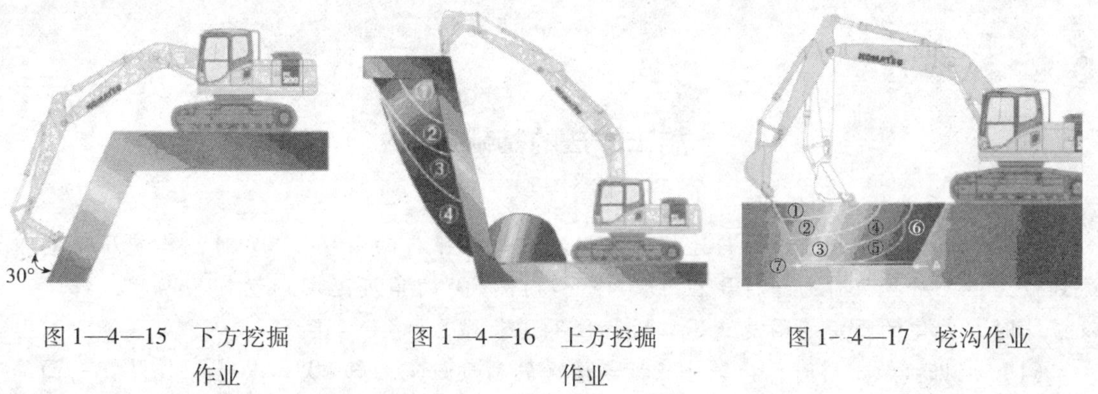

图1—4—15　下方挖掘作业　　图1—4—16　上方挖掘作业　　图1—4—17　挖沟作业

5．翻斗车装载作业

翻斗车装载作业分为四道工序，即挖掘、大臂提升并回转、排土、大臂下降并回转。

装载方法有两种，挖掘机的位置高于翻斗车的，为反铲装载法；挖掘机与翻斗车停在同一地面上的，为回转装载法。一般来说，反铲装载法视野好，装载效率高。反铲装载时，要把平台设定为与翻斗车车身等高或略高，平台要整理平坦，稳定性要好。挖掘及铲土后回转使铲斗高度高于翻斗车车身待机，翻斗车到达易于装车的位置时按一下喇叭，示意翻斗车停下。

挖铲填土层时，把平台分为两层，铲斗角约成60°，然后一次挖进。开始时挖上面，然后挖下面，交替进行，这样挖掘装车的效率较高。

铲土后进行大臂提升和回转的复合操作，使铲斗接近翻斗车，回转角度为30°～90°，并尽量采用左回转，这样视野好且易于装车。

注意：大臂不要举升得太高，回转操作中靠近翻斗车时，要慢慢减速，以免斗内物料撒落。

排土时，从翻斗车车厢前部起，顺次进行斗杆伸出和铲斗卸料的复合操作。排完土后，利用回转、大臂下降、铲斗收斗的复合操作，迅速地回到挖掘地点。

回转装载时，翻斗车的位置要设定在斗杆充分伸展后少许回收处，这时铲斗倾倒时能使翻斗车最前部装车。最初时，空车旋转360°，确认挖掘机车体后端与翻斗车的间隙以及工作装置与翻斗车车厢的位置关系，这样就减少了回转时碰撞到翻斗车的可能性。回转装载时，最初的挖掘从斗杆完全伸展开始，这是因为挖土并使大臂提升回转时可尽量地减少斗杆的操作。

6. 扒拢作业

扒拢作业有两种方法，一种是用铲刃，另一种用铲斗底面。

（1）用铲刃扒拢

以铲刃在地面水平移动，把土石扒拢起来。操作方法是：先伸展斗杆，大臂下降使铲刃垂直于地面；然后一面往近身一侧收拢斗杆，一面一点一点地提升大臂，直到斗杆垂直于地面为止；斗杆越过垂直位置后，要一点一点地下降大臂，同时把铲斗也一点一点地翻出。

（2）用铲斗底面扒拢

用铲斗底面水平移动，从而扒拢土沙。操作方法是：首先伸展斗杆，降下大臂，把铲斗底面设定为与地面呈水平状态；然后一面往近身一侧收斗杆，一面一点一点地提升大臂，直至斗杆垂直于地面，同时一点一点地翻出铲斗，使底面保持水平；斗杆越过垂直位置后，扒拢时一点一点地降下大臂，这时也一点一点地翻出铲斗，以便保持底面的水平。

思考与练习

一、填空题

1. 反铲挖掘机每一作业循环包括________、________、________和________四个过程。

2. 挖掘机按工作装置分类包括________、________、________和________四种类型。

3. 检查履带的张力时，测量履带上部表面与垫木底面之间的最大垂度，标准垂度应为________mm。

二、判断题

1. 回转锁定开关置于“OFF”位置，向左操纵左侧工作装置操纵杆，上部车体实现左回转。（　　）

2. 链轮在机器后部，当机器前进或倒退时，左侧行走操纵杆回到中位以向左转弯。（　　）

三、选择题

1. 测量履带上部表面与垫木底面之间的最大垂度，标准值为（　　）mm。

A. 1~10　　B. 10~30

C. 30~50　　D. 50~80

2. 挖掘机的维护主要是指（　　）的维护，包括履带的检查和调整等内容。

A. 铲斗　　B. 挖掘机动臂

C. 履带　　D. 操纵监视装置

3. 将（　　）置于自由位置，折回工作装置并将其升离地面 40 ~ 50 cm 后，可向前移动挖掘机。

A. 左工作装置操纵杆　　　　B. 安全锁定操纵杆

C. 行走操纵杆　　　　　　　D. 右工作装置操纵杆

4. 为减小履带张力，当松开螺塞时，最多转动螺塞（　　）圈。

A. 1　　　B. 2　　　C. 3　　　D. 4

四、简答题

1. 挖掘机的用途有哪些?

2. 如何实现挖掘机的向前、向后移动?

3. 如何检查履带的张力?

任务五　装载机的操作与维护

- ◆ 了解装载机的用途、类型、特点、结构及适用范围。
- ◆ 能够使用和操作装载机。
- ◆ 能够对装载机进行简单维护。

装载机是一种广泛用于公路、铁路、矿山、建筑、水电、港口等工程的土方施工机械，是公路建设中土石方施工的主要机种之一，它主要用来铲、装、卸、运散状物料。本任务要求学生通过相关知识的学习，能够掌握装载机的操作和维护方法。

一、装载机的用途

装载机是一种土石方施工机械，它主要用来铲、装、卸、运各种土壤、砂石料、灰料及其他筑路用散状物料等，也可对岩石、硬土进行轻度铲掘作业，如果更换不同的工作装置，还可以扩大其使用范围，完成推土、起重、装卸其他物料的工作。在公路、特别是在高速公路施工中，它主要用于路基工程的填挖以及沥青和水泥混凝土料场的集料、装料等作业。由于具有作业速度快、效率高、操作轻便等优点，因此，装载机在国内外得到迅速发展，成为公路建设中土石方施工的主要机种之一。

二、装载机的类型、特点及适用范围

常用单斗装载机的类型、特点及适用范围见表1—5—1。

表1—5—1　　单斗装载机的类型、特点及适用范围

分类方法	种类	特点及适用范围
按发动机功率分	小型	功率小于74 kW
	中型	功率为74～147 kW
	大型	功率为147～515 kW
	特大型	功率大于515 kW
按行走系统结构分	轮胎式装载机	质量轻，速度快，机动灵活，效率高，不易损坏路面；接地比压大，通过性差，稳定性差，对场地和物料块度有一定要求。有铰接式和整体式车架装载机两种，铰接式装载机转弯半径小，纵向稳定性好，适用于各种路面，生产效率高，应用范围广泛
	履带式装载机	接地比压小，通过性好，重心低，稳定性好，附着性能好，牵引力大，比切入力大；缺点是速度低，机动灵活性差，制造成本高，行走时易损坏路面，转移场地需拖运。用在工程量大、作业点集中、路面条件差的场合
按装载方式分	前卸式	前端铲装及卸载，结构简单，工作可靠，视野好。适用于各种作业场地，应用广泛
	回转式	工作装置安装在可回转90°～360°的转台上，侧面卸载，不需移动装载机，作业效率高；缺点是结构复杂，质量大，成本高，侧稳性差。适用于狭小的场地作业
	后卸式	前端装料，后端卸料，作业效率高；缺点是作业安全性差，应用较少
	侧卸式	前端装料，侧面卸料，适用于地下或场地狭窄的作业场地
按传动形式分	机械传动	结构简单，容易制造，成本低，使用及维修较容易；缺点是传动系统冲击振动大，功率利用差。仅小型装载机采用

续表

分类方法	种类	特点及适用范围
按传动形式分	液压传动	无级调速，操作简便；缺点是启动性差，液压元件使用寿命较短。仅小型装载机上采用
	液力机械传动	传动系统冲击振动小，传动件使用寿命长，车速随外载自动调节，操作方便，减少驾驶员疲劳感。大、中型装载机多采用
	电传动	无级调速，工作可靠，维修简单；设备质量大，费用高。大型装载机上采用

三、装载机的结构

1. 轮胎式装载机

轮胎式装载机是由动力装置、车架、行走装置、传动系统、转向系统、制动系统、液压系统和工作装置等组成的，其外部结构如图 1—5—1 所示。

轮胎式装载机的动力是柴油发动机。

图 1—5—1　轮胎式装载机的外部结构

轮胎式装载机的传动系统由变矩器、变速箱、传动轴、前驱动桥、后驱动桥、轮边减速器等组成。采用液力变矩器、动力换挡变速箱的液力机械传动形式（有的小型装载机采用液压传动或机械传动）。

制动系统用于机械行驶时降速或停驶，以及在平地或坡道上较长时间停车，按功能不同可以分为行车制动和驻车制动两大系统。

装载机的行驶方向是依靠转向系统来进行操纵的，转向系统能够根据作业要求，保持装载机稳定地沿直线方向行驶或改变其行驶方向。

轮胎式装载机目前大多采用铰接式车体转向，其转向系统主要由液压泵、粗滤油器、精滤油器、液压转向器、分流阀、转向液压缸等组成。

工作装置多采用反转连杆机构，液压操纵。

2. 履带式装载机

履带式装载机是以专用底盘或工业拖拉机为基础，装上工作装置并配装适当的操纵系统而构成的，其外部结构如图 1—5—2 所示。其动力为柴油机，机械传动系统采用液压助力湿式离合器、湿式双向液压操纵转向离合器和正转连杆工作装置。除行走装置以外，与轮胎式装载机基本相同。

图 1—5—2　履带式装载机的外部结构

四、装载机的仪表及操作装置

驾驶员在驾驶装载机之前，必须熟悉驾驶室内的仪表和操纵装置。这些仪表和操纵装置因车型而异，但其功用和使用方法基本相似。各主要操纵部件的位置如图 1—5—3 所示，仪表和操纵装置的名称如图 1—5—4 所示，装载机各操纵部件的功能及动作见表 1—5—2，各仪表及灯显示（指示）正常值见表 1—5—3。

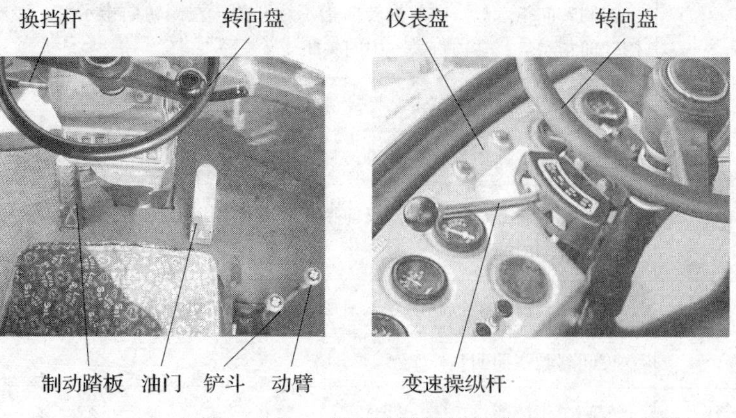

图 1—5—3　主要操纵部件的位置

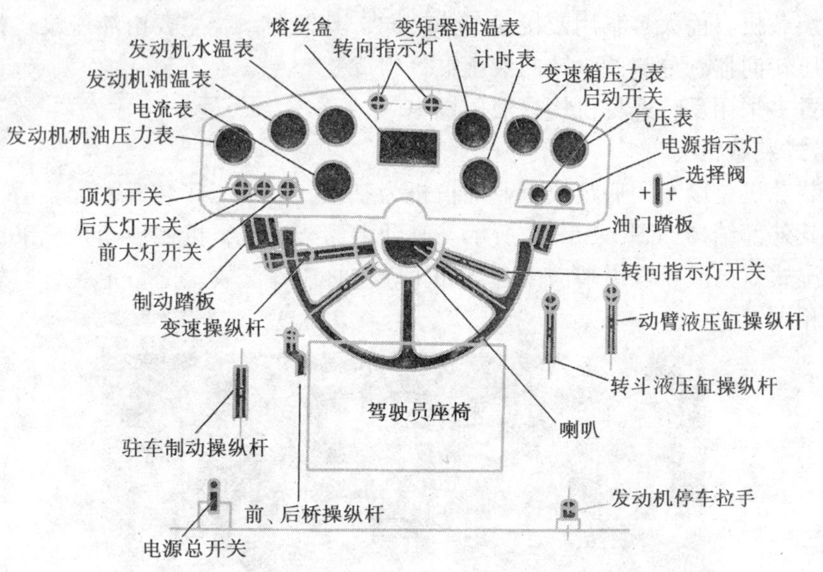

图 1—5—4　仪表和操纵装置的名称

表 1—5—2　　装载机各操纵部件的功能及动作

操纵部件	功能及动作
铲斗液压缸操纵杆	控制铲斗外翻和内翻，并可自动回中位；向前推，铲斗外翻；向后拉，铲斗内翻；中间位置，铲斗不动
动臂液压缸操纵杆	控制动臂提升、停止（中位）下降和浮动，向后拉，动臂提升；向前推，动臂浮动；中间位置，锁住动臂；在提升、下降位置时，可自动回中位，浮动位置有锁止功能
变速操纵杆	通过液压系统控制两个前进挡和一个倒挡。向前推为一挡，再向前推为二挡，从空挡位置向后拉为倒挡
转向盘	控制装载机的行驶方向
转向指示灯开关	控制转向指示灯。向前推转向指示灯开关，左侧转向指示灯、转向灯亮；向后拉，右侧转向指示灯、转向灯亮；中间关闭
油门踏板	控制发动机转速。踩下，发动机转速增加
制动踏板	控制机械减速或停止。踩下，装载机减速至停止
前、后桥驱动操纵杆	向前推，脱开后桥驱动，仅前桥工作，适用于公路上行驶时使用；作业时向后拉，使前、后桥同时驱动
驻车制动操纵杆	驻车制动。往上拉制动停车，往下推制动释放
顶灯开关	夜间驾驶室照明
后大灯开关	夜间工作照明

续表

操纵部件	功能及动作
仪表灯、前大灯、雾灯开关	分别用于仪表照明、夜间工作照明、雾天安全照明
电源总开关	控制整车总电源的通断
发动机启动开关	插入电锁钥匙，顺时针旋转一挡接通电源，旋转两挡接通起动机，启动发动机；松开，停止启动，回到一挡位置
选择阀开关	机械在上坡或下坡行驶作业中，此阀处于关闭状态，制动时不改变变速阀油路；机械在正常行驶及作业中，此阀处于开启状态，制动时将改变变速阀油路，是指使变速器处于空挡
发动机停车拉手	使发动机停止供油而熄火。拉起手柄后，发动机熄火（熄火时需拉起手柄停留 3 ~6 s）

表 1—5—3　各仪表及灯显示（指示）正常值

仪表及灯	显示或指示正常值
发动机机油压力表	指示发动机油道机油压力。196 ~394 kPa（2 ~4 kgf/cm^2）为正常
电流表	电量指示。“-”电池放电，“+”电池充电
发动机油温表	显示发动机油底壳内机油温度。正常的工作温度为 45 ~80℃
发动机水温表	显示发动机冷却液（回水口）温度。正常工作时，适宜温度为 80 ~90℃
转向指示灯	显示向左、右转向。左（右）灯亮，表示向左（右）转向
变矩器油温表	指示变矩器油工作温度。正常工作温度为 80 ~100℃，最高工作温度不得超过 120℃
计时表	显示发动机工作的时间
变速箱压力表	指示换挡操纵阀出油压力。正常工作压力为 1.18 ~1.57 MPa
气压表	指示制动系统储气罐充气压力。正常指示压力为 0.67 ~0.69 MPa
电源指示灯	显示电路通断。灯亮时电路通
熔丝盒	内部为电路熔丝

五、装载机的使用注意事项

1. 装载机启动前的注意事项

（1）使用和操作装载机之前，必须了解机器的性能与结构特点。掌握每根操纵杆或操纵手柄以及各种仪表的位置和作用，以合理使用机器。

（2）做好开车前的各种准备工作：检查各仪表是否损坏，检查燃料、润滑、制动和冷却系统的密封情况是否良好；检查燃料油、润滑油、液压油、变矩器油、冷却液等是否符合要求；检查轮胎气压是否符合要求；检查操纵手柄是否灵活。

（3）按规定对各连接处进行紧固，对各润滑点进行润滑。

（4）启动前，装载机的变速操纵手柄应扳到空挡位置；驻车制动手柄应扳到停车位置；检查并确保所有灯具的照明及各显示灯能正常显示，特别要检查并确保转向灯及制动显示灯能正常显示。

（5）检查并确保在启动发动机时，不得有人在车底下或靠近装载机的地方工作，以防出现意外时危及自己或他人的安全。

2. 装载机启动后及作业时的注意事项

（1）发动机启动后应怠速空运转，待水温达到55℃，气压表达到0.45 MPa后，再起步行驶，以确保行车时的制动安全性。有紧急制动装置的，把紧急及驻车制动阀的按钮按下（只有当气压达到允许起步气压时，按钮才能按下，否则按下去会自动跳起来），在紧急制动及驻车制动释放的条件下，才能挂Ⅰ挡起步；无紧急制动装置的，只需将驻车制动手柄释放，即可起步。

（2）清除在装载机行走道路上的障碍物，特别要注意铁块等障碍物，以免割破轮胎。

（3）将后视镜调整好，使驾驶员入座后能有最好的视野效果。

（4）确保装载机的喇叭、后退信号灯以及所有的保险装置能正常工作。

（5）在即将起步或在检查左右转向是否灵活到位时，应先按喇叭，以警告周围人员注意安全。

（6）在起步行走前，应对所有的操纵手柄、踏板、转向盘先试一次，确定已处于正常状态才能开始进行作业。要特别注意检查转向、制动是否完好，当确定转向、制动完全正常，方可起步运行。

（7）行进或运载货物时，应将铲斗置于离地约40 cm高度；不允许将铲斗提升到最高位置运载货物。

（8）作业时避免轮胎打滑，避免两轮悬空，不允许在仅有两轮着地的情况下继续作业。

（9）将装载机用做牵引车时，只允许与牵引装置挂接，被牵引车与装载机之间不允许站人，且要保持一定的安全距离，以防止出现安全事故。当出现故障，需要其他车辆牵引装载机时，应将前、后传动轴和转向液压缸拆下来，以防止变速箱离合器片磨损而影响牵引转向。

（10）在山区坡道作业或跨越沟渠等障碍时，应减速并采用小转角，要注意避免倾翻。当装载面在陡坡上开始滑向一边时，必须立即卸载，以防止继续滑下。

一、装载机启动前的检查

1. 检查水箱的冷却液液面，应不低于上水室液面高的2/3。
2. 检查柴油机机油油位和机油的黏稠度。
3. 检查空气滤清器保养指示器。
4. 检查燃油箱的油位。
5. 检查液压油箱的油位。
6. 检查变速箱的油位。
7. 对装载机各铰销加入润滑脂（不是每次启动时都加）。
8. 检查制动液液面，制动液液面应该在油杯液面的3/5左右。
9. 检查各部位螺栓的连接及紧固情况，如果有松动，应及时拧紧。
10. 检查周围环境是否有障碍物，如果有应及时清除。

二、发动机的启动

1. 动臂和铲斗的操纵杆放置中位。
2. 变速操纵杆放置空挡位置。
3. 合上电源总开关。
4. 插入电锁钥匙，顺时针旋转一挡接通电源，微踩油门踏板，继续转动一个挡位启动发动机，启动后应立即释放电锁钥匙；如果发动机在5～10 s内未能启动，应释放电锁钥匙，等待1 min后再做第二次启动；如果连续三次都不能启动，应停止启动，找出原因，并排除故障后再行启动。
5. 发动机启动后在800～1 000 r/min的转速下运行3～5 min，观察发动机机油压力表、制动系统气压表、变速箱油压表、电流表指示是否正常，倾听发动机工作是否正常，检查驻车制动是否正常，检查制动踏板是否灵活，检查转向动作是否正常。

三、装载机的行驶

1. 起步

提升动臂约40 cm，上翻铲斗，释放驻车制动，挂上挡位，缓慢加大油门，装载机即可行驶。

2. 变速

一挡换二挡时，松开油门后可直接挂上二挡，不必停车；二挡换一挡时，松开油门降低车速后，可直接挂上一挡，也不必停车。

3. 变向

前进挡换倒挡或倒挡换前进挡时，必须停车换挡。

4. 制动选择阀

平路行驶时，选择阀应置于切断动力的位置，在坡道上行驶和进行装载作业时，不能置于切断动力的状态。

5. 停机

（1）踩下制动踏板，使装载机停车，拉动驻车制动操纵杆，将变速杆置于空挡，将铲斗放平落地。

（2）逐渐降低发动机转速至怠速，运转几分钟后，拉动熄火拉钮，使发动机熄火，然后断开电源总开关。

（3）在坡道上停车时，应在轮胎的后方或前方垫上楔形防滑物。

四、新车磨合作业与维护

新车的磨合期为 60 ~ 70 h，其中各挡位的磨合期为 12 h，各挡位平均分配。

1. 新车磨合作业的注意事项

新车作业以铲装松散物料为宜，装载荷重应不超过额定载荷的 70%，按规定时间在每个铰销部位加入润滑脂。注意观察盘式制动器、液压油箱、驱动桥、轮边减速器的温度，注意观察各仪表的指示是否正常，检查各部位的螺栓、螺母的紧固情况。严禁发动机怠速运转超过 10 min。

2. 挡位磨合后的检查

检查各部位的螺栓、螺母的紧固情况，特别注意前、后驱动桥固定螺栓、轮辋螺栓、变速箱底座螺栓、发动机底座螺栓、铰接处螺栓和传动轴连接螺栓。注意发电机对蓄电池是否正常充电。检查蓄电池电解液密度和储量；检查电源基线柱，注意不要搭铁；检查电气系统各部位的连接是否可靠，灯光照明和转向信号灯的工作情况；检查轮胎气压；检查油路、气路、水路的密封性；检查各操纵杆、油门拉杆、油门软轴的连接是否牢固、可靠。

3. 磨合期满后的检查和保养

（1）清洗变速箱油底壳，更换变速箱滤油器滤芯，更换变速箱油。

（2）排放柴油箱积水。

（3）放出发动机机油，更换机油滤清器，更换发动机机油。

（4）检查制动液，在每个铰销部位加入润滑脂，检查各部位螺栓、螺母的紧固情况。

（5）检查各操纵杆、油门拉杆、油门软轴、手制动软轴的连接是否牢固、可靠。

4. 每天出车前的检查和保养

检查水箱的冷却液液面，应不低于上水室液面高的 2/3；检查柴油机机油油位和机油的黏稠度；检查空气滤清器保养指示器；检查燃油箱油位；检查液压油箱的油位；对装载机各铰销加入润滑脂；检查制动液液面；紧固传动轴螺栓，倾听发动机运转响声是否正常。

5. 每工作班后的检查和保养

装载机停稳后，放平铲斗，放下动臂，拉紧驻车制动操纵杆，发动机怠速运转 3 ~ 5 min，巡视车辆的状态，检查盘式制动器、主传动器、轮边减速器、液压油箱是否有过热现象，检查燃油箱的储量，检查油路、气路、水路的密封性，将柴油机熄火，关闭总电源开关，在气温低于0℃时必须放出水箱和机体的冷却水（如果是冷却液，则不能放出），排放储气罐的积水，排放柴油沉淀器的积水。

6. 每 300 h 的定期保养

检查前、后驱动桥润滑油油位；清理空气滤清器，使空气滤清器保养指示器复位；放出柴油机机油，更换机油滤清器，更换柴油机机油；更换柴油滤清器；更换变速箱滤油器滤芯，更换冷却液；测量轮胎气压，轮胎压力应为 0.27 ~ 0.31 MPa，气压不足应予以补气；检查蓄电池电解液密度和容量；检查各部位螺栓、螺母的紧固情况，特别注意前、后驱动桥固定螺母的螺栓、轮辋螺栓、盘式制动器螺栓、变速箱底座螺栓、发动机底座螺栓、铰接处螺栓和传动轴连接螺栓。

7. 每 1 200 h 的定期保养

更换前、后驱动桥的齿轮油，放出液压油，清洗滤网，更换液压油；清洗及检查制动加力泵，更换密封件，更换制动液；清洗柴油箱和滤油器；重新检查及调整各系统压力（如转向系统压力、卸荷阀压力、工作系统压力、转斗液压缸前腔压力等）。

五、一般故障的排除

1. 柴油机不能启动的原因及排除方法

（1）电瓶电量不足：应检查蓄电池电解液是否足够。

（2）燃油的油路进入空气：应检查油路接头，排除不密封的因素，重新排放油路的空气。

（3）熄火电磁铁卡滞在熄火位置：可以掉换位置或更换电磁铁。

2. 驱动力不足的原因及排除方法

（1）柴油机空气滤芯堵塞：应清理或更换滤芯。

（2）油门调整不到位：应重新调整油门软轴。

（3）变速箱油位低：应添加液力传动油至标准位置。

（4）变速箱油底壳滤网堵塞：应清洗油底壳滤网。

（5）变速泵吸入空气：应紧固变速泵接油口的接头和管接头。

（6）制动系统有拖带现象：应排出制动油路空气或检查制动总泵是否回位。

3. 挂挡出现制动现象的原因及排除方法

挡位调整不当：应重新调整连接杆的长度。

4. 变速阀压力低的原因及排除方法

（1）仪表损坏：应更换仪表。

（2）调压弹簧疲劳失效：应更换调压弹簧。

（3）变速阀阻尼孔堵塞：清洗变速阀。

（4）变速阀螺栓安装过紧：应松开螺栓，重新紧固。

5. 工作装置操纵沉重的原因及排除方法

软轴调整不当：应重新调整软轴。

6. 工作装置动作慢的原因及排除方法

（1）软轴调整不当：应重新调整软轴。

（2）软轴损坏，操纵不到位：应重新调整软轴。

（3）卸荷压力低：应检查卸荷压力，压力过低时应予以调整。

（4）油门调整不到位：应重新调整油门软轴。

7. 工作装置力量不足的原因及排除方法

（1）系统压力低：应检查系统压力，压力过低时应予以调整。

（2）卸荷压力低：应检查卸荷压力，压力过低时应予以调整。

8. 转向力不足的原因及排除方法

（1）系统压力低：应检查系统压力，压力过低时应予以调整。

（2）梭阀失效：应更换梭阀。

9. 转向一边重一边轻或一边有一边无的原因及排除方法

梭阀失效：应更换梭阀。

10. 制动力不足的原因及排除方法

（1）缺乏制动液：应添加同一品牌的制动液。

（2）制动油路中含有空气：应重新排放油路中的空气，并添加制动液。

11. 变矩器油温高的原因及排除方法

（1）仪表或温度传感器失效：应更换仪表或温度传感器。

（2）变速泵吸入空气：应紧固变速泵进油口的接头和管接头。

（3）变速箱油位过高：应放出多余的油液。

（4）变速箱油位低：应添加同品牌的液力传动油至标准位置。

（5）混用了不同品牌的工作油：应更换同品牌的液力传动油。

（6）变速箱油底壳滤网堵塞：应清洗油底壳滤网。

装载机的作业方法

装载机进行铲装作业时，应放平铲斗，使其缓慢切入料堆，根据阻力的大小控制适宜的油门，边提升动臂边上翻铲斗，直至装满物料；装载机进行推平作业时，根据阻力的大小控制适宜的油门，调整动臂的高度和铲斗的切入角度，低速直线行驶。

装载机主要有以下作业方法：

1. V型作业法（见图1—5—5a）

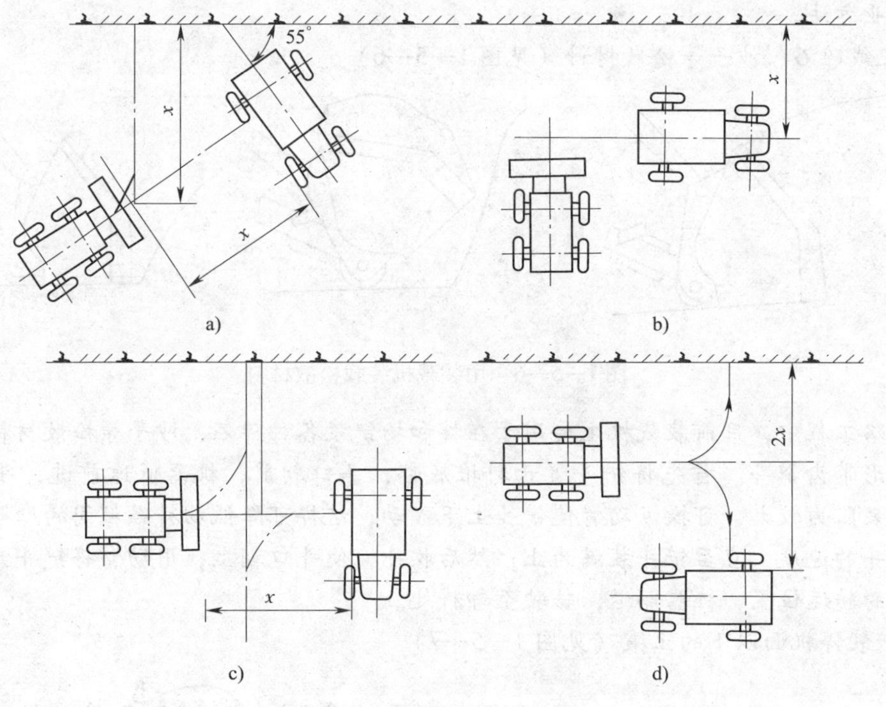

图 1—5—5　装载机的作业方法

自卸车与工作面成 50°～55°角，装载机铲装物料后，倒车驶离工作面的过程中掉头 50°～55°，使装载机垂直于自卸车，然后驶向自卸车卸料。卸料后装载机驶离自卸车，并掉头驶向料堆，进行下一个作业循环。

2. Ⅰ型作业法（见图 1—5—5b）

装载机装满铲斗后，直线后退一定距离，并把铲斗举升到一定高度，此时，自卸车后退到与装载机垂直的位置，铲斗卸料后，自卸车前进一段距离，装载机前进驶向料堆，进行下一个作业循环，直到自卸车装满为止。该作业法作业效率低，只有场地较窄时采用。

3. L 型作业法（见图 1—5—5c）

自卸车垂直于工作面，装载机铲装物料后后退并掉转 90°，然后驶向自卸车卸料，卸料后装载机后退，并调整 90°，随后驶向料堆，进行下一个作业循环。

4. T 型作业法（见图 1—5—5d）

T 型作业法便于运输车辆顺序就位，装料驶走。

装载机在公路工程中的运用方法

装载机的基本作业过程是装料、转运、卸料及返回。根据施工作业对象的不同，应选择

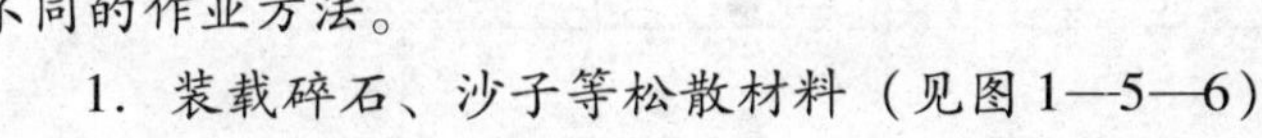

不同的作业方法。

1. 装载碎石、沙子等松散材料（见图1—5—6）

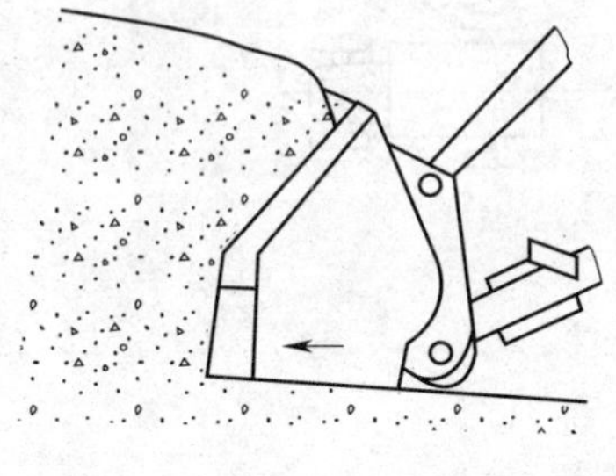

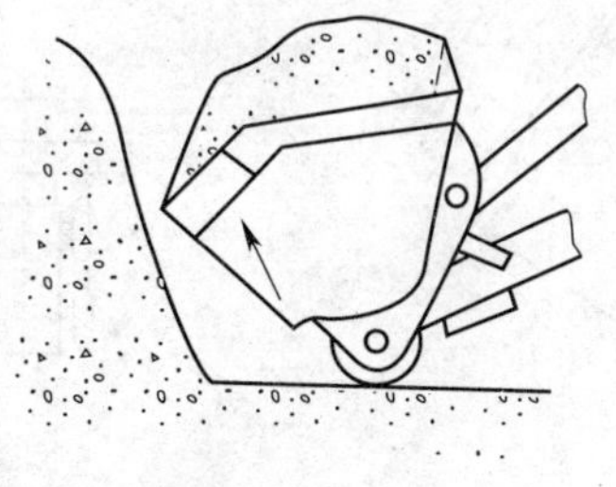

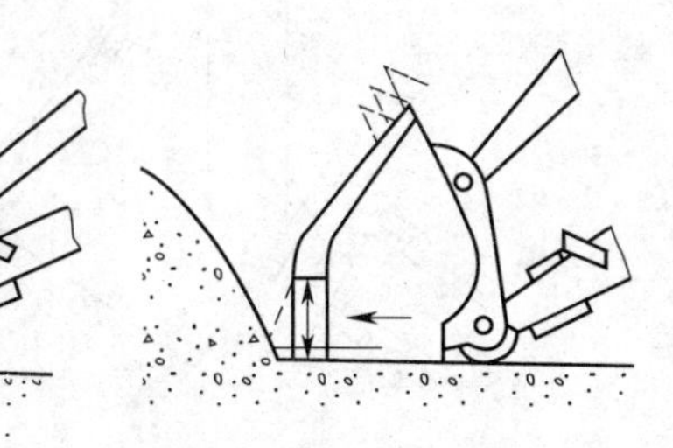

图1—5—6　用装载机装载松散材料

在公路工程中，目前装载机主要用于在拌和场铲装各种碎石、沙子等松散材料。铲装时宜采用直形带齿铲斗。首先将铲斗置于料堆底部，斗口朝前，机器低速前进，斗齿插入料堆，若铲装阻力较大，可操纵动臂使铲斗上下颤动，这样可降低物料颗粒间的摩擦阻力，加快物料进斗的速度，直至铲斗装满为止；然后收斗，使斗口朝上，用动臂将铲斗升起约离地面50 cm的转运位置，机器倒退，转驶至卸料处。

2. 铲装停机面以下的土壤（见图1—5—7）

图1—5—7　用装载机铲装停机面以下的土壤

在公路工程中，可利用装载机剥离表层土壤，此时装载机宜采用直形斗刃铲斗，类似于推土机作业。铲装时先放下并转动铲斗，使其与地面成一定的铲土角（10°~30°），对于Ⅰ、Ⅱ级土壤铲土角可大些，对于Ⅲ级以上的土壤铲土角要小些；然后机器以一挡前进，使铲斗刃切入土内，切土深度一般保持为15~20 cm。对于难铲的土壤，为了减小铲装的阻力，可操纵动臂使铲斗上下颤动或稍改变一下铲土角，直至铲斗装满为止；装满物料后收斗。将铲斗举升到运输位置，驶离工作面，运至卸料处。这种方法常用于采集河沙，也可用于作业场地的平整。

3. 铲装土堆

用装载机铲装土堆时，可根据土壤堆积的情况和驾驶员操作技术水平的差异，采用分层铲装法、分段铲装法或配合铲装法。

（1）分层铲装法

将铲斗下降贴近坡底，面向土堆，低速前进；当铲斗插入土堆一定深度时，配合动臂提升铲斗；在斗齿离开土堆后，将铲斗转至运输位置。这种作业方法由于插入不深，而且插入后又有提升动作的配合，所以插入阻力小，作业比较平稳。另外，由于铲装面较长，可以得到较高的充满系数。因其特点类似于正铲挖掘机作业的方法，因此又称为挖掘机铲装法，如图 1—5—8 所示。

(2) 分段铲装法

如果土壤较硬，也可采取分段铲装法，如图 1—5—9 所示。这种方法的特点是铲斗依次进行插入动作和提升动作。作业时，铲斗稍稍前倾，从坡底插入，待插入一定深度后，提升铲斗，当发动机转速降低时，切断离合器，使发动机恢复转速；在恢复转速过程中，铲斗将继续上升并装入一部分土；转速恢复后，接着进行第二次插入。如此反复，直至装满铲斗或升到高出工作面为止。有时将铲斗装满后，还使铲斗继续向工作面稍稍顶进，将土顶松以利于下一次铲装。这种方法适用于土质较硬的场合，其特点是能使发动机始终维持在额定工况作业，提高作业能力，并依靠铲斗依次进行插入和提升，操作比较复杂，驾驶员易疲劳，离合器易磨损。

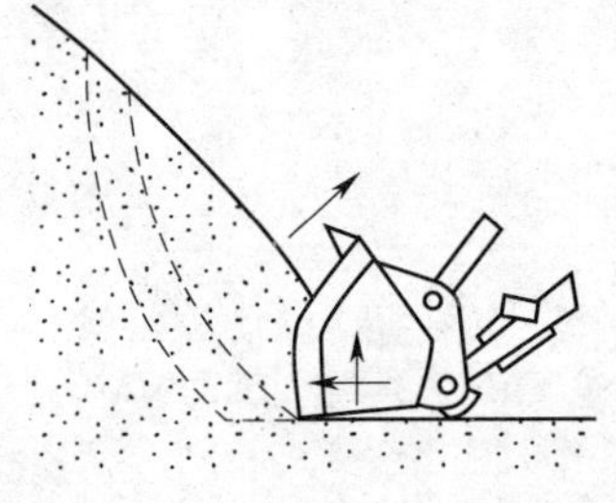

图 1—5—8　分层铲装土堆

图 1—5—9　分段铲装土堆

(3) 配合铲装法

首先将铲斗下降至坡底，装载机在前进的同时，配合转斗或动臂提升的动作进行铲装作业，即当铲斗插入料堆 1/5 ~ 1/2 斗深时，在装载机前进的同时，间断地操纵铲斗上翻，并配合动臂提升，直至装满铲斗；在斗齿离开土堆后，将铲斗转至运输位置。采用配合铲装法时，铲斗不需要插得很深。靠插入运动、斗齿转动和提升运动的配合，使插入阻力大大减小，铲斗也容易装满；但是对驾驶员要求有较高的操作水平。

在作业时，要随时注意对铲斗内外黏结土壤的清理；否则，不但影响其有效容量，同时也会增大作业的阻力。

思考与练习

一、填空题

1. 发动机启动后应怠速空运转，待水温达到________℃，气压表达到________MPa 后，再起步行驶，以确保行车时的制动安全性。

2. 挂挡出现制动现象的原因是________________。

3. 启动前，装载机的变速操纵手柄应扳到________位置；驻车制动手柄应扳到________位置；检查并确保所有灯具的照明及各显示灯能正常显示。

二、判断题

1. 转向一边重一边轻或一边有一边无的原因是梭阀失效，应更换梭阀。（　　）

2. 前进挡换倒挡或倒挡换前进挡时，必须停车换挡。（　　）

三、选择题

1. 工作装置操纵沉重的原因是（　　）。

A. 系统压力低，应检查系统压力，压力过低时应予以调整

B. 软轴调整不当，应重新调整软轴

C. 卸荷压力低，应检查卸荷压力，压力过低时应予以调整

D. 梭阀失效，应更换梭阀

2. 行进或运载货物时，应将铲斗置于离地约（　　）cm 高度；不允许将铲斗提升到最高位置运载货物。

A. 20　　B. 30　　C. 40　　D. 50

四、简答题

1. 简述装载机的用途。

2. 磨合期满后的检查和保养有哪些？

3. 装载机启动前的检查有哪些？

任务六　自卸车的使用与维护

学习目标

- 了解自卸车的用途、类型和结构。
- 能够正确使用和操作自卸车。
- 能够对自卸车进行维护。

工作任务

在公路工程中，自卸车经常与推土机、挖掘机、装载机等工程机械联合作业，构成装、运、卸生产线，进行土方、砂石、散料的装卸运输工作。自卸车的结构是怎样的？如何使用、维护自卸车？本任务主要学习自卸车的使用与维护。

一、自卸车的用途、类型和结构

1. 自卸车的用途

自卸车是指通过液压或机械举升而自行卸载货物的车辆，又称翻斗车。它是利用自身发动机动力驱动液压举升机构，将车厢倾斜一定角度卸货，然后依靠车厢自重使其复位的专用汽车。由于装载车厢能自动倾翻一定角度卸料，可大大节省卸料时间和劳动力，缩短运输周期，提高生产效率，降低运输成本，因此是公路施工中常用的运输车辆。

2. 自卸车的类型

（1）按照品牌分类

国内常用的自卸车可分为东风自卸车、解放自卸车、欧曼自卸车、重汽斯太尔自卸车、红岩自卸车等。

（2）按照外形分类

按照外形不同，自卸车可分为单桥自卸车、双桥自卸车、平头自卸车、尖头自卸车、前四后八自卸车、双桥半挂自卸车、三桥半挂自卸车等。

（3）按照用途分类

按照用途不同，自卸车可分为矿山自卸车，用于运输矿石、砂石；环卫绿化自卸车，用于运输垃圾等；工程机械自卸车，用于运输土方、砂石、散料、沥青混凝土。

（4）按照车厢翻动的方向分类

如图 1—6—1 所示，有前举式、中置式和侧翻式自卸车。一般车厢前端有驾驶室安全防护板。高压油经分配阀、油管进入举升液压缸，通过操纵系统控制活塞杆运动，推动活塞杆使车厢倾翻。后向倾翻较普遍，少数双向倾翻，主要应用于建筑工程。

图 1—6—1　按车厢翻动的方向分类

a）侧翻式自卸车　b）前举式自卸车　c）中置式自卸车

3. 自卸车的结构

自卸车的发动机、底盘及驾驶室的构造与一般载重汽车相同。

车厢液压倾翻机构由油箱、液压泵、分配阀、举升液压缸、控制阀和油管等组成。发动机通过变速器、取力装置驱动液压泵，高压油经分配阀、油管进入举升液压缸，推动活塞杆使车厢倾翻。以后向倾翻较普遍，通过操纵系统控制活塞杆运动，可使车厢停止在任何需要的倾斜位置上，利用车厢自身重力和液压控制复位。

二、小松自卸车的操控监视装置

小松自卸车是一款装备自动变速器的自卸汽车，其驾驶室内主要有监控面板、换挡操纵杆、减速制动杆、车斗操纵杆、转向盘、制动踏板、驻车制动杆、排气制动开关等部分组成，如图 1—6—2 所示。

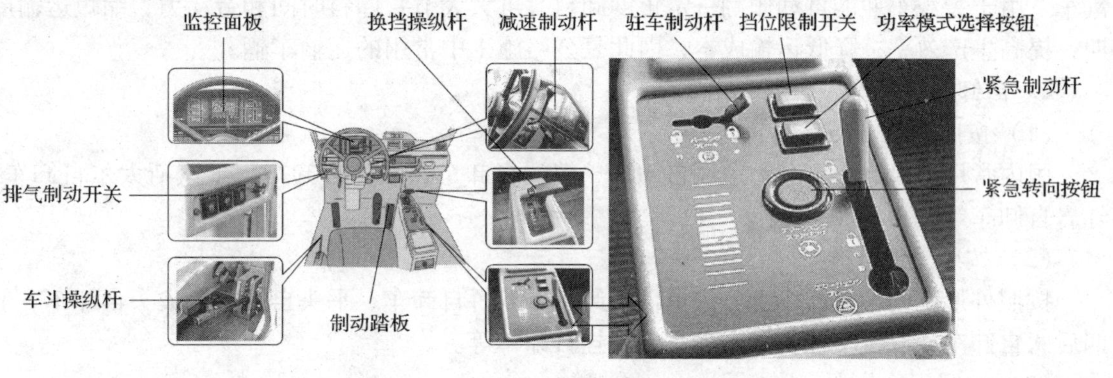

图 1—6—2　小松自卸车驾驶室的布置

1．监控面板：监控发动机的工作状态，显示错误代码。

2．换挡操纵杆：有 R、N、D、5、4、3、L 几个挡位。

3．减速制动杆：用于下陡坡时的制动控制，仅制动后轮。

4．车斗操纵杆：向上提起车斗操作杆，车斗向后翻。

5．转向盘：控制自卸车的行驶方向。

6．制动踏板：同时控制自卸车的前轮、后轮，用于自卸车的减速。

7．驻车制动杆：临时停车及驾驶员离开自卸车时，必须施加驻车制动，但在装载过程中，不要依靠停车制动。

8．紧急制动杆：用于自卸车的紧急制动。后边为制动位置，起紧急制动作用；前边为释放位置，紧急制动释放。

9．挡位限制开关：此开关用于挡位限制杆在 D、L 区域的最高行驶速度。按下此开关时，灯亮，挡位限制功能执行，D 挡 F2 ~ F6，L 挡 F1；不按此开关时，灯熄灭，D 挡 F2 ~ F7，L 挡 F1 ~ F2。

10．紧急转向按钮：此按钮用于驱动紧急转向泵提供紧急转向，当发动机熄火时，按下按钮，驱动紧急转向泵开始工作，提供转向动力。

11．功率模式选择按钮：通过选择功率模式，来确定适合工况条件的经济模式。在平坦地面作业、不需要高功率，注重燃油经济性时，按下按钮，灯亮，是经济模式；再次按下按钮，灯灭，是高功率模式（通常模式），在标准工况下选这种模式。

12. 前制动切断按钮（见图1—6—3）：当车辆行驶在冰、雪、易滑的弯曲路面时，应在安全行驶速度下使用前制动切断按钮，否则在上述路面条件下使用前制动时，容易使转向失控。需根据路面条件及行驶的距离来改变前制动的模式，按钮按下时，灯亮，前制动切断，踩下制动踏板时，前制动器不工作，仅靠后制动器提供车轮制动；否则，踩下制动踏板时，前后制动器同时工作。

13. 排气制动按钮（见图1—6—3）：此按钮用于选择排气制动的模式。按下按钮时，排气制动指示灯亮起，当踩下制动踏板或通过减速控制杆使变矩器闭锁时，排气制动起作用；再次按下时，指示灯熄灭，当脚离开加速踏板并使变矩器闭锁时，排气制动起作用。

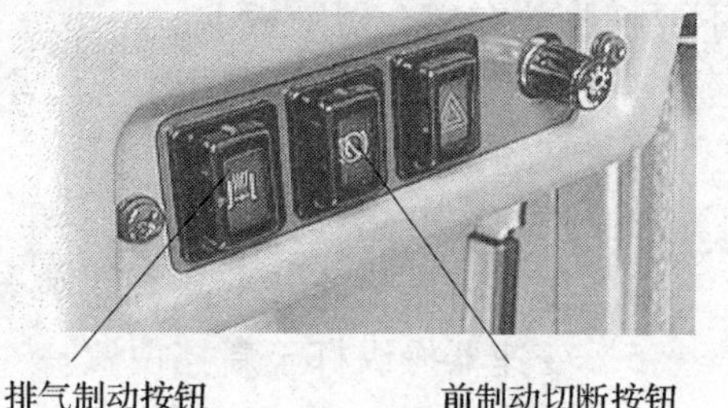

图1—6—3　按钮

任务实施

一、发动机的启动

1. 每日检查：检查油底壳的机油油位、液压油、制动液或冷却液的量是否正常；检查燃油是否足够；如蓄电池电压不足，应及时更换蓄电池，需跨接蓄电池启动时，应将蓄电池并联，并确保接触良好。

2. 为防止损坏起动机，起动机的启动啮合时间不得超过30 s，两次启动之间应间隔2 min。

3. 确认变速器换挡操纵杆处于空挡位置。启动时，不要脚踩油门。

4. 若车辆有故障，应先排除故障，后启动发动机。

5. 将油门置于怠速位置，将钥匙开关转到接通位置“ON”，等“STOP、WARNING”指示灯熄灭；然后将钥匙开关转到“START”启动位置。

6. 如果发动机三次启动失败，则应检查电控及燃油供应系统；如果在起动机拖动发动机时，启动期间排气无蓝烟或白烟，说明无燃油供应。

7. 发动机启动后15 s内，压力表上必须显示正常的机油压力。如果表示机油压力过低的报警指示灯没有熄灭或启动后15 s内压力表上未显示机油压力，应立刻关闭发动机，以免损坏发动机。

8. 启动后，发动机至少怠速运转3 ~5 min后再起步，以确保润滑正常。

9. 避免发动机运转后，起动机仍处于工作状态。

二、离合器的操作

驾驶过程中，换挡一定都要使用踩两次离合器踏板的换挡方法；在完成离合器操作后，不要把脚放在离合器踏板上。

1. 快速踩下离合器踏板。

2. 变速器操纵杆置空挡。

3. 快速松开离合器踏板。

4. 接着再次快速踩下离合器踏板。

5. 变速器操纵杆至新挡位置。

6. 先快松离合器踏板至半啮合位置，再缓缓地放松离合器踏板。

三、制动操作

1. 操作步骤

要顺利使车辆停止，应按以下步骤操作制动踏板：

（1）在离预定停车地点前 25 ~ 35 m 时，将制动踏板踩下 1/3 ~ 1/2。

（2）在离预定停车地点前 5 ~ 6 m 时，开始渐渐放松踏板。

（3）到停车地点前，轻轻踏下制动踏板，使车完全停下。

2. 制动操作注意事项

（1）如果把制动踏板一直踩住不放，则车子会在短距离内冲击性地停止。

（2）避免连续地踩、松制动踏板，因为这样可能使储气筒内的空气排出，气压降低，导致车辆失去控制。

（3）为停车进行制动时，应使用脚制动器。

（4）除紧急情况外，不宜使用紧急制动方法。特别是在雨天路滑的情况下，使用紧急制动极有可能发生侧滑等危险。

（5）洗车或通过较深的水坑后，制动鼓中可能有水进入，使制动效能减低。可在保持低速行车时踩几脚制动，将水分蒸发掉，以保证制动器能正常工作。

四、驻车的操作

1. 发动机满载运行后，在停车时不要马上熄火，必须在怠速状态下运转 3 ~ 5 min，等发动机温度下降后，才可熄火。

2. 在发动机满负荷或高速行驶时，无特殊情况不可立即停车，应逐步降速、降负荷，停车前怠速运转 3 ~ 5 min，以防因轴承缺油或机件过热而损坏增压器。

3. 在发动机熄火时，将点火钥匙开关转到断开（OFF）位置停留至少 30 s，再切断电源。

五、后翻自卸车的操作

装有富勒（Fuller）变速器的自卸汽车（发动机运转正常，气压在0.8 MPa左右，电路无故障）采用如下操作方法。

1．举升货厢，倾卸载荷

（1）停好车辆，拉上驻车制动（带有后门手动锁紧机构的应先打开锁紧机构），踩下离合器踏板等待大约5 s。

（2）将空挡开关顺时针旋转至水平位置，如图1—6—4所示。

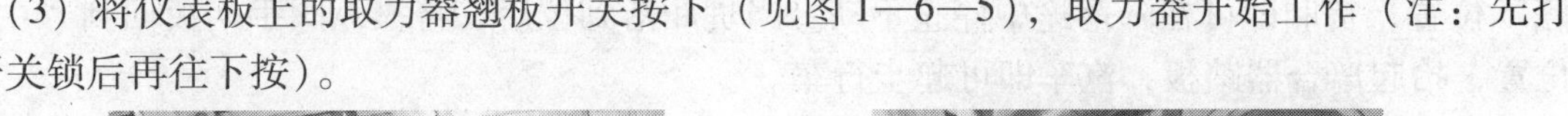

（3）将仪表板上的取力器翘板开关按下（见图1—6—5），取力器开始工作（注：先打开开关锁后再往下按）。

图1—6—4　空挡开关

图1—6—5　取力器翘板开关

（4）将变速器挂低挡前进挡（一挡或二挡），注意在举升过程中将发动机转速控制在1 000～1 500 r/min。

（5）轻轻提起升降操纵阀手柄，使其脱离限位凹槽，扳到“升”的位置（见图1—6—6）。向上推手柄，表示“举升”；手柄扳下为“下降”；手柄停至中间位置为“中停”。下降时，应选择快降或慢降，红色开关扳至快降或慢降位置进行操作，图示位置为快降。

图1—6—6　升降操纵阀手柄

（6）踩下加速器踏板，慢慢松开离合器踏板，货厢即可升起。当货厢升到最高位置后自动限位，然后将操作阀手柄置于“中停”位置。

2. 举升途中停止

在举升途中欲停止举升使货厢不动，可踏下离合器踏板或将操纵阀手柄扳至“中停”位置，货厢即停止不动。

3. 落下货厢，起步行车

（1）当货厢已被举起，发动机仍在运转，取力器为接合状态，变速器挂着低速前进挡，操纵阀手柄在“中停”位置时，将离合器踏板踏下，将取力器翘板开关和空挡开关复位，然后将操纵阀手柄扳至“降”的位置，货厢即可降落。降落途中如将操纵阀手柄扳至“中停”位置，货厢即可在降落途中停止不动。当货厢落到位后，将操纵阀手柄扳回到“中停”位置，抬起离合器踏板，汽车即可起步行车。

（2）发动机未运转，气压约在 0.8 MPa 时，将操纵阀手柄置于“降”的位置，货厢也可降下，将操纵阀手柄扳至“中停”位置，货厢即停止不动。启动发动机行车前，在确认操纵阀手柄在“中停”位置、翘板开关为下部翘起位置、空挡开关在垂直位置后，即可踩下离合器踏板，实施起步行车操作。

六、自卸车的维护

1. 新车走合

（1）底盘与发动机的技术保养按附带的汽车底盘使用说明书的规定进行。

（2）自卸车倾卸机构的走合期以货厢升降次数来衡量，一般以升降 1 000 次为该机构的走合期。

（3）在走合期内，其装载量按要求逐渐增加，货厢在倾卸时，按要求控制发动机转速。

（4）货厢举升 1 000 次后，液压油应全部更换。

（5）在走合期内，应经常注意倾卸机构是否有渗油、漏油、漏气等现象，若有此现象，除了消除以外，还应该检查液压油箱的液面高度。

（6）在走合期内，应该经常注意取力器的齿轮啮合与分离是否正常，若有异响或温度过高等异常情况，应查找原因并排除。

（7）经常注意液压缸等部件在升降时的工作情况，如发生举升缓慢、卡滞、突跳或异响等情况时，应及时查找原因并排除。

2. 日常维护

（1）出车前的检查

1）检查柴油、机油是否充足，有无渗漏现象。

2）检查发动机和其他仪表的工作情况。

3）检查各操纵机构、轮胎、灯光、喇叭、刮水器的状态。

4）检查散热系统的冷却液是否充足，有无渗漏现象。

5）检查发动机、变速器、离合器及相应的操纵机构工作是否正常。

6）检查制动系统元件和管路是否漏气。

（2）使用中的检查项目

1）注意各仪表、指示灯的工作状态。

2）检查发动机、变速器及其他各系统的温度是否正常。

3）检查轮胎气压状况。

（3）停车后的维护

1）关闭电源总开关。

2）放净各储气筒中的积水和污物。

3）添加发动机机油、燃油、润滑油，根据需要润滑各润滑点。

4）检查轮胎气压并补气，使之达到规定气压。

5）根据需要可清洁燃油滤清器、机油滤清器和空气滤清器。

6）保持产品清洁，特别要清除汽缸散热片、机油散热器和中冷器上的积尘。

7）根据需要可紧固各支撑连接螺栓。

8）排除行驶中所发现的故障，做好下次行车准备。

9）检查车厢与车架铰接、连接部分是否磨损、变形，检查轴套并加注润滑脂。

10）检查车架有无严重变形，各连接螺栓是否松脱，如有应修整或紧固。

3. 定期维护

（1）一级维护

新车倾卸机构的升降次数达到 1 000 次时，应进行一级维护，其内容包括以下几项：

1）结合新车走合期，按走合期规定的项目进行。

2）注意并检查液压缸的上、下支撑，观察各运动件及其相邻的固定件是否有异常损坏或变形。

3）拧开液压油箱底部的放油塞及液压缸底部进口管接头，待油放尽后，清除积存在附近的污物，并更换液压油。

（2）二级维护

倾卸机构的升降次数达到 3 000 ~ 4 000 次时，应进行二级维护，其内容包括以下几项：

1）进行一级保养的项目。

2）检查货厢、副车架、备胎架等的完好状况，特别要注意检查焊缝是否有开焊、裂纹等现象。

3）检查齿轮泵、取力器、液压缸等运动件的工作或磨损状况，并保养和维修或更换易损件。

（3）三级维护

当倾卸机构的升降次数达到 20 000 次时，应进行三级维护，其内容包括以下几项：

1）进行二级维护的项目。

2）检查液压缸、取力器、操纵阀等部件中运动件的磨损及易损件的损坏情况，并更换某些损坏元器件。

3）清洗液压油箱，更换液压油和各部件的润滑油（脂）。

自卸车操作注意事项

1. 严禁超载使用。

2. 车厢内货物应均匀分布，不许严重偏载行驶。

3. 严禁在横向坡度的地方卸货。

4. 在满载举升中途，不可突然将升降手柄推向“下降”位置。

5. 汽车在倾卸货物过程中，严禁起步行车，更不能用边行驶边急踩制动踏板的方法抖掉残余货物。

6. 汽车在倾卸货物过程中，发动机要保持稳定，严禁突然猛踩油门踏板。

7. 自卸车卸完货后，须脱开取力器才可行车。

8. 应注意定期检查汽车各部件的紧固状况。

自卸车新车的检查

1. 检查液压油箱中的油量是否加足，否则需按规定油料牌号要求加足油量。

2. 在气压不低于0.78 MPa的情况下，检查操纵阀是否漏气，气路及液压系统的油路是否有渗漏。

3. 在空载情况下，按倾卸机构升降的操作程序进行升降试验。

4. 在升降过程中，注意检查液压缸、齿轮泵、操纵阀等部件的工作是否正常，如液压缸升降时有没有卡滞、窜动、弹跳及异响等。

5. 经过空载4~5次升降试验后，工作正常，并无渗油、漏油、漏气的情况，可视为倾卸良好。

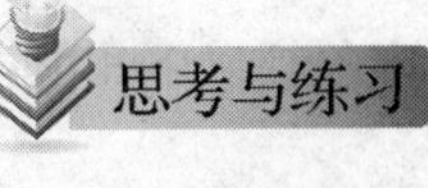

一、填空题

1. 自卸车是指通过液压或机械举升而自行卸载货物的车辆，又称________。

2. 根据车厢翻动的方向自卸车分为________、________和________。

二、判断题

驾驶过程中，换挡一定都要使用踩两次离合器踏板的换挡方法；在完成离合器操作后，不要把脚放在离合器踏板上。（　）

三、选择题

1. 货厢举升（　）次后，液压油应全部更换。

A. 100　　B. 300　　C. 600　　D. 1 000

2. 自卸车的日常保养不包括（　　）。

A. 检查柴油、机油是否充足

B. 检查各操纵机构

C. 检查车架有无严重变形

D. 检查液压缸上、下支撑

四、简答题

1. 正确的离合器操作方法是什么？

2. 正确的制动操作方法是什么？

模块二

混凝土机械

任务一　混凝土搅拌机的维护

- 了解混凝土搅拌机的用途、类型及结构。
- 了解混凝土搅拌机的操作要点。
- 能够进行混凝土搅拌机的维护工作。

混凝土搅拌机是将一定配合比的水泥、沙、石、水、外加剂和掺和料拌制成具有一定匀质性要求的混凝土拌和物的机械设备。通过本任务的学习，要求学生能够实施混凝土的拌和作业的任务，维护及保养混凝土搅拌机。

一、混凝土搅拌机的用途及类型

混凝土搅拌机是路桥、建筑、市政等混凝土施工中的专用机械，用来机械化地拌制水泥混凝土。其种类较多，分类方法及特点见表2—1—1。

表 2—1—1　　混凝土搅拌机的种类及特点

分类方法	种类	特点
按作业方式分	循环作业式	供料、搅拌、卸料三道工序是按一定的时间间隔周期进行的，即按份拌制。由于拌制的各种物料都经过准确的称量，故搅拌质量好，目前采用较多
	连续作业式	供料、搅拌、卸料三道工序是在一个较长的筒体内连续进行的。虽然其生产效率比循环作业式高，但由于各料的配合比、搅拌时间难以控制，故搅拌质量差，目前较少使用
按搅拌方式分	自落式搅拌	把混合料放在一个旋转的搅拌鼓内，随着搅拌鼓的旋转，鼓内的叶片把混合料提升到一定的高度，然后靠自重自由撒落下来。这样周而复始地进行，直至拌匀为止。这种搅拌机一般用于拌制塑性和半塑性混凝土
	强制式搅拌	搅拌鼓不动，而由鼓内旋转轴上均置的叶片强制搅拌。这种搅拌机拌制质量好，生产效率高；但动力消耗大，叶片磨损快。一般适用于拌制干硬性混凝土
按装置方式分	固定式	安装在预先准备好的基础上，整机不能移动。它的体积大，生产效率高，多用于搅拌楼或搅拌站
	移动式	本身有行驶车轮，且体积小，质量轻，故机动性能好。应用于中、小型临时工程
按出料方式分	倾翻式	靠搅拌鼓倾翻卸料
	非倾翻式	靠搅拌鼓反转卸料
按结构方式分	双轴卧式搅拌机	可搅拌干硬性、塑性、流动性、轻骨料等混凝土以及各种砂浆。特点是反向旋转的桨叶激烈地搅拌，使物料重力减小，各物料存在的颗粒大小、密度悬殊的差异在混合过程中被忽略。剧烈运动缩短了一次混合的时间，混合均匀度高，残留量少，适合两种以上肥料、添加剂预混料的混合。应用于各类中、小型预制构件厂及各类建筑工地、道路、桥梁、机场、隧道等工程
	单轴卧式搅拌机	可适用于塑性、干硬性、轻骨料混凝土及各种灰浆、砂浆的搅拌。具有使用范围广泛、搅拌质量好、生产效率高、能耗低、噪声低、结构合理、操作方便、卸料速度快、衬板及叶片使用寿命长、安装和转移方便、便于维修及保养等优点，应用于各类使用现场，是各种建筑工地及中、小型预构件厂的理想机具
	圆筒搅拌机	可搅拌塑性和半干硬性混凝土，是自落式反转出料搅拌机，搅拌由齿圈转动完成，工作时正转搅拌、反转出料，适用于一般建筑工地、桥梁工程及各种混凝土构件厂
	强制搅拌机	可以拌制干硬、高强度和轻质混凝土，搅拌涂料、水泥、沙子、腻子粉，具有结构紧凑、机构简单、质量轻、体积小、操作灵活、拌和时间短、卸料快、生产效率高、转移方便等优点，主要应用于混凝土预制构件厂和建筑工程中拌制级配混凝土，或者用于拌制细骨料混凝土和砂浆等
	轮碾式搅拌机	将物料进行碾压、搅拌并进行混合，特点是结构简单、噪声低、操作方便，应用于建筑、粉煤耐火材料、型砂、陶瓷等
按搅拌容量分	小型	出料容量为 50 ~ 250 L
	中型	出料容量为 300 ~ 500 L
	大型	出料容量 1 000 ~ 3 000 L

按结构形式分类，各种搅拌机的外形如图 2—1—1 所示。

a)　b)　c)　d)　e)

图 2—1—1　各种搅拌机的外形

a）双轴卧式搅拌机　b）单轴卧式搅拌机　c）圆筒搅拌机　d）强制搅拌机　e）轮碾式搅拌机

二、混凝土搅拌机的结构

这里以 JZC350 型搅拌机的基本结构为例进行说明。

JZC350 型混凝土搅拌机（见图 2—1—2）是自落式双锥反转出料搅拌机，按自落式工作原理进行搅拌，它是作为逐步取代鼓筒式搅拌机的一种机型，主要由动力传动系统、搅拌机构、进出料机构、配水系统、电气控制部分、机架和行走装置等组成。

JZC350 型混凝土搅拌机的搅拌机构是搅拌筒，其构造如图 2—1—3 所示。在搅拌筒内焊接有两对主搅拌叶片和副搅拌叶片，分别与搅拌筒轴线成 45°和 60°夹角。搅拌时，搅拌叶片使物料作提升和下落运动的同时，还强迫物料作轴向窜动。在搅拌筒的出料口一端焊有一对出料叶片。当搅拌筒正转（从出料方向看为顺时针）时，进行搅拌；当搅拌筒反转（从出料方向看为逆时针）时，混凝土搅拌物由副搅拌叶片推向出料叶片，再被排出筒外。出料叶片分两段，两段之间有螺栓固定，在搅拌过程中如遇突然停电或发生故障时，可以卸下靠外边的一段叶片，把筒内的物料及时清出。在搅拌筒进料口一端，焊有两块挡料叶片，用于防止在搅拌时进料口处漏浆。

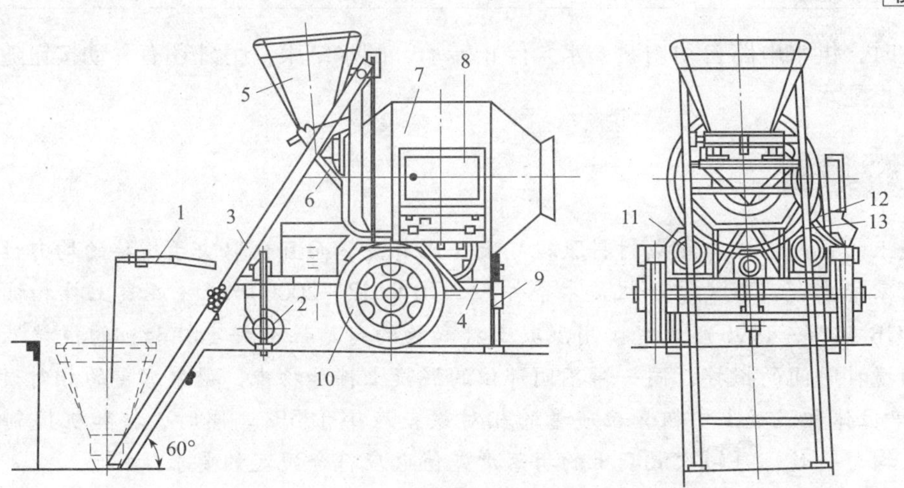

图 2—1—2　JZC350 型混凝土搅拌机

1—牵引架　2—前支轮　3—上料架　4—底盘　5—料斗　6—中间料斗　7—搅拌筒
8—电气箱　9—支腿　10—行走轮　11—搅拌动力和传动机构　12—供水系统　13—卷扬系统

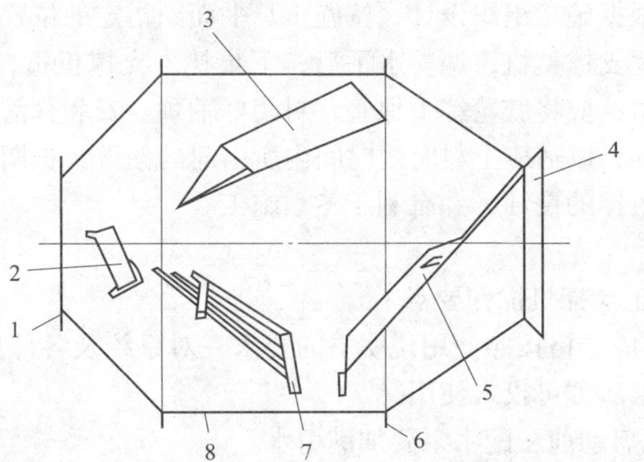

图 2—1—3　JZC350 型混凝土搅拌机搅拌筒

1—进料口　2—挡料叶片　3—主叶片　4—出料口　5—出料叶片　6—挡圈　7—副搅拌叶片　8—筒身

当混合料拌和好后，通过电气控制按钮直接改变搅拌机搅拌筒的旋转方向，混凝土即可经出料叶片迅速被排出筒外。这种搅拌机省去一套倾翻出料机构，但由于反转出料是在负荷下启动的，所以启动电流大，搅拌机的容量不能过大。

JZC350 型混凝土搅拌机的上料机构由上料架、中间料架、上料斗和传动机构等组成。

上料时，料斗由钢丝绳牵引沿上料架的轨道向上爬行，当行至一定高度后，其长轴滚轮进入上料架岔道，料斗随之倾翻，斗门自动开启，斗内物料经中间料斗卸入搅拌筒内。上料机构主要由制动电动机、减速器、卷筒、钢丝绳及滑轮组等组成。上料斗在负重的情况下，可以停在上料架的任意位置上，其上、下终点均由电器行程开关进行控制。

JZC350 型混凝土搅拌机的配水系统是由水泵和时间继电器等组成。搅拌时的配水量，通过时间继电器控制水泵运转时间而得到保证。按配水量事先设定好时间断电器的指针，配水时只要按下水泵启动按钮，水泵即开始运转供水，时间继电器同时动作，当时间继电器指针到零位时，供水电路自动切断，水泵停止转动，配水结束。另外还有手动按钮随时切断供水电路停止配水。

混凝土的强度不仅与组成材料服役期配合比有关，而且也取决于搅拌的均匀性。所以我国现行国家标准《混凝土拌和机技术条件》（GB 9142—2000）和《混凝土拌和机性能试验方法》（GB 4477—1996）规定，用混凝土拌和物的匀质性来评定拌和机的搅拌性能，即经过规定的搅拌时间的搅拌，同一罐不同部位的混凝土拌和物中，砂浆容重的相对误差应小于0.8%，单位体积混凝土中粗骨粒质量的相对误差应小于5%。同时，拌和机搅制的混凝土稠度也应均匀一致，每罐次混凝土的坍落度差值也应符合规定的要求。

三、混凝土搅拌机的使用

混凝土搅拌机应根据施工组织设计，按施工总平面图指定的位置，选择地面平整、坚实的地方就位。先以支腿支撑整机，调整水平后，下垫枕木支撑机重，不准用行走胶轮支承。使用时间较长的搅拌机，应将胶轮卸下保管，封闭好轴颈。安装自落式搅拌机时，进料口一侧可稍抬高30～50 mm，以适应上料时短时间内所引起的偏重。长期使用的搅拌机，应搭设机棚，防止雨、雪对机体的侵蚀，并有利于冬季施工。

1. 操作要点

（1）自落式混凝土搅拌机操作要点

1）新机使用前，应严格按照使用说明书的要求，对系统及各部件进行检验和必要的试运转，达到规定的要求后方可投入使用。

2）混凝土搅拌机启动前，配水泵要加满引水。

3）启动后，应使搅拌筒达到正常转速后再进行上料，上料后要及时加水。

4）电力驱动的混凝土搅拌机的配电设备应有良好的接地装置。

5）工作完毕后，应按清洁、紧固、润滑、调整、防腐等要求进行日常保养。

（2）强制式混凝土搅拌机的使用要点

1）应严格筛选搅拌的混凝土骨料，最大粒径不得超过允许值。

2）应经常检查搅拌叶片和搅拌筒底及侧壁间隙是否符合规定的要求。

3）必须保证各部件良好的润滑。

4）其他使用要点参照自落式混凝土搅拌机。

2. 安全操作规程

（1）应严格按搅拌机操作说明书规定的步骤操作。搅拌机在使用之前应按照“十字”作业法（调整、紧固、润滑、清洁、防腐）的要求，来检查搅拌机各机构是否齐全、灵敏可靠、运转正常，并按规定位置加注润滑油。各种搅拌机都为单向旋转进行搅拌，所以不得反转（除反转出料外）。

（2）搅拌机启动后进入正常运转，方准加料，必须使用配水系统准确供水。操作过程中，要随时注意机械的运转情况，如发现不正常的声音，应停机检查，待排除故障后，方可重新使用。

（3）上料斗上升后，严禁料斗下方有人通过，更不得有人在料斗下方停留，以免制动机构失灵发生事故。如果需要在上料斗下方检修机器时，必须将上料斗固定（强制式和锥形反转出料式用木杠顶牢，鼓形自落式用保险链环扣住），上料手柄在非工作时间也应用保险链扣在机架上梁，不得存在隐患。

（4）机械在作业中，切勿使沙石落入机器运转部位，操作人员必须精力集中，不准离开岗位，上料配合比要准确，注意控制不同搅拌机的最佳搅拌时间。如遇中途停电或发生故障要立即停机，切断电源，将筒内的混合物料清理干净。若需人员进入筒内维修，筒外必须有人看闸监护。

（5）强制混凝土搅拌机无振动机构，因而原材料易粘存在斗的内壁上，可通过操纵机构使料斗反复冲撞限位挡板倾料。但要保证限位机构不被撞坏，不失其限位灵敏度。在卸料手柄甩动半径内，不准站人或有人停留。卸料活门应保持开启轻快和封闭严密，如果发生磨损，其配合的松紧度可通过卸料门板下部的螺栓进行调整。

（6）每班工作完毕后，必须将搅拌筒内外积灰、粘渣清除干净，搅拌筒内不准有清洗积水，以防搅拌筒和叶片生锈。清洗搅拌机的污水应引入渗井或旷野处排出，不准在机旁或建筑物附近任其自流。尤其是冬季，严防搅拌机筒内和地面积水甚至结冰，应有防滑、防冻、防火措施。

（7）操作人员下班前，必须切断搅拌机电源，锁好电闸箱，确保机械各操作机构处于零位。

任务实施

混凝土搅拌机的维护主要分为日常维护、一级维护和二级维护。

1. 日常维护

混凝土搅拌机的日常保养工作，在每班工作前、工作中和工作后进行。

（1）保持机体的清洁，清除机体上的污物和障碍物。

（2）检查各润滑处的油料及电路和控制设备，并按要求加注润滑油（脂）。

（3）每班工作前，在搅拌筒内加水空转 1 ~ 2 min，同时要检查离合器和制动装置工作的可靠性。

（4）在机器运转过程中，应随时注意电动机、减速器、传动齿轮的噪声是否正常，温升是否过高。

（5）每班工作结束后，应认真清洗机体。

2. 一级维护

混凝土搅拌机一般工作 100 h 以后进行一级保养。

自落式混凝土搅拌机在一级保养中，除包括日常保养的工作内容外，尚须拆检离合器，检查和调整制动间隙，如离合器内、外制动带磨损过甚则须更换。此外，还需检查钢丝绳、V 带、滑动轴承、配水系统和行走轮等。

强制式混凝土搅拌机在一级保养中，须检查和调整搅拌叶片与衬板之间的间隙、上料斗和卸料门的密闭及开启的灵活情况、离合器的磨损程度以及配水系统是否正常。对于采用链传动的混凝土搅拌机，需检查链条节距的伸长情况。

3. 二级维护

混凝土搅拌机的二级保养周期，一般为工作 700 ~ 1 500 h。二级保养中，除进行一级保养的工作外，须拆检减速器、电动机和开式齿轮等。此外，还须检查机架及进出料的操纵机构，清洗行走轮和转向机构等。

（1）拆检减速器时，须清洗齿轮、轴、轴承及油道，检查齿廓表面的磨损程度。拆检完毕，加注新的齿轮油。

（2）拆检电动机时，应清除定子绕组上的灰尘，清洗轴承并加注新的润滑脂，检查并调整定子和转子间的间隙。

（3）拆检开式齿轮时，需清洗齿轮齿廓、轴和轴承，检查磨损情况，磨损过度时应予以更换。

（4）上料离合器的内、外制动带，如磨损过度应及时更换。

（5）机架发生歪斜变形时，应予以修复或校正。

（6）拆检量水器时，摆正套管位置，清除吸水管和套管周围以及内杠杆和拉杆上的腐锈，并刷上防锈漆。

（7）拆检三通阀时，应清除阀腔和管道接口附近的腐锈和水垢，以便水路保持畅通。

（8）对特有的机构，如橡胶托轮、行程开关、水表、电磁阀等，可根据情况定期检查、调整和清洗。

自落式搅拌机工作机构为筒体，沿筒内壁圆周安装若干搅拌叶片。工作时，筒体绕其自身轴旋转，利用叶片对筒内物料进行分割、提升、洒落和冲击，使配合料的相互位置不断进行重新分布而得以拌和。其特点是搅拌强度不大，效率低，只适于搅拌一般骨料的塑性混凝土。

强制式搅拌机的搅拌机构是在筒内水平或竖直设置的搅拌轴，轴上安装搅拌叶片。工作时，转轴带动叶片对筒内物料进行剪切、挤压和翻转推移的强制搅拌作用，以便配合料在剧烈的相对运动中得到均匀拌和。其搅拌质量好，效率高，特别适合于搅拌硬性混凝土和轻质骨料混凝土。

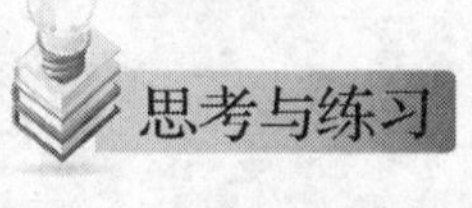

一、填空题

混凝土搅拌机按工作性质不同，可分为________和________搅拌机；按搅拌原理分为

________和________搅拌机；按搅拌筒形状分，有鼓筒式、锥式和圆盘式。此外，还有裂筒式、圆槽式（即卧轴式）等混凝土搅拌机。

二、判断题

1. 混凝土搅拌机是将一定配合比的水泥、沙、石、水、外加剂和掺和料拌制成具有一定匀质性要求的混凝土拌和物的机械设备。（　）

2. 应严格筛选搅拌的混凝土骨料，最大粒径不得超过允许值。（　）

3. 混凝土搅拌机的二级保养周期，一般为700～1 500工作日。二级保养中，除进行一级保养的工作外，须拆检减速器、电动机和开式齿轮等。（　）

三、选择题

1. 混凝土搅拌机一般工作（　）h以后，进行一级保养。

A. 100　　B. 200　　C. 300　　D. 400

2. 每班工作前，在搅拌筒内加水空转（　）min，同时要检查离合器和制动装置工作的可靠性。

A. 5　　B. 3

C. 1～2　　D. 8～10

四、简答题

1. 混凝土搅拌机日常保养的内容有哪些？

2. 混凝土搅拌机二级保养的内容有哪些？

任务二　混凝土搅拌楼的维护

学习目标

◆ 了解混凝土搅拌楼的类型。

◆ 了解混凝土搅拌楼的结构。

◆ 能够对混凝土搅拌楼进行维护。

工作任务

混凝土搅拌楼是用来集中搅拌混凝土的联合机械装置，也称为混凝土工厂。它具有机械化和自动化程度高、生产率高的特点，常用于混凝土工程量大、施工周期长、施工地点集中的大中型工程（见图 2—2—1）。本任务要求学生通过相关知识的学习，了解混凝土搅拌楼的结构，并能够对混凝土搅拌楼进行维护和保养。

图 2—2—1　混凝土搅拌楼

相关理论

一、混凝土搅拌楼的类型

混凝土搅拌楼的类型较多，但其结构基本相似，均采用电气程序控制。混凝土搅拌楼按作业形式可分为周期式和连续式；按搅拌机平面布置形式可分为巢式和直线式；按结构形式可分为固定式和移动式；按工艺布置形式可分为单阶式和双阶式。

单阶式搅拌楼的沙、石、水泥等材料可以一次就提升到搅拌楼的最高层，然后按工艺流程进行，主要适用于大型永久性搅拌楼。双阶式搅拌楼的沙、石、水泥等材料则分两次提升，第一次将材料提升至储料斗，经配料后，再将材料提升并卸入搅拌机，主要适用于中小型搅拌楼。

二、混凝土搅拌站的总体结构

本任务以三一重工混凝土搅拌站为例讲述。搅拌站总体结构如图 2—2—2 所示，主要由储料系统、计量系统、输送系统、供液系统、气动系统、搅拌系统、主楼框架、控制室及控制系统、除尘系统等组成，用以完成混凝土原材料的储存、计量、输送、搅拌和出料等工作。

1. 储料系统

储料系统包括生产混凝土所用原材料的储料系统（粉料罐 18、水池 7、骨料储料仓 1、骨料待料斗 12 和外加剂箱 6 等）和成品混凝土的储料系统（卸料斗 9）两个方面。为实现混凝土生产的连续性，提高生产率，配制混凝土所需的各种原材料必须保证一定的储存量，它也可在一定程度上缓解因原材料短期内短缺而影响生产的情况；成品混凝土的储料系统主要是为缓解搅拌机卸料快与搅拌车进料速度慢、搅拌车周转时间长的矛盾。

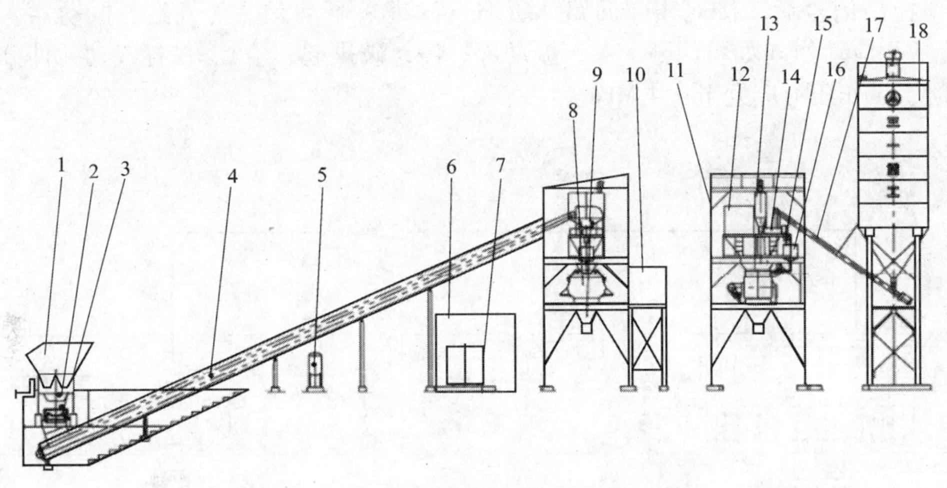

图 2—2—2　混凝土搅拌站的总体结构

1—骨料储料仓　2—骨料计量　3—水平带式输送机　4—斜带式输送机
5—气动系统　6—外加剂箱　7—水池　8—搅拌系统　9—卸料斗　10—控制室　11—主楼框架
12—骨料待料斗　13—除尘系统　14—粉料计量　15—外加剂计量　16—水计量　17—螺旋输送机　18—粉料罐

2. 计量系统

计量系统包括骨料计量 2 和粉料计量（水泥和掺和料）14、液体外加剂计量 15 及水计量 16，是搅拌设备中最关键的部分之一。其计量方式一般采用质量计量，也有采取容积计量的（但应折算成质量给定或指示），目前除水和外加剂可以采用容积计量外，其他物料都不采用容积计量。

3. 输送系统

在混凝土搅拌站中输送系统主要包括骨料的输送 3 和粉料的输送 17。骨料的输送常采用带式输送机或提升机；水泥及掺和料的输送常采用螺旋输送机和气力输送。不管是骨料的输送还是水泥及掺和料的输送，都应尽量减少粉尘的产生，其输送速度和效率需与系统的循环时间相匹配。

4. 供液系统

供液系统包括液体外加剂供应系统 6 和水供应系统 7。混凝土搅拌用水一般都是清水，也可以部分采用从冲洗装置回收来的工业用水。经过计量，水既可单独靠重力流入搅拌机，也可以在水计量斗下方安装一台水泵，向搅拌机进行加压供水，能够起到快速供水和冲洗搅拌装置的作用。

5. 气动系统

在混凝土搅拌站中，大部分机构都是利用气压驱动，气压驱动具有低成本、无污染的特点。

气动系统主要由集装阀1、过滤减压阀2、助流气垫3、气动蝶阀4、气动球形振动器5、空压机6、气源三联件7、储气罐8、汽缸9及气管10等组成（见图2—2—3）。气动系统基本原理图如图所示，自空气压缩机出来的高压气体，经气源三联件处理，进入电磁阀，当电磁阀接到控制信号后，接通相应回路，压缩空气进入驱动元件（气缸、振动器、助流气垫），完成相应动作（如料门开、关，振动起、停，破拱起、停）。在各气动元件分别或同时工作时，工作压力应大于0.4 MPa。

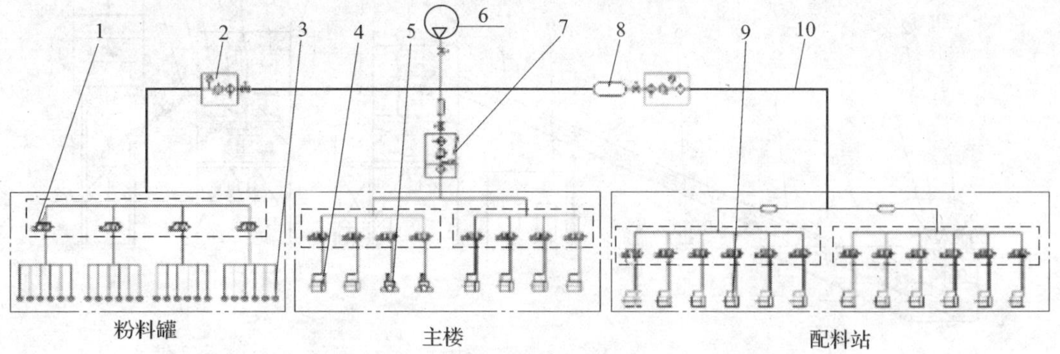

图2—2—3　气动系统的组成

1—集装阀　2—过滤减压阀　3—助流气垫　4—气动蝶阀
5—气动球形振动器　6—空压机　7—气源三联件　8—储气罐　9—气缸　10—气管

6. 搅拌系统

该系统是把计量好的沙石、水泥、水、外加剂等原材料，在搅拌机内搅拌均匀，形成达到规定强度的成品混凝土。因为混凝土配合比的设计是按细骨料恰好填满粗骨料的间隙，而水泥胶质又均匀地分布在粗细骨料的表面，所以只有将配合料搅拌得均匀，才能获得最密实的混凝土。

三一重工搅拌主机主要由传动装置、轴端密封、缸体及衬板组件、润滑装置、上盖及供水装置、卸料系统和搅拌装置（见图2—2—4）组成。搅拌装置有两根水平配置的同步回转的搅拌轴，双轴回转方向相反，搅拌臂及搅拌叶片呈流线形，叶片除了翻动原材料外，其螺旋推动方向也相反，使物料在搅拌筒中形成回流，搅拌更为强烈。卸料系统有液压驱动卸料系统和气压驱动卸料系统两种常见形式，卸料门动作自动时，一般设置全开、全关、半开三种状态。这种独特的结构设计能实现混料的轴向、交错和循环流动，拌和效果好，效率高。

7. 主楼框架

主楼框架为钢结构，从上到下分别由楼顶、楼梯及围栏、计量层、搅拌层、支腿等组成。楼顶是用来支撑包装材料的框架；楼梯及围栏是管理人员从搅拌层到计量层进行相关操作的走道；计量层是支撑水泥、掺和料、液体外加剂和水计量系统及骨料待料斗的楼层；搅拌层是支撑搅拌机及相关机构的楼层；搅拌层下部是搅拌车进出接料的通道。

上盖
缸体
水管
主轴
三一重工
电动机

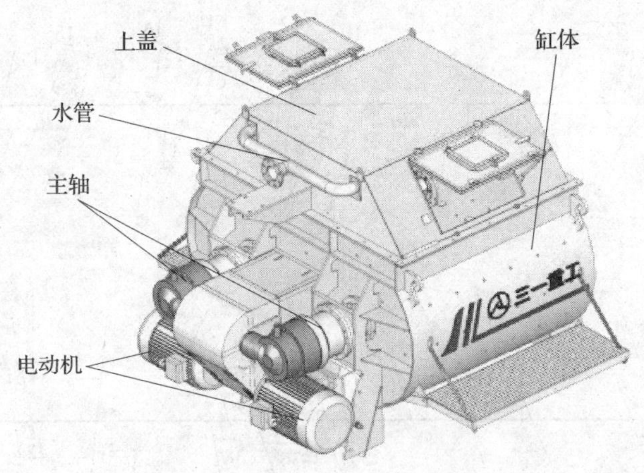

图 2—2—4　搅拌系统的外观

主楼框架及内部其他机构安装完毕后，框架外部从搅拌层起用彩钢夹芯板进行包装，显得美观大方，并可防寒隔热。

8. 控制室及控制系统

控制室总成及电气控制系统由控制室、空调、电控柜、桌椅、工控机、中央处理单元（PLC）、电缆连线等组成，它是整个搅拌站的神经系统，决定着每个部件的动作。

控制室是搅拌站操作人员对搅拌站进行操作、管理的场所。它由控制室本体、支架、打印小票下传筒等构成。控制室本体内部装有操作台、电控柜、显示器、监视器、空调、打印机等，操作台上有各类搅拌站的控制开关、按钮、称量仪表、电流表等；监视器显示所监视点设备的运行情况以便操作人员进行管理；支架用于支撑控制室，并提供搅拌车进出通道空间；打印小票下传筒用于将混凝土出货单从控制室传递给搅拌车驾驶员。

控制系统图标说明：

（1）操作台

操作台由工控机、显示器、操作面板、称重终端、中央处理单元（PLC）以及中间继电器、电流表、报警器、UPS 电源等辅助器件组成。仪表板布置如图 2—2—5 所示，操作面板布置如图 2—2—6 所示。

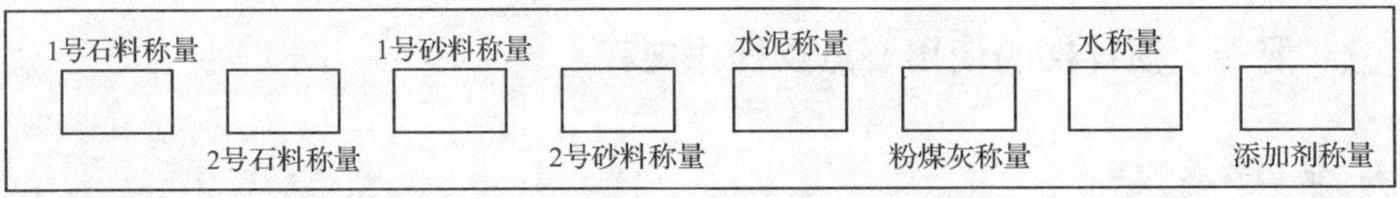

1号石料称量
1号砂料称量
水泥称量
水称量
2号石料称量
2号砂料称量
粉煤灰称量
添加剂称量

图 2—2—5　仪表板布置

（2）动力柜

动力柜电气元件主要由总电源开关、断路器、接触器、电流互感器、隔离变压器、控制变压器、熔断器、直流开关电源、RC 抑制器模块等组成。

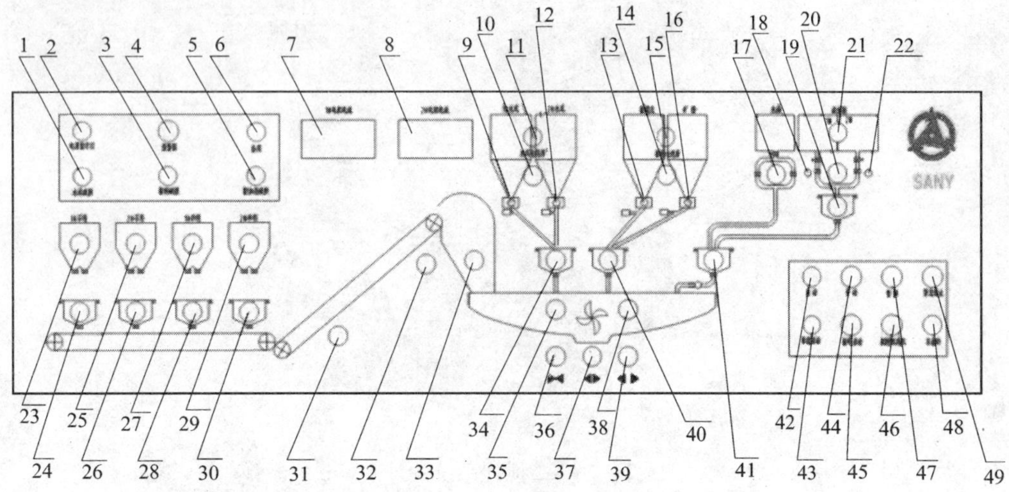

图 2—2—6　操作面板布置

1—水泥破拱按钮　2—电源指示灯
3—粉料破拱按钮　4—报警器　5—粉加剂破拱按钮
6—备用按钮　7—1 号搅拌电动机电流表　8—2 号搅拌电动机电流表
9—1 号水泥进料指示灯　10—水泥秤进料按钮　11—水泥仓选择钥匙开关
12—2 号水泥进料指示灯　13—粉煤灰进料指示灯　14—粉料秤进料按钮　15—粉料仓选择钥匙开关
16—矿粉进料指示灯　17—水进料按钮　18—1 号添加剂进料指示灯　19—添加剂秤卸料按钮　20—添加剂秤进料按钮
21—添加剂选择钥匙开关　22—2 号添加剂进料指示灯　23—1 号石料秤进料按钮　24—1 号石料秤卸料按钮
25—2 号石料秤进料按钮　26—2 号石料秤卸料按钮　27—1 号砂料秤进料按钮　28—1 号砂料秤卸料按钮
29—2 号砂料秤进料按钮　30—2 号砂料秤卸料按钮　31—传输带启动按钮　32—传输带停止按钮
33—待料斗卸料按钮　34—水泥秤卸料按钮　35—搅拌电动机启动按钮　36—卸料门关门按钮
37—卸料门半开按钮　38—搅拌电动机停止按钮　39—卸料门全开按钮　40—粉料秤卸料按钮
41—水秤卸料按钮　42—自动按钮　43—单盘启动按钮　44—手动按钮　45—循环启动按钮
46—搅拌机洗机按钮　47—暂停按钮　48—车满铃按钮　49—紧急停止按钮

9. 除尘系统

除尘系统包括水泥及掺和料计量和卸料时的除尘、散装水泥车往粉料罐加料时的除尘以及斜带式输送机往骨料待料斗投料时的除尘三个部分。

三、混凝土搅拌楼的使用要点及操作规程

1. 使用要点

（1）启动：接通电源，按预拌混凝土配合比，设定沙、石、水泥、水及外加剂的数值，在确保输送机、空气压缩机及外部供料设备均启动运转的情况下，启动搅拌机。

（2）计量：根据计量方式，确定称量选择开关位置。自动计量时，将沙、石、水泥称量选择开关扳至自动位置；手动称量时，将其开关扳至手动位置，即可开始按照各自方式进行称量。

(3) 投料：自动放出时，沙、石、水泥、水和外加剂将自动依次放入搅拌机进行搅拌；手动放出时，则需将各有关开关扳至手动位置，选择各手动按钮。

(4) 出料：混凝土搅拌完毕，打开搅拌机出料斗门，放出混凝土，然后关闭出料斗门。

2. 操作规程

(1) 作业前检查

1) 检查搅拌机润滑油箱及空压机曲轴箱的液面高度。搅拌机采用 L－AN32 全损耗系统用油，空压机冬季用 1 号压缩机油，夏天用 19 号压缩机油。

2) 冰冻季节和长期停放后使用，应对水泵和外加剂泵进行排气引水。

3) 检查气路系统中气水分离器积水情况。积水过多时，打开阀门排放。检查油雾器内油位，过低时，应加 20 号或 30 号锭子油；打开储气筒下部排污螺塞，放出油水混合物。

4) 空运转 5～10 min 后，检查油路、水路、气路通畅情况，有无溢漏现象，各料仓门启闭是否灵活。

(2) 作业后清理维护

1) 清理搅拌筒内外积灰、出料门及出料斗积灰，并用水冲洗干净。

2) 用水冲洗外加剂和外加剂供给系统。

3) 冰冻季节，应放尽水泵、外加剂泵、水箱及外加剂箱内存水，并启动水泵和外加剂泵运转 1～2 min。

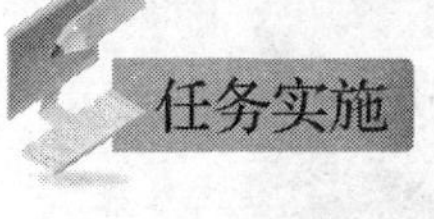

一、启动设备

1. 启动前的检查和准备

(1) 检查电气控制台上所有开关是否处在正常位置。

(2) 检查配料机、带式输送机的传动带是否正常。

(3) 检查搅拌机的检修门、卸料门的行程开关、接近开关是否正常。

(4) 检查搅拌机的集中润滑油筒内润滑油（脂）是否充足。

(5) 检查搅拌站其他运转部件的润滑油是否充足。

(6) 检查每个连接部件的连接螺栓是否紧固。

(7) 检查粉料罐的手动蝶阀是否打开。

(8) 检查供气、水、外加剂管路是否正常。

(9) 检查骨料、粉料、水、外加剂是否够用。

(10) 操作搅拌站之前，应先检查强电柜内的开关是否都合闸。

(11) 打开操作台电源旋钮，此时电源指示灯亮，在柜门上按下空气压缩机启动按钮，检查气压是否在 0.4 MPa 以上。

(12) 打开计算机的电源，启动计算机并运行监控程序，设置好配方比，准备开始生产混凝土。

2. 控制系统的操作

（1）合上动力柜内的总电源开关和其他需要的断路器的开关，关上柜门，旋转柜门上的电压万能转换开关，观察各相电压是否正常。

将动力柜柜门上面的控制电源开关旋钮置于“ON”的位置，操作台通电，面板上面的电源指示灯亮，称重终端仪表上电初始化。

启动显示器和工控机主机，操作系统启动到桌面状态。找到生产控制的软件快捷方式图标，双击打开软件。软件在启动过程中对现场位置开关、料位开关及传感器信号进行检测和采集后，进入监控主界面。

要进入软件进行任何操作，必须先登录。登录用户的身份分为两种，使用管理员用户登录可以对系统各个部分的管理和使用权限进行设置；使用操作员用户登录只能执行被规定的操作项目。

（2）监控主界面和运行要设定的参数

监控主界面（见图2—2—7）左上角显示的几个参数如下。

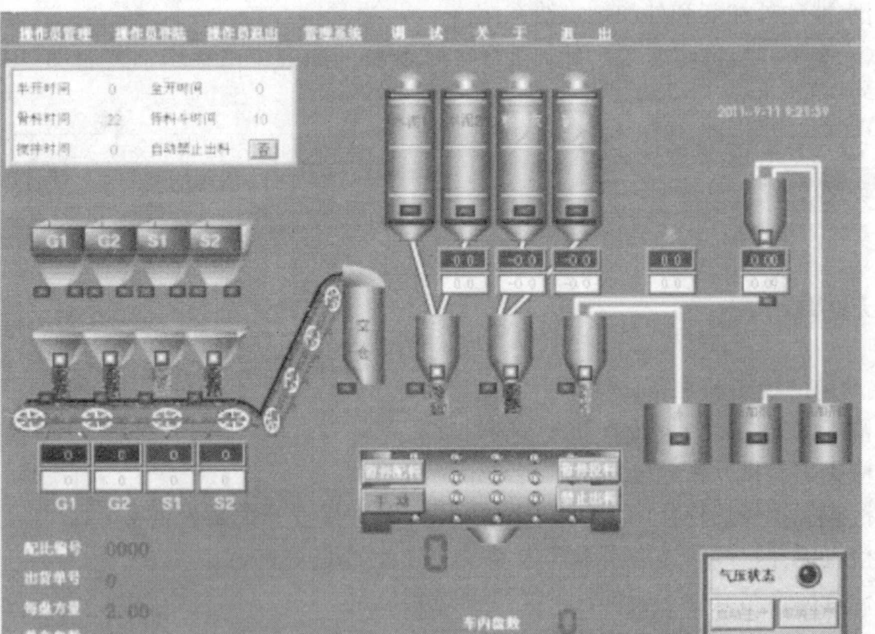

图2—2—7 监控主界面

半开时间：指搅拌机自动卸料时，卸料门在半开位置时停留的时间。

全开时间：指搅拌机自动卸料时，卸料门在全开位置时停留的时间。

骨料时间：指所有骨料从骨料秤斗卸料完毕开始，至所有骨料进入待料斗所需时间。

待料斗时间：指待料斗卸料时，其卸料门在开门位置停留的时间。

搅拌时间：指所有物料投入搅拌机后，在搅拌机内搅拌达到品质要求所需要的时间。

修改以上参数的方法：用鼠标双击相应标记旁边的数据，弹出修改对话框，在对话框里边输入新的参数，点“确定”按钮。

画面的左下角显示有四个参数：配比编号、出货单号、每盘方量、单车盘数，这四个参数在“管理系统”中设置。

（3）生产中数据设定及下传的方法

在监控主界面中，点击“管理系统”按钮，弹出登录窗口，输入用户名和密码，进入管理软件主界面；设置本车的生产方数和单车盘数，选择车号和司机，点击“存盘/生产”按钮，则计算机开始下传数据。下传数据中的主要标记内容出现在监控主界面的左下角，核对监控界面上的数据和所传数据无误时，若电动机启动等其他需要准备的工作已经准备就绪，即可以点击监控界面上的“启动生产”按钮来启动生产过程。

（4）启动电动机

先启动空压机，进行气路压力的准备。按下动力柜柜门上面的“空压机启动”按钮启动空压机，按钮中的指示灯亮。空压机启动并且达到一定的压力后（监控界面右下角有指示灯指示），再启动搅拌电动机。搅拌电动机启动后，再启动斜带式输送机电动机，平带式输送机电动机在斜带式输送电动机启动后自动启动。搅拌电动机和带式输送机电动机启动后，监控界面中相应的动画启动进行指示。

3. 自动运行的操作

任务下传成功后，观察气路的压力达到生产要求以后，可以开始生产。在主监控界面点击“启动生产”按钮，系统开始自动运行。运行过程中，监控画面会动态显示设备运行状态、搅拌时间、车内盘数等。在自动运行过程中，可根据实际需要，对生产过程实行暂停配料、暂停投料、禁止出料、扣秤、清零操作（扣秤、清零操作菜单用右键单击秤斗下端方框可调出），对生产过程进行干预，也可修改运行参数。

二、混凝土搅拌楼的维护

1. 日常维护

（1）检查气路系统气水分离器中的的积水情况，积水过多时，应打开阀门排水。

（2）检查各润滑处润滑情况，必要时加注润滑油。

（3）工作结束后，清理搅拌筒内外积灰、出料门及出料斗积灰，并用水冲洗干净。用水冲洗外加剂箱及外加剂供应系统。冰冻季节，应放尽水泵、外加剂泵、水箱及外加剂箱内的存水。

（4）任一装置出现异常噪声时，应停机检查，查明原因排除故障。

2. 一级维护（每工作 200 h 后必须进行）

（1）对各润滑点，必须进行润滑。

（2）检查搅拌机叶片等的磨损情况，必要时调整间隙或更换。

（3）检查各传动装置的工作情况，必要时进行调节。

（4）检查各接触器及继电器的静、动触头损伤情况，如有损伤或烧坏，应及时修复或更新。

3. 二级维护（每工作 600 h 后必须进行）

（1）检查搅拌机搅拌叶片的磨损情况，修复或更换磨损严重的叶片。

（2）更换减速器润滑油，消除漏油现象。轴承及齿轮磨损严重时，应予更换。

（3）按润滑表的规定对各润滑点进行润滑。

（4）检查电气控制系统，消除各电气元件表面的尘土。电气元件如有损坏，应予更换。

（5）检查各结构件的连接，如有松动，应予紧固；如有变形或损坏，应予修复或更换。

（6）检查水泵泄漏情况，必要时拆检水泵，清除漏水现象。

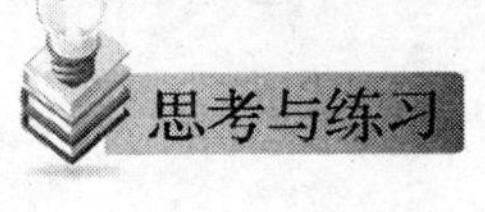

一、填空题

1. 混凝土搅拌楼（站）按作业形式可分为____________和____________；按搅拌机平面布置形式可分为巢式和直线式；按结构形式分为____________和____________；按工艺布置形式可分为单阶式和双阶式。

2. 搅拌站总体结构上主要由____________、____________、____________、供液系统、气动系统、搅拌系统、主楼框架、控制室及控制系统、除尘系统等组成。

二、判断题

1. 计量系统包括骨料计量和粉料（水泥和掺和料）、水及液体外加剂计量组成。（　　）

2. 每工作 600 h 后必须进行二级保养。（　　）

三、选择题

空运转（　　）min 后，检查油路、水路、气路通畅情况，有无溢漏现象，各料仓门启闭是否灵活。

A. 5 ~ 10　　B. 8 ~ 10　　C. 10 ~ 30　　D. 20 ~ 30

四、简答题

1. 简述二级保养的内容。

2. 简述三一重工的混凝土搅拌站的组成。

任务三　混凝土搅拌输送车的维护

◆ 了解混凝土搅拌输送车的特点和使用方式。

◆ 了解混凝土搅拌输送车的基本组成。

◆ 能够对混凝土搅拌输送车进行维护。

工作任务

混凝土搅拌输送车（见图2—3—1）是一种用于长距离输送混凝土的机械设备。它是在载货汽车或专用运载底盘上安装一种独特的混凝土搅拌装置，兼有载运和搅拌混凝土的双重功能，可以在运送混凝土的同时对其进行搅拌或扰动，以保证混凝土通过长途运输后，仍不致产生离析现象。本任务要求学生对相关知识学习后，知道混凝土搅拌输送车的基本组成，能够对混凝土搅拌输送车进行维护和保养。

图2—3—1　混凝土搅拌输送车

相关理论

目前使用的混凝土搅拌输送车可以实现预拌混凝土的搅动输送和混凝土拌和料的搅拌输送两种输送方式。一般的施工工地都设有混凝土搅拌站，所以多采用预拌混凝土搅动输送的工作方式，搅拌筒以1~3 r/min的低速转动，输送的平均运距在8~12 km较为合适。输送时间过长，会使混凝土坍落度降低过多，出料困难。当运送距离比较长时，为了减少能耗和机械磨损，可将搅拌楼按配合比要求配好的混凝土干料直接装入搅拌筒内，拌和用水注入水箱内，待车行至距浇筑地点15~20 min行程时，开动搅拌机，将水箱中的水定量注入搅拌筒内进行拌和。即在途中边运输、边搅拌，到浇筑地点卸出已拌和好的混凝土。

混凝土搅拌输送车已按装载容量的大小形成系列，不同机种在结构上有许多差异，但其基本结构都是由相对独立的混凝土搅拌装置和运载底盘两大部分组成。按运载底盘的结构形式可分为普通载货汽车底盘的搅拌输送车和专用半挂式底盘的搅拌输送车；按混凝土搅拌装置的传动形式可分为机械传动的混凝土搅拌输送车和液压传动的混凝土搅拌输送车。

一、混凝土搅拌输送车的结构

混凝土搅拌输送车一般由运载底盘、搅拌筒、液压系统、供水系统和操纵系统等组成，混凝土搅拌输送车的结构如图2—3—2所示。

图 2—3—2　混凝土搅拌输送车的结构

1. 搅拌筒驱动机构

搅拌筒驱动机构（见图 2—3—3）的动力，是从汽车变速器的分动齿轮中直接传出来的。分动齿轮位于变速器的前侧，只要发动机启动，它就开始转动。大部分混凝土搅拌输送车输出动力是通过万向节传动轴驱动液压泵，液压泵泵出的高压油驱动液压马达，再通过减速器驱动搅拌筒。

图 2—3—3　搅拌筒驱动机构

2. 控制操作手柄

通常搅拌筒的转动及出料控制操作手柄有两个（见图 2—3—4）。在驾驶室座椅左侧，装有一个操纵手柄，混凝土搅拌输送车行驶时由驾驶员控制，通过推拉软轴和杠杆机构与液压泵的伺服阀相连，当搅拌筒内装有物料行驶时，驾驶室内操纵机构限位板必须挂在手柄上，使手柄处于锁止状态，以防车辆在行驶过程中搅拌筒改变转动方向，产生不好的后果。在出料口旁边的后支座上，装有一个操纵手柄，由出料工作人员操纵，手柄向下运动控制油门的开度（油门加大），手柄左右运动时，控制液压泵的伺服阀以控制液压泵的流量和方向。控制操作手柄为两路并联。

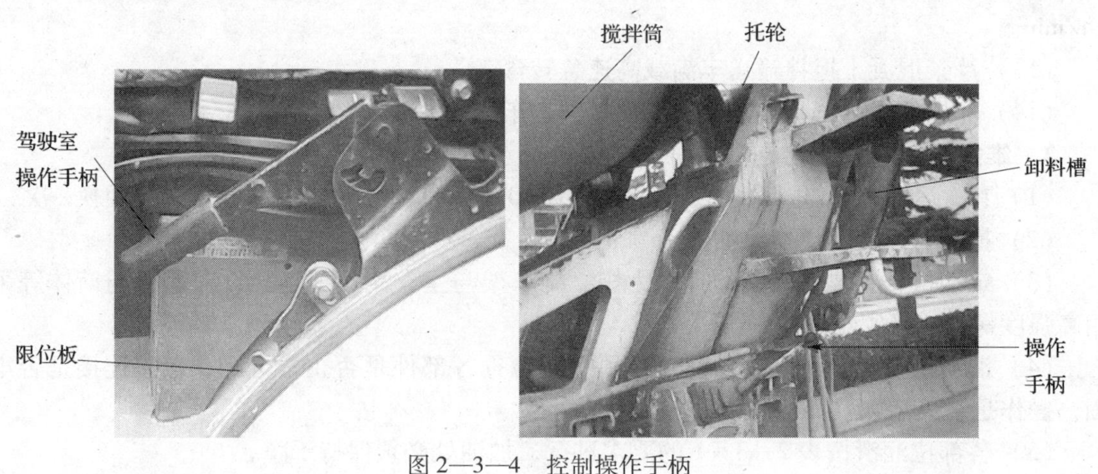

图 2—3—4　控制操作手柄

3. 供水系统

在进行干式搅拌时，供水系统由电动机驱动水泵对搅拌筒内加水。

二、混凝土搅拌输送车的操作与维护

1. 安全操作

（1）混凝土搅拌输送车开始工作前，首先将汽车发动机运转片刻，向注有足够水的水箱充气。

（2）把操纵油泵伺服的手柄放在中央位置（此时搅拌筒处于静止状态），操纵油门手柄，把油门开到30%的开度；再操纵伺服阀手柄，使搅拌筒在 2 r/min 的低速度下正转。

（3）把车开到搅拌站出料漏斗下，使车的进料斗口与搅拌站的出料漏斗口对正，防止混凝土流到车外而造成浪费和沾污车体。

（4）操纵伺服阀手柄，使搅拌筒逆转 12 ~ 14 r/min，这时可向搅拌筒进料。

（5）装料到公称搅动容量时，操纵伺服阀手柄和油门手柄使搅拌筒的转速变为 2 ~ 3 r/min，把车开至卸料地点。

（6）车到卸料地点后，把卸料溜槽和加长溜槽转向接料位置。

（7）操纵伺服阀手柄和油门手柄，使搅拌筒正转，达到 16 r/min 时进行卸料。

（8）从搅拌进料到卸料完毕，应在允许的时间内完成。

（9）每次卸料后，必须将进料斗及搅拌筒内外、出料溜槽等及时清洁干净，防止混凝土凝固在这些部件上。

（10）满载混凝土正转时，如要反转，必须操纵手柄使正转停稳后，再操纵手柄反转。严禁正转过程中操纵手柄使其反转。

（11）司机应根据所行走路面坡度情况合理装料，避免在路上撒料，污染环境。

（12）搅拌筒重心较高并微偏向右（车后看），这种偏向当搅拌筒满载旋转时会增加，故驾驶该车在转弯时要很小心。特别是车向左转时，要更加注意，不要使搅拌筒的转速超过 3 r/min。

（13）严禁混凝土搅拌输送车满载高速急转弯。

（14）非操作人员禁止操作混凝土搅拌输送车。

2. 维护与保养

（1）首次运行 100 h 进行换油，以后每隔 1 500 ~ 2 000 h 更换一次，但至少每年更换一次。

（2）换油时，同时更换滤油器。

（3）定期检查各连接螺栓的拧紧力矩，副车架与主车副梁的连接，减速机与筒体等采用高强度螺栓，必须定期拧紧。

（4）混凝土搅拌输送车发动前，必须全面检查各部件是否正常可靠，螺栓连接是否牢固，操作是否灵活。

（5）各部位润滑按表 2—3—1 的要求进行，加油处必须保持干净。

表 2—3—1　　混凝土搅拌输送车的润滑部位

序号	机构名称	加油次数	加油周期	加油种类、所用工具
1	托轮轴承	2	每星期	黄油、黄油枪
2	操纵部件	4	每星期	黄油、黄油枪
3	卸料溜槽旋转和调整的各铰链、销轴处以及伸缩筒表面	4	每三个月	机油、机油枪、滴油
4	减速机	1	每六个月	检查油是否变质，如变质需更换，否则补足油面到中间加油孔的位置，用 N220 号中级压工业齿轮油
5	液压油箱	1	每 2 000 h	更换经过过滤的清洁液压油、N46 号抗磨液压油

（6）泵、马达、减速机等元件，必须遵照该产品说明书的要求进行保养。

（7）液压、气压各系统管路是否密封牢固，有磨损、漏油、漏气等现象，应及时检查排除。

（8）定期检查搅拌叶片的磨损情况，并要做到及时修补。

（9）经常查看减速机是否有异常现象，油不足时，应及时补充。

（10）下班前，搅拌筒、进出料装置和车身外表面要用水冲洗干净，防止混凝土凝结在筒壁和叶片等地方，如发现局部有凝结的混凝土硬块时，要尽快清除，但不得损伤机件。

（11）维修人员进入搅拌筒检修时，必须将发动机熄火，以防伤人。

（12）一般使用的工具为汽车底盘所带；液压系统维护用专用工具另备。

（13）每次例行保养，一保、二保、三保、小修、大修都必须检查和紧固搅拌筒座与底盘车架之间的连接件（马绊螺栓、支耳螺栓等），以及其他紧固件。

（14）强制保养工作按表 2—3—2 进行。

表 2—3—2　　强制保养

项目检查	强制保养工作内容	处理措施
强保前检查	1. 查《混凝土搅拌运输车产品保修手册》	检查、验证
	2. 检查购车日期、行驶里程、实际工作时间是否在规定范围之内	
整车	3. 各个部件连接螺栓是否松动	检查、紧固
	4. 各个润滑点是否有润滑剂	检查、加润滑剂
液压系统	5. 更换液压油箱内的液压油	更换
	6. 更换滤油器或内芯	更换
	7. 检查各液压管路及接头的密封情况	检查、紧固
	8. 更换减速机润滑油	更换
筒体总成	9. 检查人孔盖密封	检查
	10. 检查筒体滚动是否平稳	检查
副车架系统	11. 前支架是否错位	检查
	12. 前支架定位块是否开焊	检查、紧固
	13. 后支架与副车架焊接是否开焊	检查、紧固
	14. 托轮与后支架面板连接螺栓是否松动、窜位，定位块是否开焊	检查、紧固
	15. 托轮有无异响	检查、紧固
	16. 护栏支撑、挡泥板支撑与副梁焊接有无开焊	检查
水路系统	17. 水泵电动机工作是否正常	检查、紧固
	18. 水箱与支架连接是否松动，胶皮是否脱落	检查、紧固
	19. 水箱与管路有无漏水	检查、紧固
	20. 定位水路卡子的螺栓是否松动	检查、紧固
	21. 若采用气压水箱，查看是否发生漏气，各气动元件有无损坏	检查
电气系统	22. 水泵开关、工作灯开关、温控开关工作是否正常	检查
	23. 查看线路有无短路、断路现象发生	检查
操纵系统	24. 查看操纵手柄是否灵活，定位是否可靠	检查
	25. 查看筒体运转是否正常	检查
进出料系统	26. 查看各连接螺栓是否松动	检查
	27. 出料槽定位是否可靠	检查
	28. 伸缩管的定位及压紧是否卡住	检查

三、混凝土搅拌输送车的操作注意事项

1. 操作注意事项

（1）新车开始使用时，必须进行全面检查和试车，首先清除液压系统各处的灰尘和杂

物，并检查各处连接是否正确和有无其他问题。一切正常时，方可正式使用，装载量随坡度增大而减少。

（2）混凝土搅拌输送车在露天场地停放时，装料前应先将搅拌筒反转，把筒内的积水（或雨水）和杂物卸出，以保证运送混凝土的质量。

（3）在出料斗、卸料溜槽旁工作时，要佩戴防护用品。不要接近料斗及搅拌口，也不要向内窥看，更不得用手去摸旋转的搅拌筒。

（4）在公路上行驶时，必须将加长溜槽翻转在卸料溜槽上，并用挂钩挂牢再转至与车身垂直部位，用锁紧装置把卸料溜槽和加长溜槽锁紧在机架上，防止由于不固定而摇动，造成伤人事故和影响其他车辆运行。

（5）车穿越桥、洞、库等设施时，必须注意通过高度的尺寸，以免碰坏混凝土搅拌输送车。

（6）混凝土搅拌输送车发动后，应向水箱内充气，以保证压力水箱达到供水压力。

（7）水箱的水要经常装满，以备急用。

（8）水箱加水前，必须把箱内空气放掉，供水充气后必须及时关闭储气筒上的供气阀门。水箱仅在供水时加压，不要带着加压水箱在公路上行驶。

注意：在水箱没有卸压之前不可打开进水阀。水箱没有卸压之前不可开车行驶。

（9）冬季停放时，水箱和供水系统内的水必须放掉。

（10）输送车在运送混凝土的过程中，搅拌筒的转速不要超过 3 r/min，一般在 1.5 ~ 2 r/min即可。在灌注前的强迫搅拌过程中，搅拌筒的转速不要超过 10 r/min，一般可在 7 ~ 8 r/min作强迫搅拌。

注意：宁可时间长一些，也不要在过高的转速下进行强迫搅拌，避免可能造成汽车其他部件的损坏。搅拌筒不得停止转动，以免使滚道、滚轮局部碰损或使混凝土产生离析现象。

（11）作为商品混凝土输送，一般要求输送距离不要超过 20 km，时间不超过 40 min。过长的运输时间，会引起混凝土坍落度较大的损失。

（12）干拌混凝土时，搅拌转速可控制在 6 ~ 8 r/min，但最大不得超过 10 r/min；从加水时间计起，总的搅拌转数可控制在 100 r 以内。

（13）卸料溜槽、加长溜槽是否需要连接在一起使用，由具体工作位置的要求来决定。若两槽总长不能满足使用要求时，根据这两槽的形状和尺寸，可自制较长的加长溜槽。

（14）操作人员应经过培训，具备一定的专业知识和专业能力；非操作人员禁止操作。

（15）在超长距离输送时，往往采取两次加添附加剂的办法，以保持混凝土坍落度不受较大的损失，采用这种做法时应严格按照工艺实施。

（16）卸料前，发现混凝土坍落度偏低不能满足用户要求时，可适当向搅拌筒内加水，然后以 12 ~ 14 r/min 的转速搅拌 30 r 后卸料。

（17）油箱中装 N46 号抗磨液压油到油标刻度线上，泵壳和马达壳内也要充油。

（18）启动发动机，操作伺服手柄，使搅拌筒在低转速下正转，观察液压系统是否正常工作：油温不得超过60℃，泵壳压力必须小于0.25 MPa。散热器上的风扇在50～70℃应是运转状态。风扇不运转时，应及时修理。

（19）液压泵的工作压力在出厂时已调定，用户不得随意调节。由于检修确须调节时，应由专业人员进行：补油泵溢流阀调定在1.2 MPa，低压溢流阀调定在0.8 MPa，高压溢流阀调定在34 MPa。各阀压力调定后不得随意改动。

（20）油路中各部件及管路不得有漏油现象，如发现，应及时修理。

（21）随车配救援用对接油管一根。此油管已经清洁处理，可直接使用；用毕，必须清洁处理后封存，以便下次使用。

（22）下班前，必须将整车及进料斗、搅拌筒内外、出料溜槽等清洗干净。把车门锁好，转动锁紧手柄，锁牢油门手柄和伺服手柄。

2．拆卸液压泵、马达的注意事项

液压泵、马达若发生故障，需及时更换下来送专业指定维修部修理，在拆下旧液压泵、马达装上新液压泵、马达时，应注意以下几点。

（1）拆下旧液压泵、马达时，应先拆油管，要求将液压泵和油管上各油接口立即密封，防止灰尘进入液压泵及管道内，然后将液压泵从混凝土搅拌输送车上拆下。

（2）平稳装上液压泵、马达。注意：旋紧螺钉，密封液压泵、马达、油口、接管。

（3）全部油管安装完毕后，旋掉油泵R口油塞，放净泵内空气，直至R口冒出的油内不含有气体后，再旋紧R口油塞。

（4）卸下马达，从最上部的T油口接头，向马达内加入清洁的液压油直至加满后，再旋紧此管接头。

（5）检查油箱油位，若不到液位中间以上位置，须加入清洁的液压油到位。

（6）发动发动机，怠速空转10 min（控制箱两手柄全在中间位置，搅拌筒不动），检查液压泵、马达噪声情况，以及各油管是否有漏油现象。

（7）缓慢操作操纵杆，一个方向使搅拌筒以较低的转速，沿着进料方向旋转20 min（搅拌筒内无料，汽车在怠速状态下）。

（8）将操纵杆扳回中间位置，使搅拌筒停止，检查油箱油位，不足时加油至中位。

一、发动机启动前的检查

1．检查各润滑部位，减速机、托轮、操纵杆等处应加满润滑油（脂）。

2．检查液压系统中液压油的质量、存储量，油位是否在推荐的位置，各接头部位是否有渗漏油现象。

3．检查底盘柴油机燃油情况，燃油须足够。

4. 检查传动装置等处的主要连接螺栓不得松动，液压系统中各胶管接头不得松动，夹卡套不得过紧。

5. 检查水箱中是否灌满水，水质必须清洁无杂质。

6. 检查操纵装置的操纵手柄是否置于停止位置。

二、发动机启动后的检查

1. 操纵手柄使搅拌筒在 2 r/min 的低速下正转，检查液压传动系统是否工作正常。

2. 检查液压泵的吸、泵油情况；检查油箱中是否有气泡出现；检查油管各接头处是否有渗漏现象；检查液压泵、液压马达有无异常声音。

3. 将操纵手柄固定，使搅拌筒以 2 r/min 速度旋转，耳听机械噪声并观察搅拌。

4. 拌筒运转是否平稳，液压泵壳体温升情况，当发现有异常时，应及时停机，检查、排除故障后再行试运转。

5. 检查水泵是否正常转动。

6. 检查搅拌筒的进料回转是否正常，能否进行正常的工作回转。

7. 检查辅助卸料槽的锁扣、卸料槽的锁柄、工作人员操作手柄是否锁紧。

三、液压油质量的检查判断

发动机启动前的检查中，液压油是否可以继续使用，应按表 2—3—3 所示的方法进行判断。

表 2—3—3　液压油质量的判断

外观	气味	状态	判断结果
呈透明状，色泽无变化	正常	正常	继续使用
呈透明状，但混有小黑点	正常	有杂质	过滤后使用
呈乳白色	正常	有水分	换油
呈黑褐色	正常	已经氧化变质	换油

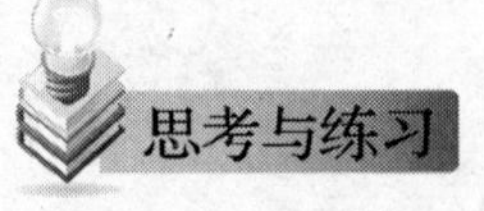

一、填空题

1. 混凝土搅拌输送车是一种用于________________。

2. 混凝土搅拌输送车已按装载容量的大小形成系列，不同机种在结构上有许多差异，但其基本结构都是由相对独立的________和________两大部分组成。

3. 混凝土搅拌输送车按运载底盘结构形式可分为普通载货汽车底盘的搅拌输送车和专用半挂式底盘的搅拌输送车；按混凝土搅拌装置传动形式可分为________和________。

二、判断题

1. 混凝土搅拌输送车一般由运载底盘、搅拌筒、驱动装置和给水装置等组成。 (　　)

2. 在出料斗、卸料溜槽旁工作时要佩戴防护用品。 (　　)

3. 作为商品混凝土输送，一般要求输送距离不要超过 200 km，时间不超过 400 min。过长的运输时间会引起混凝土坍落度较大的损失。 (　　)

三、选择题

干拌混凝土时，搅拌转速可控制在（　　）r/min，但最大不得超过 10 min；从加水时间计起，总的搅拌转数可控制在 100 r 内。

A. 3 ~ 5　　B. 1 ~ 3

C. 8 ~ 10　　D. 6 ~ 8

四、简答题

1. 简述搅拌筒不能转动的原因。

2. 简述混凝土搅拌输送车发动机启动的检查内容。

任务四　混凝土泵车的使用与维护

学习目标

- 了解混凝土泵车的适用范围、类型和结构。
- 能够使用混凝土泵车。
- 能够对混凝土泵车进行维护。

工作任务

混凝土泵车（见图 2—4—1）也称臂架式混凝土泵车，是将混凝土泵和液压折叠式臂架都安装在汽车或拖挂车底盘上，并沿臂架铺设输送管道，最终通过末端软管输出混凝

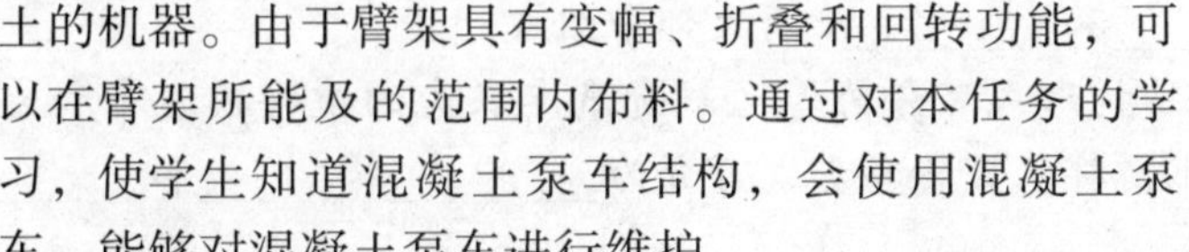

土的机器。由于臂架具有变幅、折叠和回转功能，可以在臂架所能及的范围内布料。通过对本任务的学习，使学生知道混凝土泵车结构，会使用混凝土泵车，能够对混凝土泵车进行维护。

图 2—4—1　混凝土泵车

一、混凝土泵车的适用范围

混凝土泵车是利用压力将混凝土沿管道连续输送的机械，主要由泵体和输送管组成。泵体装在汽车底盘上，再装备可伸缩或曲折的布料杆，就组成泵车。混凝土泵车通过动力分动箱将发动机的动力传送给液压泵组或者后桥，液压泵推动活塞带动混凝土泵工作；然后利用泵车上的布料杆和输送管，将混凝土输送到一定的高度和距离。

混凝土泵车可以一次同时完成现场混凝土的输送和布料作业，具有泵送性能好、布料范围大、能自行行走、机动灵活和转移方便等特点。特别适用于混凝土浇筑需求量大、超大体积及超厚基础混凝土的一次浇筑和质量要求高的工程，目前地下基础的混凝土浇筑有 80% 是由混凝土泵车来完成的。

二、混凝土泵车的类型

混凝土泵车有多种类型，可按照不同的方式分类，详见表 2—4—1。

表 2—4—1　　混凝土泵车的类型

分类方式	种类	分类方式	种类
按臂架高度分	短臂架（13 ~ 28 m）	按泵的出口压力分	低压（2.5 ~ 5.0 MPa）
	长臂架（31 ~ 47 m）		中压（6.1 ~ 8.5 MPa）
	超长臂架（51 ~ 62 m）		高压（10.0 ~ 18.0 MPa）
按理论输送量分	小型（44 ~ 87 m^3/h）		超高压（22.0 MPa）
	中型（90 ~ 130 m^3/h）	按驱动方式分	汽车发动机驱动
	大型（150 ~ 204 m^3/h）		拖挂车发动机驱动
按臂架折叠方式分	Z 形折叠		单独发动机驱动
	卷折式	按臂架节数分	2、3、4、5 节臂

注：混凝土泵车的臂架高度是指臂架完全展开后，地面与臂架顶端之间的最大垂直距离。

三、混凝土泵车的结构

混凝土泵车的种类很多，但是其基本组成部件是相同的，混凝土泵车主要由底盘、臂架系统、转塔、泵送机构、液压系统和电气系统六大部分组成，如图 2—4—2 所示。

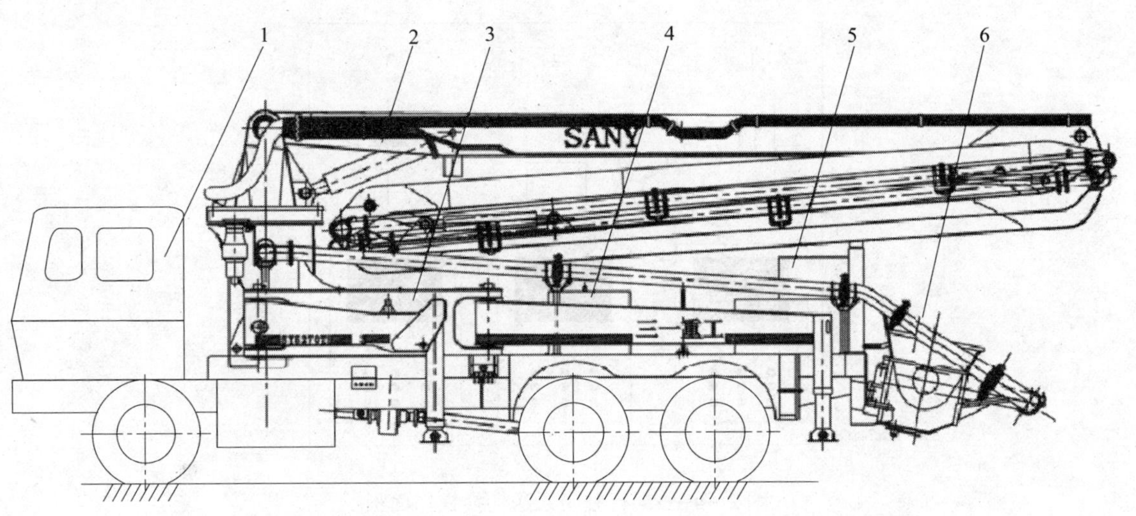

图 2—4—2　混凝土泵车的结构

1—底盘　2—臂架系统　3—转塔　4—液压系统　5—电气系统　6—泵送机构

其中，底盘由汽车驾驶室、底盘、分动箱和副梁等部分组成；臂架系统由多节臂架、连杆、液压缸和连接件等部分组成；转塔由转台、回转机构、固定转塔（连接架）和支撑结构等部分组成；泵送机构由主液压缸、水箱、输送缸、混凝土活塞、料斗、S 阀总成、摆摇机构、搅拌机构、出料口、配管等部分组成。液压系统主要分为泵送液压系统和臂架液压系统两大部分：泵送液压系统包括主泵送油路系统、分配阀油路系统、搅拌油路系统及水泵油路系统；臂架液压系统包括臂架油路系统、支腿油路系统和回转油路系统三部分。液压系统主要由液压泵、阀组、蓄能器、液压马达及其他液压元件等部分组成。电气系统主要由控制柜、遥控器及其他电气元件等部分组成。

四、混凝土泵车的操作使用

1. 作业准备工作

（1）底盘作业准备工作

检查发动机机油油位应符合标准；变速箱等加满或更换符合规定的高级传动油；在高原地区，发动机水箱还要添加防冻液。

（2）行驶、泵送切换

当驾驶混凝土泵车到达施工地点后，在驾驶室内进行行驶、泵送切换操作，行驶、泵送切换操作面板如图 2—4—3 所示，名称见表 2—4—2。

1）首先制动，停下混凝土泵车。

2）将挡位调整至空挡。

3）关闭发动机。

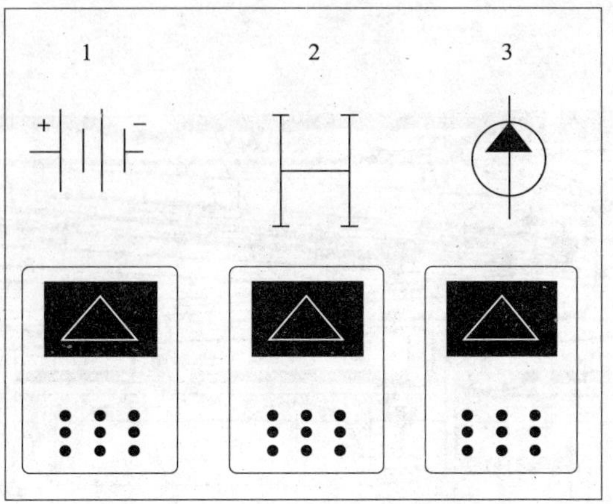

图 2—4—3　行驶、泵送切换操作面板

表 2—4—2　　操作面板上开关位置的名称

序号	名称
1	“电气系统电源”开关位置
2	“行驶”开关位置
3	“泵送操作”开关位置

4）拨动开关 1 使“电气系统电源”激活（变亮）。

5）拨动开关 3 使“泵送操作”激活（变亮），开关 2“行驶”随之失效（变暗）。

6）启动发动机。

7）选择正确的挡位（具体请查阅驾驶室内的标志），然后慢慢地放开离合器。

（3）臂架系统安全检查

1）检查臂架、转台、固定转塔、支腿焊缝是否出现裂纹，是否出现永久变形。

2）检查各连接螺栓及螺母是否松动。

3）检查臂架末端软管是否松开。

（4）泵送机构检查

1）泵送机构水箱应时刻加满水，即使有结冰的危险也应加满。

2）检查易损件（眼镜板、切割环、输送管、混凝土活塞、搅拌器叶片）的磨损情况；S 阀的间隙检查及调整。

3）检查润滑脂桶内的润滑脂位。

4）在液压缸的上死点，检查 S 阀是否以正常速度和位置运转。液压缸到达上死点后，将会自动换向。应在液压缸的上死点，检查两摆阀缸中的其中一个是否正确到达排出口。

5）泵车运转后，如高压过滤器发讯器处于红色位置，则须更换滤芯。在气温较低时，刚启动时，高压过滤器发讯器有可能处于红色位置，这可能是因为此时液压油的温度较低、黏度较高造成的。

（5）液压系统作业准备工作

1）检查液压油箱油位，不足时应加满，加入油箱的液压油须经过滤机过滤，过滤精度为 10 μm，注意加油时不得有水及其他液体混入，加入的液压油应符合要求。

2）应经常检查高压滤油器有无堵塞，发现堵塞要及时更换滤芯。

3）按“正泵启动”，此时混凝土活塞开始运动，观察主液压缸、摆阀液压缸换向是否正常，各管夹是否松动，各管接头是否漏油。

4）气温较低需空运转一段时间，要求液压油的温度升至 20℃以上，才能开始投料泵送。

5）料斗里加足水空运转 10 min，同时，检查压力表显示是否正常，搅拌装置能否反转，反泵动作是否正常。

（6）电气系统作业准备工作

1）检查蓄电池电压是否正常，电压过低应及时充电，蓄电池应保持干燥清洁，无杂物，接线柱连接紧固可靠。

2）检查电控柜内是否进水或放置杂物，如有应及时处理，防止短路。

3）检查电控柜及遥控器上的各电气元件应均处于“停止”状态，紧停开关在松开位置。

4）检查线路是否正常，目视有无插头松动、掉落，接线断裂、脱落，线路短路，螺钉松动，接触不良的现象。

2. 支腿操作

（1）支腿操作前，须预先打开支腿锁。

（2）左侧支腿操作方法：在泵车左右两侧，各有一组（五个）支腿操作阀，控制支腿的展开、收缩及升降。操作时，一只手向下扳动开关，另一只手操作相对应的支腿控制阀。向下扳动手柄，控制支腿展开；向上扳动手柄，控制支腿收回。

（3）右侧支腿操作方法：同左侧支腿。

（4）支腿升降操作直到泵车轮胎从地面抬起 50 mm 为止。

（5）支腿收拢后，要确认四个锁均将支腿锁住，避免在行驶过程中弹出。

（6）注意事项：操作支腿时，一定要注意支腿旋转范围内是否有人，否则会引起意外的伤害；支腿伸展一定要到位，否则泵车有失稳倾翻的危险。泵车支腿撑好以后，要通过两侧的水平仪，来判断泵车是否处于水平状态。前后左右倾斜角度不得超过 3°，若倾斜角度超过了规定的要求，可以通过调节四个支腿升降来达到要求。

3. 臂架的展开与收拢

一定要在支腿按规范要求支撑好以后，才能进行臂架操作。

在近控状态，通过操作臂架多路阀的操作手柄（见图 2—4—4）来控制臂架的动作。控制臂架的操作手柄向外拉是控制臂架展开，操作手柄向内推是控制臂架收拢。多路阀是负载敏感比例多路阀，臂架的运动速度与手柄的扳动角度成正比。所以在操纵臂架时（包括臂架的展开、收拢、旋转)，应该将操作手柄慢慢地过渡到最大位置，使臂架有一个逐渐加速的过程，减少臂架的冲击；同样，停止时，也应缓慢地松开手柄，使臂架平稳地停止。

臂架展开（见图 2—4—5）按顺序进行，A——1 号臂架展开，B——2 号臂架展开，O——臂架转向，C——3 号臂架展开，D——4 号臂架展开；收拢则按图示反方向进行。臂架展开后调整位置时，既可以单个臂架动作，也可以多个臂架组合同时动作。不论在什么情况下，整个臂架都必须在操作者视线内才能操作。

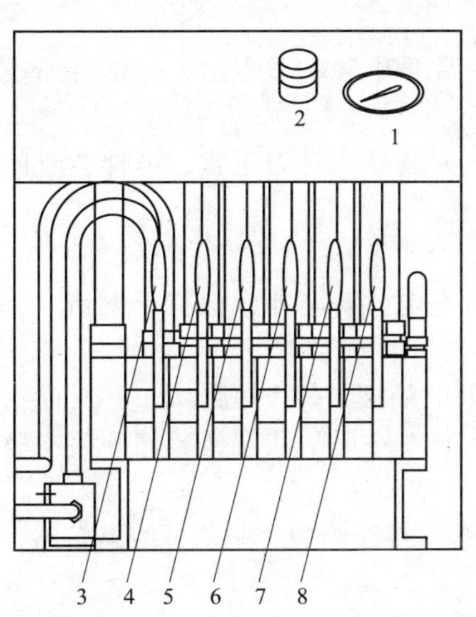

图 2—4—4　臂架多路阀操作手柄

1—压力表　2—急停按钮　3—支腿操作手柄
4—臂架旋转操作手柄　5—1 号臂架操作手柄
6—2 号臂架操作手柄　7—3 号臂架操作手柄
8—4 号臂架操作手柄

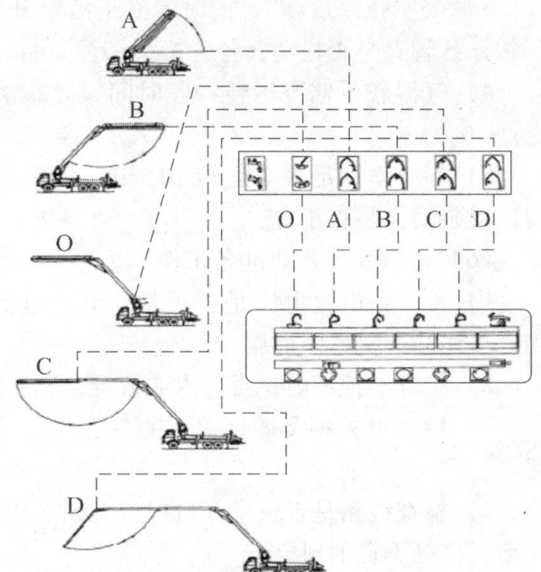

图 2—4—5　臂架展开顺序

4. 作业操作要点

（1）近控操作

混凝土泵车电气系统近控操作主要在电控柜面板上进行，具体操作要点简介如下。

1）操作面板前，先将驾驶室内电气系统电源开关合上，并将分动箱切换至液压泵位置。

2）操作支腿时，需将近遥控开关切换至近控状态，且臂架放到位，如未放到位，支腿操作无效。

3）近遥控转换需在空闲状态时操作，如在正反泵或其他工作状态时切换无效。

4）在近控状态下，可在面板上操作按钮或按 DS300、OP73 文本提示进行菜单操作，如正反泵、高低压切换、主缸点动、退活塞、预热等，遥控器操作必须转换至遥控状态后方可进行。

若操作过程中出现意外状况，可按下“紧急停止”按钮，将所有动作停止，处理完后，再松开“急停按钮”重新工作。

（2）遥控操作

1）用遥控器操作前，先打开遥控器开关，遥控器上的“急停”按钮应处于松开状态。当遥控器接通指示灯闪绿光时，表示遥控器处于正常工作状态，再按下“启动”按钮，遥控器准备就绪，所有按钮均进入工作状态，可进行操作；当遥控器接通指示灯闪红光时，表示电池电力不足，应更换电池。

2）按下控制面板上的“遥控/近控”切换按钮，当按钮左上角的指示灯亮时，表示系统处于遥控状态，可进行操作。

3）当遥控器进入工作状态后，任意扳动臂架操作摇杆，发动机自动升速到 1 200 ~ 1 300 r/min，同时，对应的臂架开始动作。摇杆向外推，对应的臂架展开，摇杆向内扳，对应的臂架收拢。操作的方式及注意事项与手动操作一样。尤其注意启动与停止的缓慢过渡。

4）在遥控器的工作状态下，拧动正泵或反泵操作旋钮，发动机转速自动升到设定的工作转速，然后系统开始正泵或反泵工作。

5）在没有任何臂架动作，没有正泵/反泵操作，也没有手动升、降速操作的情况下，延时 10 s 后，发动机转速自动降至怠速。

6）遥控器在遭受同频干扰时，会自动封锁，此时，臂架动作停止，须重新按“启动”按钮，遥控器才能再次进入工作状态。

7）臂架动作的速度可通过遥控器上“快速/慢速”开关进行选择。

8）“频道选择”按钮选定遥控器的工作频率，用来避免无线信号的同频干扰。

9）按下“搅拌反转”按钮，搅拌自动反转以后再恢复正常；当搅拌压力过高时，搅拌自动反转 8 s 以后再恢复正转。

10）扳动排量调节摇杆，可遥控调节泵送的排量。

11）按下“紧急停止”按钮，所有与泵送有关的动作如泵送、臂架动作、支腿动作等都将停止，同时，发动机降至怠速状态。紧急停止时，文本显示器上提示“反泵/O/正泵”旋钮旋回至停止位置，并按遥控器上的“启动”按钮，方可再次启动遥控器。

（3）泵送操作

1）混凝土泵的启动

①在确认辅阀组上手动换向阀处于搅拌位置，搅拌轴正常旋转，发动机、分动箱、液压泵系统运转正常，支腿按要求固定，臂架按规定展开，并做好一切检查工作后，方可启动泵送系统（泵送时，末端臂架处于水平状态有利于泵送。因为可降低混凝土流速，从而降低输送管和末端软管的磨损，且会降低臂架摆动程度）。

②按下“正泵”按钮，活塞开始运动，观察主液压缸、摆阀液压缸换向是否正常，各管夹是否松动，各接头是否漏油。

③当出现堵管需反泵时，按下“反泵”按钮即可，但反泵不宜过多，否则堵管会更加严重。

④工作时如遇紧急情况，直接按“急停”开关停机。重新开机前，电柜各按钮及断路器、遥控器所有开关均处于关的位置。

2）泵送系统压力调整及说明

泵车工作半年或泵送 30 000 m^3 混凝土后，要对液压系统进行调整，以保证混凝土泵的良好作业状态。

①调整系统压力，以油温 40～50℃为宜。

②当需拆开液压接头或阀类元件时，必须关闭电动机，所有电源应处于关的状态。

③压力设定：系统压力溢流阀调定为 34 MPa，主液压泵调定为 31.5 MPa。

④辅助阀组压力的调整：搅拌压力调至 11 MPa，水洗压力调至 16 MPa。

3）泵送作业

进行泵前作业之前，先将两个海绵球塞入输送管内，使砂浆均匀地涂在输送管内壁；转动搅拌装置，向料斗内放进砂浆；开始泵送，直到砂浆从末端软管排出为止。

长而新的输送管具有较大的阻力，须进行充分的砂浆作业后方可进行泵送作业。如感觉输送管内阻力大时，切不可强制行泵送，应反复进行正泵/反泵动作。

如果混凝土出现材料离析现象，应立即将混凝土吸入料斗内，重新混合。

4）泵送注意事项

①泵送作业开始后，搅拌器应时刻保持运转。

②暂停作业时，应进行短暂的逆向泵送，以降低管内压力。应经常进行正泵/反泵操作。不得在管内保持压力的情况下放置不管。

③长时间停止作业时，为防止浆料的分离和凝固现象，应周期性地进行正泵/反泵操作，15～30 min 循环一次。

④浇灌吸水性的混凝土时，应尽可能地保持连续性，不要中断。

⑤对和易性较低的混凝土进行浇灌时，应降低泵送速度。

5. 洗涤

泵送完成后，残留的混凝土凝固后会引起堵管；因此应将管道、料斗内的混凝土清洗干净。

（1）水泵操作说明

在确定水箱有无水的情况下，将手动换向阀手柄扳到水泵位置，打开水泵进液压缸管阀门，此时，再打开水泵阀门，即可用水枪进行清洗。

（2）吸入洗涤

1）欲停止泵送时，尽可能地将料斗内的余留混凝土泵送干净。

2）将吸有水的海绵球塞入末端软管内。

3）为使海绵球能轻易吸进去，将臂架倾斜角调至与水平面约成 15°。

4）启动反泵，将海绵球吸入料斗内。

5）将料斗地板上的清扫口打开，清扫剩余混凝土后，打开弯头闸门，取出海绵球。S 管阀、输送缸、搅拌机构、泵送水箱等应用高压水枪洗干净。

6）在严寒的冬季，为防结冰，应将水箱、水泵清理干净。

（3）泵出洗涤

1）尽可能地将料斗内的余留混凝土泵送干净。泵送结束后，进行1~2次反泵，消除管内压力后，体内停止送泵。

2）打开料斗地板上的清扫口，清扫剩余混凝土后，打开弯头闸门。

3）用水枪洗涤S管阀、输送缸直至流淌清水为止。

4）清洗料斗内的余留混凝土。

5）将2~3个吸满水的海绵球塞入出料口弯管内，关紧料斗地板和弯头闸门，使其不漏水，之后向料斗内加满水。

6）启动正泵，如料斗内水不够时，为防止吸入空气，需向料斗内加满水或进行泵送，直到海绵球从末端软管排出。

7）臂架移至垂直位置，启动反泵，以便洗涤水从输送管排出。

8）打开料斗地板上的清扫口，排出余水。

6. 泵车行驶

（1）将臂架收缩到行驶位置，顺序与臂架展开时相反。

（2）先收后支腿，再收前支腿，并将支腿用支腿挂钩固定。

（3）踩下离合器，松开两作业辅助制动装置按钮，在汽车变速器挂空挡的情况下，将泵车从泵送挡转到行驶挡，泵车进入行驶状态。

（4）行驶时，要遵守道路交通法规。

混凝土泵车的运输及驾驶安全常识

1. 在驾驶混凝土泵车之前的检查

（1）确定臂架已经完全收拢并已固定，否则不得上路行驶。

（2）检查支腿是否都收回到位，并且支腿锁是否锁紧。

（3）检查油箱、水箱的关闭和密封情况，不允许有泄漏情况发生。

（4）对底盘进行安全检查（如制动系统、转向系统、照明系统和胎压等）。

（5）观察整车质量。

（6）检查轮胎面，如是双轮胎，检查轮胎之间是否夹有杂物。

（7）检查整车附件是否固定在安全位置。

（8）将底盘切换至行驶状态。

2. 在驾驶混凝土泵车时的注意事项

（1）与斜坡或凹坑保持适当的距离。

（2）横穿地下通道、桥梁、隧道或高空管道、高空电缆时，一定要保证有足够的空间和距离。

（3）行驶速度不允许超过泵车技术数据表中最大速度，否则有倾翻的危险。

（4）混凝土泵车的重心较高，转弯时须减速以防倾翻。

任务实施

本任务主要完成混凝土泵车的保养与维护作业。

一、发动机冷却液的检查与添加

1．为检查冷却液的液平面，可把点火的钥匙拧到“开”位置，检查冷却液的液面警报灯是否点亮，如果点亮并且蜂鸣器发出报警信号，须添加冷却液；也可从膨胀水箱的加注口观察，如果看不见液面，则须添加。

2．从驾驶室后面的膨胀水箱加注口加注冷却液，直至冷却液液面达到膨胀水箱高度的4/5为止。

3．检查加注口压力盖的密封和工作情况。

注意：

（1）添加冷却液之前必须检查发动机和散热器的泄漏情况，如有应先修复。

（2）严禁在冷却液添加厂家推荐的长效冷却液中添加自来水或井水、河水。

二、发动机润滑油的检查与更换

1．更换周期

首次更换：新车行驶1 500 km。

以后的更换：每行驶8 000 km。

2．检查发动机润滑油量的方法（在冷机状态下进行）

（1）等发动机熄火后约5 min，将机油标尺拉出，用干净的抹布将其擦干净后再重新装复标尺。

（2）再次拉出机油标尺，观察油平面高度。正常范围在两刻线之间，不足时需要添加清洁的润滑油，过多时应从放油口放掉。

3．更换发动机润滑油的方法

停止发动机运转，把油底壳底部放油螺塞口旋下，热机时放净油底壳内的润滑油，拆下机油滤清器；把放油螺塞擦干净后重新装复，更换机油滤清器后装复；按规定添加新的润滑油；启动发动机，在怠速的情况下，观察滤清器和放油螺塞有无泄漏；停机等待5～10 min后，重新检查发动机润滑油油面是否达到正常位置。

三、离合器的检查、调整与排气

1．离合器液面的检查

正常情况下，储油罐液面应保持在罐体的4/5高度以上，否则应添加；添加前，应检查管路系统是否有泄漏，如有泄漏，应修复后再添加。

2. 离合器的调整

离合器采用总泵和助力器的液压操纵系统。踏板调整方法：

（1）松开总泵推杆锁紧螺母，向活塞方向旋转推杆，当推杆碰到活塞后，将推杆退回0.2~0.7 mm（1/7~1/2 圈），拧紧锁紧螺母。

（2）用同样的方法将助力器推杆与活塞间隙调整为3~5 mm。

（3）上述调整完成后，总泵和助力器推杆自由行程分别为20~24 mm和17~21 mm；离合器踏板自由行程为30~40 mm。

3. 离合器的排气

离合器操纵系统中有空气时，应排除空气，排气方法是：

（1）将离合器储油筒中加满制动液，储气筒的气压达到650 kPa。

（2）取下助力器防尘帽，拧松助力器上的放气螺栓，踩下离合器踏板，直到放气螺栓口中有气泡冒出。

（3）将放气螺栓拧紧，松开离合器踏板，再踩下离合器踏板，拧松放气螺栓，将油中气体排出；再拧紧放气螺栓，松开离合器踏板。

（4）按（3）反复操作，直到放气螺栓口没有气体排出，驾驶员感觉离合器能彻底分离为止。

四、制动器的检查

1. 制动器的检查周期

每行驶4 000 km时检查调整制动间隙。制动鼓与制动蹄摩擦片间隙：制动蹄中部0.7 mm。

2. 局部调整方法

（1）用梅花扳手套在蜗杆轴头部，旋转蜗杆轴，使摩擦片与制动鼓接触，然后反向旋转蜗杆轴1/2 圈。此时制动鼓应能自由转动，不与任何零件擦碰。

（2）检查制动气室推杆行程应为20~30 mm。

在调整后轮弹簧制动器时，应注意以下几点：

（1）严禁用拧动制动气室推杆连接叉的方法来改变推杆行程。

（2）调整后制动器时，一定要将车停在平坦的地方，并保证储气筒气压在700 kPa以上。

（3）用三角垫木将车轮前后塞住，解除驻车制动后，才能调整后制动器间隙。

3. 制动踏板行程的检查

轻踏制动踏板，检查其自由行程，正常值为12~18 mm；制动踏板踩到底时，应无发涩现象；放松踏板时，应有排气声音。

五、液压系统滤油器滤芯的检查与更换

检查方法是启动机器，使液压系统空运行，观察滤油器指示器，当指示器指向红色时，说明滤油器的滤芯已堵塞，应立即更换。同时检查所有 O 形圈和滤油器其他密封元件，如有损坏，也要进行更换。

更换滤油器滤芯的步骤如下：拧开滤油器，取出滤芯，安装一个新滤芯，安装步骤与拆卸相反。

六、液压系统胶管的检查与更换

泵车动作时，检查所有的胶管、胶管接头；如果看到胶管有轻微的损坏或有损坏的迹象时，必须更换胶管。

1. 胶管、管接头的检查

（1）胶管是否有缺陷、破裂或表面多孔。

（2）是否安装胶管时未装管夹固定。

（3）拧紧管接头，如果泄漏没有停止，就必须更换这些管接头。

（4）管接头上的黑色湿块是早期损坏的外部迹象。

注意：所有胶管的寿命只有六年，包括胶管本身的储存期。

胶管中间部分为非金属，须防强日照、热作用和化学作用。

2. 胶管的更换

（1）关闭发动机。

（2）清洁拆卸的部位，保证胶管干净无尘。

（3）完全释放液压系统内的剩余压力。

（4）拆掉旧胶管，不能让灰尘进入液压回路。

（5）安装新的胶管后要进行试运行，并检查所有的胶管。

（6）安装胶管时，要避免过度弯曲或与机身其他位置形成摩擦点。

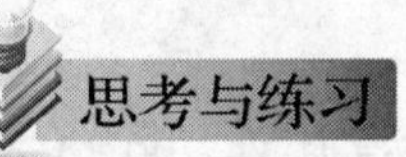

思考与练习

一、填空题

1. 混凝土泵车也称__________，是将混凝土泵和液压折叠式臂架都安装在汽车或拖挂车底盘上，并沿臂架铺设输送管道，最终通过末端软管输出混凝土的机器。

2. 混凝土泵车的种类很多，但是其基本组成部件是相同的，混凝土泵车主要由底盘、臂架系统、__________、__________、液压系统和电气系统六大部分组成。

3. 混凝土泵车发动机润滑油的更换周期是新车行驶__________km。

二、判断题

1. 离合器液面的检查：正常情况下，储油罐液面应保持在罐体的4/5高度以上，否则应添加。 ( )

2. 所有胶管的寿命只有十年，包括胶管本身的储存期。 ( )

三、简答题

1. 简述混凝土泵车底盘部分制动器的调整方法。

2. 液压系统胶管的检查、更换步骤是什么？

模块三

路 面 机 械

任务一　稳定土拌和机操作与维护

◆ 了解稳定土拌和机的用途、类型和结构。

◆ 能够正确操作和维护稳定土拌和机。

稳定土拌和机（见图 3—1—1）是一种旋转式加工稳定土材料的拌和设备。它是将土壤粉碎与稳定剂（如石灰、水泥、沥青、乳化沥青或其他化学剂等）均匀地拌和，用以修筑

图 3—1—1　稳定土拌和机

道路、机场、城市建筑等设施的基础层拌和施工，也可用于土壤拌和及旧路面翻新的破碎作业。通过对本任务的学习，使学生知道稳定土拌和机结构，能够操作和维护稳定土拌和机。

一、稳定土拌和机的用途和类型

稳定土拌和机又称路拌机，是一种在施工现场低速行驶过程中，对土壤进行破碎，并使土壤与稳定剂（石灰或水泥等）均匀拌和的机械。其特点是，施工用的土壤可就地取材，施工简便，成本低廉；但目前粉料撒布均匀性较差，影响了拌和均匀性。

根据结构和工作特点，稳定土拌和机按行走部分的形式分为履带式、轮胎式和复合式（履带与轮胎结合），如图3—1—2a、b、c所示。按转子和行走机构的驱动方式分为液压驱动式、机械驱动式和混合驱动式（机械、液压结合）。机械驱动式传动效率较高；液压驱动式传动功率大，可无级调速，易实现自动化和过载保护，操纵方便省力。按拌和装置在车辆上安装的位置分为转子前置式、转子中置式（见图3—1—2g）和转子后置式（见图3—1—2h）。按拌和转子旋转方向可分为正转转子式和反转转子式两种。按移动方式分为自行式、半拖式和悬挂式，如图3—1—2d、e、f所示。

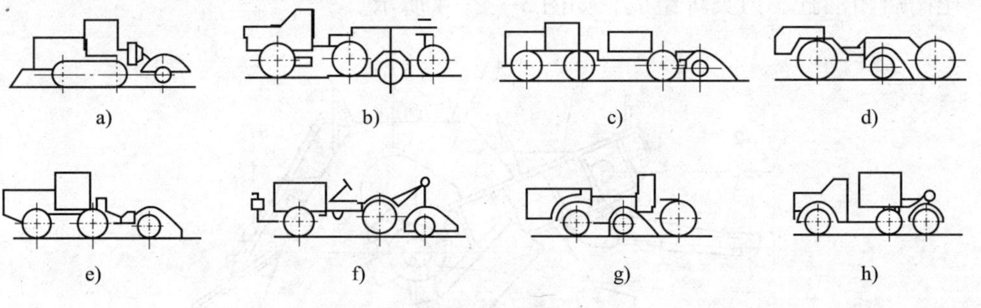

图3—1—2　稳定土拌和机的类型

二、稳定土拌和机的结构

稳定土拌和机由主机和拌和装置组成。主机是稳定土拌和机的基础车辆，其组成部分包括发动机和底盘。底盘作为拌和作业装置的安装基础，它由传动系统、行走驱动桥、转向桥、操纵机构、电气、液压系统、驾驶室、翻滚保护架以及主机架等部分构成。各个部分均安装于主机架上。拌和装置是一个垂直于基础车辆行驶方向水平横置的转子搅拌器，通称拌和转子。拌和转子用罩壳封遮其上部和左右侧面，形成工作室，如图3—1—3所示。车辆行驶过程中，操纵拌和转子旋转和下降，转子上的切削刀具就将地面的物料切削并在壳内抛掷，使稳定剂与基体材料进行掺拌混合。

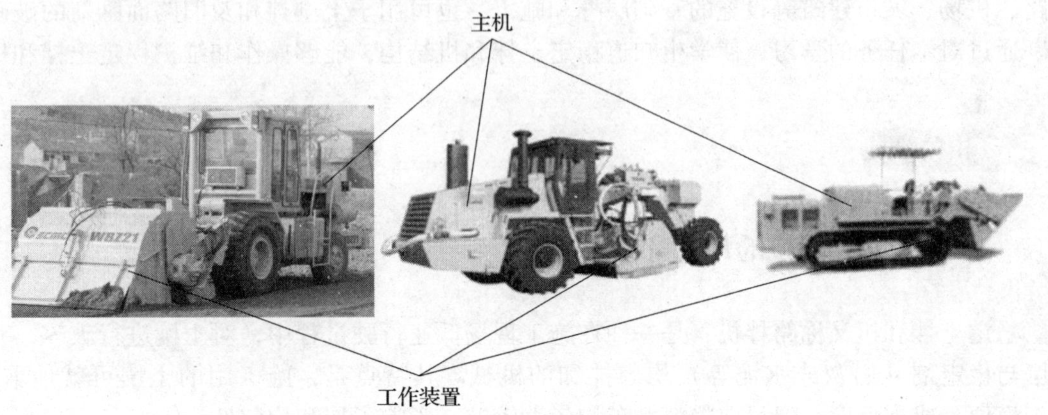

图 3—1—3　稳定土拌和机

根据作业对象的不同，选用的转子旋转方向也不同（即正转或反转）：当在较松软的土层上进行拌和作业时，一般采用正转方式，即旋转的刀具从土层表面开始自上而下地进行切削、破碎与拌和；当在坚硬的土层上进行拌和作业或铣削旧沥青混凝土路面时，多采用反转方式，即旋转刀具从土层的底部自下而上地进行切削、破碎与拌和。

下面主要介绍作业装置：

稳定土拌和机的主要工作装置是转子装置。它由液压马达、升降油缸、举升臂、罩壳、护板、尾门启闭油缸、刀具等组成，如图 3—1—4 所示。

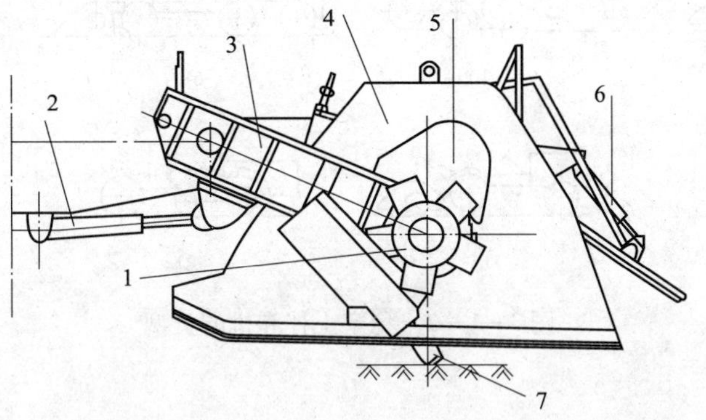

图 3—1—4　稳定土拌和机的工作装置

1—液压马达　2—升降油缸　3—举升臂　4—罩壳　5—护板　6—尾门启闭油缸　7—刀具

1. 液压马达：驱动转子旋转。

2. 升降油缸：驱动举升臂升起或降下作业装置。

3. 罩壳：形成一个封闭的空间，保护周围的工作人员不被转子抛出的块状物击伤和防止尘土飞扬，抛起的土块都能与罩壳内壁相碰，可以增强破碎效果。

4. 尾门启闭油缸：根据不同工况调整平整厚度，刮平拌好的铺层。

5. 刀具：转子带动刀具，用来切削、抛起土壤，促进混合料均匀拌和。

三、稳定土拌和机的操作控制装置（见图 3—1—5）

1．主机操作部分：控制主机的行驶、转向、制动。

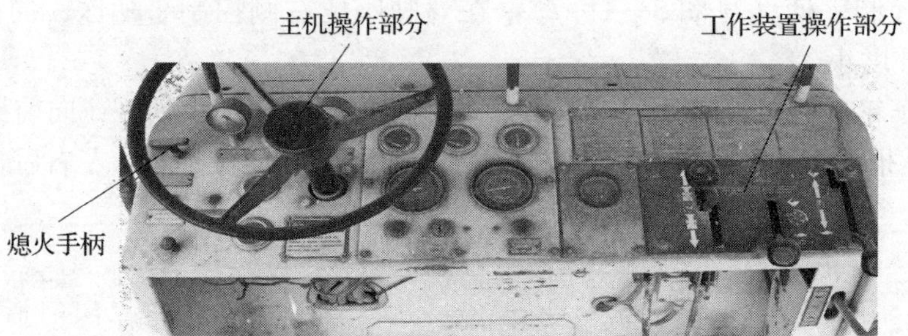

图 3—1—5　操作控制装置

2．熄火手柄：向上提起熄火手柄，可以使拌和机的发动机熄火。

3．工作装置操作部分：控制工作装置升、降，刀具的旋转，完成拌和。

（1）发动机转速控制手柄（见图 3—1—6）：手柄移到上位，发动机高速运转；手柄移动到下位，发动机低、怠速运转。

（2）拌和转子控制手柄（见图 3—1—6）：手柄移到上位，拌和转子高速运转；手柄移到下位，拌和转子低速运转。

（3）稳定土拌和机的换挡手柄（见图 3—1—6）：中间位置是空挡；手柄移至上位是拌和机前进挡；手柄移至下位是倒挡，稳定土拌和机可以倒向行驶。

（4）拌和机速度控制手柄（见图 3—1—6）：手柄移至下位，拌和机工作挡位，拌和机工作时需要置于该挡位；手柄移到上位，非工作挡位，拌和机转移场地时置于该挡位，可以高速运行。

（5）制动踏板（见图 3—1—6）：踩下制动踏板，可以制动停车。

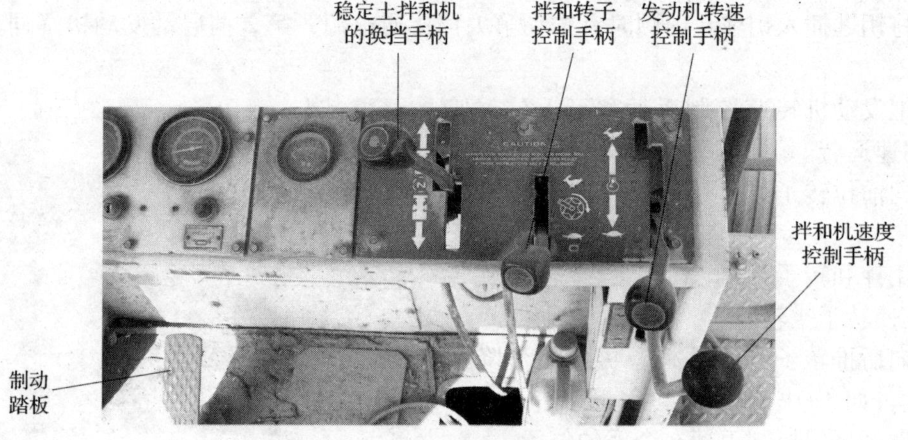

图 3—1—6　工作装置操作部分

（6）驻车制动器（见图3—1—7）：在驾驶座位右侧控制手柄区，拌和机停车后，拉紧驻车制动器。

（7）转子升降手柄（见图3—1—7）：在驾驶座位右侧控制手柄区，向前方，转子提升；中间空挡；向后方，转子下降。

（8）尾门控制手柄（见图3—1—7）：在驾驶座位右侧控制手柄区，向前位时开度大，回到中间位时开度小。

（9）锁闭车轮手柄（见图3—1—7）：在驾驶座位右侧控制手柄区，向前推移至前位，锁止右后轮；向后推移至手柄后位，锁止左后轮；手柄至于中间位置时，左右后轮均不锁止。

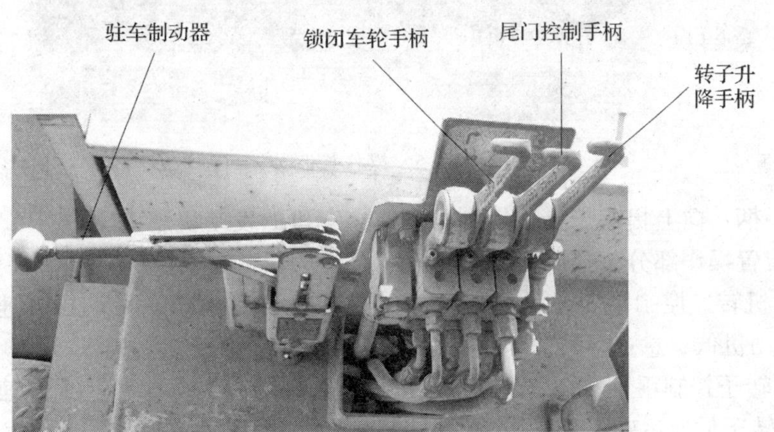

图3—1—7　驾驶座位右侧控制手柄

任务实施

稳定土拌和机作业前的检查、启动、转移场地等均按其他自行式施工机械的操作方法执行，实施拌和过程的操作如下：

1. 将钥匙插入钥匙孔内顺时针拧动第1挡接通电源，第2挡启动发动机（同其他车辆启动）。

2. 把发动机转速控制手柄移到上位，使发动机高速运转。

3. 向前拉转子升降手柄，提升转子至离开地面。

4. 用拌和转子控制手柄，选择转子旋转的速度，使转子空转。

5. 向后推转子升降手柄，再慢慢下降到拌和深度，如3—1—8所示。

6. 选择尾门控制手柄在合适的位置。

7. 选择稳定土拌和机的换挡手柄，在前进

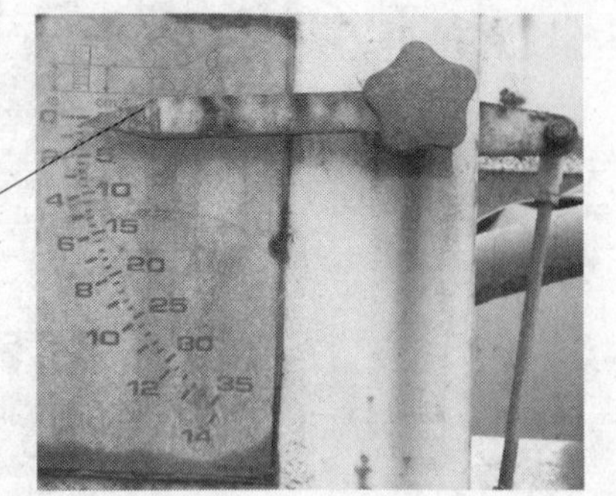

图3—1—8　深度指示器

位置；选择拌和机速度控制手柄，在低速位置；松开驻车制动器；稳定土拌和机开始作业。

说明：

1. 机械作业工况用低挡，机械行走速度为 0～3.4 km/h。

2. 由前进改为倒退，或由倒退改为前进时，都应在机械完全停稳后再换向。

3. 转子控制手柄控制着拌和转子作业时的旋转速度。改变转子操纵杆的位置，从而使转子转速在 0～139 r/min 之间无级变速，以适应不同工况。

4. 拌和机倒退时，不应使拌和转子与地面接触；较长距离行驶，例如转移场地时，应操纵转子处在最高位置并用保险锁销锁住。

5. 尾门控制手柄控制罩壳尾门的启闭和开度大小。尾门用于刮平拌好的铺层，其开度大小决定了平整厚度和铺层的初压程度。

工程应用

一、作业前的准备

1. 内燃机部分按通用操作规程的有关规定执行。

2. 详细了解施工路段的拌和深度、宽度、添加剂量以及其他有关施工技术要求。

3. 履带式拌和机按履带式机械的规定进行常规检查与准备。轮胎式拌和机应检查轮胎是否完好、气压是否符合规定要求。

4. 检查拌和机的连接部位有无松动情况。

5. 根据不同的拌和材料，选装合适的拌和齿。更换拌和齿时，应将转子升到一定的高度，并用方木垫实，转子插上保险销后，方可进行作业。

6. 启动发动机，使转子空转进行动态观察。

二、作业中的要求

1. 拌和作业时，先将转子提起，离开地面空转，再慢慢下降到拌和深度后进行拌和作业。

2. 在拌和过程中，不能急转弯或原地转向，遇到底层有障碍物时，应及时提起转子，并进行检查和处理。

3. 严禁使用倒挡进行拌和作业。

4. 稳定土拌和机在行走和作业过程中，必须保持匀速，作业速度应采用低速。

5. 稳定土拌和机上各种安全阀不得随意调节，如损坏失灵，则应进行更换。

6. 作业时注意液压油的温升，不得高于本机规定的正常数值。

7. 稳定土拌和机进行拌和作业时，操作人员应戴上防尘、防噪声面具进行作业。

8. 作业时要随时检查掌握拌和深度是否达到规定深度，拌和质量是否达到规定要求。

9. 作业中，操作人员要经常观察各仪表工作是否正常，留意机械有无异响，发现故障，应及时停机检查。

三、作业后的要求

1. 稳定土拌和机停驶后，要放在平坦、安全、不妨碍交通的地点，并将拌和转子置于地面上，拉上驻车制动器。

2．按保修规程的规定，进行例保作业。

四、稳定土拌和机的维护工作

参照“公路筑路机械保修规划”执行稳定土拌和机的维护工作。

1．动力装置方面：对动力装置（柴油机）进行合理的日常维护和预防性维修；对燃油系统除要经常检查是否有漏泄外，还要检查管子是否有压扁及扭曲变形、空气滤清器是否清洁等；对润滑系统除注意各部位是否有漏泄外，还要注意有关部位定时加油润滑、定期清洁润滑油滤清器、润滑油消耗量是否符合说明书中的要求等；同时还要检查发动机气门间隙大小及喷油正时是否正确等；在电气方面经常检查蓄电池电解液液位、比重、气孔是否堵塞；线路是否有折断、短路、接触是否良好以及电子元件是否损坏，充电发电机的工作状况及皮带松紧程度等。

2．分动箱的保养：分动箱是稳定土拌和机中动力传递的主要部件，为保证分动箱润滑良好，应按说明书中的要求加足高速齿轮油；并且每工作半年以后更换其润滑油，在每工作50 h以后检查油位情况。

在运行过程中，要一听二看三检查，有异常响声应停机检查，排除故障后再工作。同时注意检查分动箱工作时轴承的温升状况。

3．拌和工作装置：拌和工作装置是拌和机工作时的主要受力部件。在使用中，要经常检查各受力部件有无变形松动，刀片是否损坏，凡过度磨损的刀片要更换。转子轴承是否缺油，发现油脂变质及时更换等。

4．液压系统：液压系统调整好并进入工作状态以后，注意观察各检测装置，如油压表、油温表、液位计等及各管路接头是否渗漏，振动是否正常，油泵及油马达的温度升高状况。由于液压系统一旦出现故障问题较难查找，所以为了不影响施工作业，应对液压系统分为日保养、周保养、月保养及年保养。

日保养：系统各部去尘清洁，检测部分指示正常，管子及接头不得松动渗漏；

周保养：除日保养项目外，检查各连接螺栓是否松动，皮带或链条张紧状况，各电液部分接触是否良好等；

月保养：除上述保养项目外，要清洗各滤油器及空气滤清器或更换滤芯，清除油箱内的污物及冷凝水，紧固螺纹接头及管子卡箍等；

年保养：原则上设备运行500 h以后进行，按月保养的项目做好以外，对部分液压元件进行拆洗并更换油封，更换回油滤清器滤芯，更换液压油，清洁液压油箱。同时更换不合格的检测装置。

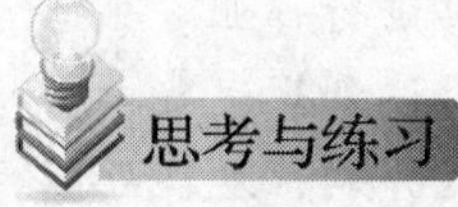

思考与练习

一、填空题

1．稳定土拌和机是一种__________的拌和设备。它是将土壤粉碎与稳定剂（如__________、__________、沥青、乳化沥青或其他化学剂等）均匀地拌和，用以修筑道路、机场、城市建筑等设施的基础层拌和施工，也可用于土壤拌和及旧路面翻新的破碎作业。

2. 稳定土拌和机按行走部分的形式分为________、________和复合式。按转子和行走机构的驱动方式分为________驱动式、________驱动式和混合驱动式。

二、选择题

1. 稳定土拌和机按拌和装置在车辆上安装的位置可分为（　　）。

A. 转子前置式、转子中置式和转子后置式

B. 转子前置式和转子后置式

C. 转子前置式和转子中置式

D. 转子中置式和转子后置式

2. 稳定土拌和机的主要工作装置是转子装置，它由（　　）组成。

A. 液压马达、升降油缸、举升臂、罩壳、护板、尾门启闭油缸、刀具等

B. 主机和工作装置两个基本部分

C. 行走操作系统和拌和转子操纵系统

三、判断题

1. 稳定土拌和机的驾驶操作系统包括行走操作系统、拌和转子操纵系统。（　　）

2. 拌和作业时，先将转子提起，离开地面空转，再慢慢下降到拌和深度后进行拌和作业。（　　）

3. 在运行过程中，有异常响声不必停机检查，没必要排除故障后再工作。（　　）

四、简答题

1. 如何操纵稳定土拌和机？

2. 简述稳定土拌和机作业中的要求。

任务二　沥青混凝土拌和设备的使用与维护

◆ 了解沥青混凝土拌和设备的用途、类型和结构。

◆ 能够正确使用和维护沥青混凝土拌和设备。

沥青混凝土就是将各种规格的骨料（沙、石）、黏结剂（沥青或渣油）和填料（矿粉）

按一定比例混合而成的混合料。用于拌和这种混合料的机械设备就称做沥青混凝土拌和设备。通过对本任务的学习，使学生知道沥青混凝土拌和设备的分类及结构，知道沥青混凝土拌和设备的安全操作规程，能够进行沥青混凝土拌和作业和对设备进行维护和保养。

一、沥青混凝土拌和设备的用途

在修筑沥青混凝土道路的路面施工工程中，要完成沥青混凝土的拌和、运输、摊铺和压实等一系列工序，这些工序中的第一道工序就是沥青混凝土的拌和。沥青路面有时用到不加填料的混合料，称为黑色粒料，也要用沥青混凝土拌和设备来拌制。

除小型移动式沥青混凝土拌和设备外，沥青混凝土拌和设备一般不是一台单机，而是多种设备的有机组合。由于沥青混凝土拌和设备包含一个高高立起的楼状主拌和机组，而且设备的正常运作需要一个较大的固定场地，所以又称为拌和楼或拌和站。

按照施工要求，沥青混凝土拌和设备所应完成的基本工作如下：

1. 矿料的初步配料、加热烘干、重新筛分与计量。
2. 沥青的加热、保温、输送与计量。
3. 填料的输送与计量。
4. 将按照一定的配合比计量好的热矿料、矿粉与热沥青均匀地拌和成所需要的成品料。

二、沥青混凝土拌和设备的类型

沥青混凝土拌和设备一般按其生产工艺、额定生产率的大小和机动性三个方面进行分类（见表3—2—1）；其中主要的是按生产工艺进行划分。

表3—2—1　　沥青混凝土拌和设备的类型和特点

分类方法	类型	特点
按生产工艺划分	间歇式	由于骨料二次筛分，各种组分按批次计量，强制搅拌混合，能可靠保证级配，粉料与沥青的计量也可达到相当高的精度，所以拌制的沥青混合料质量好
	连续式	工艺流程简单，设备简化
按额定生产率大小划分	小型机	额定生产率小于60 t/h
	中型机	额定生产率为70～140 t/h
	大型机	额定生产率大于150 t/h
按设备的机动性划分	固定式	固定式沥青混凝土拌和设备的各项独立装置，一般属于大、中型设备，以地脚螺栓固定在水泥混凝土地基上，安装和搬迁工程量很大

续表

分类方法	类型	特点
按设备的机动性划分	半固定式	半固定式沥青混凝土拌和设备的各独立装置，可分装在几辆平板车上，由牵引车挂接运输，在工地上由挂车的支腿顶升起来，只需完成较小量的安装工程，就可以投入生产，转移工地前的拆卸也比较方便
	移动式	移动式沥青混凝土拌和设备的全套装置，安装在一台牵引车底盘上，用牵引车头挂接，就可以转场运输。由于牵引车底盘的承重能力和安装位置有限，这种设备结构设计和生产工艺都比较简单，一般只适用于小型养护作业

三、间歇式沥青混凝土拌和设备

1. 间歇式沥青混凝土拌和工艺

传统间歇式沥青混凝土拌和设备，以其特有的计量方式保证了各种材料较精确的配合比，并且可以很方便地更换配方，生产出工程上所需要的各种沥青混合料。强制间歇式沥青混凝土拌和设备特点是冷矿料的烘干、加热以及与热沥青、矿粉的拌和，是先后在不同设备中进行的。即初步级配后的各种冷砂、石料，在烘干滚筒内烘干、加热后，经过二次筛分、储存，每种矿料分别累计计量后，与单独计量的矿粉和单独计量的热沥青，按照预先设定的程序和配合比，分批投入到拌和器内进行强制拌和，成品料分批卸出。这种拌和设备多为楼体式，其工艺流程如图 3—2—1 所示。

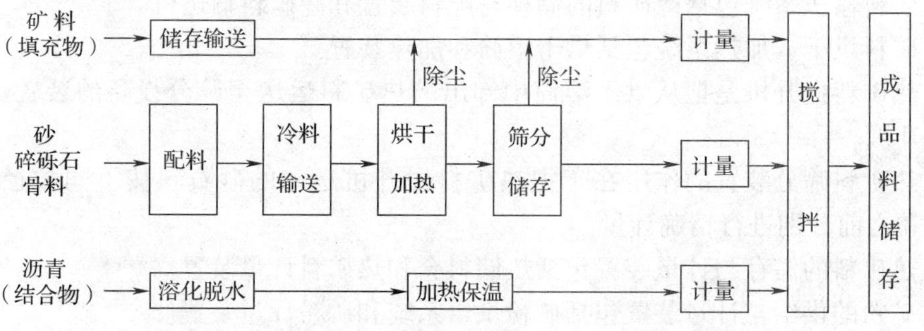

图 3—2—1　强制间歇式沥青混凝土拌和设备工艺流程图

2. 强制间歇式沥青混凝土拌和设备（见图 3—2—2）

不同规格的冷砂、石料经冷矿料储存及配料装置的给料机进行初配后，由冷矿料输送机送至烘干滚筒烘干、加热，一般以柴油、重油或渣油作燃料，由燃烧器雾化燃烧，并采取逆流加热方式；矿料被烘干、加热至 140 ~ 160℃后从滚筒排出，由热矿料提升机送入筛分装置进行二次筛分；筛分好的各种砂、石料分别储存在热储料仓的隔仓内，然后按预先设定的比例先后进入热矿料称量斗内累计称重计量；与此同时，储存在专用筒仓里的矿粉由螺旋输送机送至矿粉称料斗内称重计量，此外，储存在保温罐内的热沥青（170 ~ 180℃）由沥青输送泵经带保温的沥青管道，抽送至沥青称量桶内称重计量；各种材料按配合比分别计量后，按预先设定的程序先后投入到拌和器内进行强制拌和，待拌和均匀之后，或直接卸入运输车辆中，或送至成品料储存仓内暂时储存。矿料在烘干、筛分、拌和等生产过程中产生的燃烧废气、水蒸气以及灰尘，通过除尘装置净化处理后排入大气。间歇式拌和设备采用电网电力或大型柴油发电机组发电驱动，生产过程可以人工操作，也可以自动控制。

图 3—2—2　强制间歇式沥青混凝土拌和设备

3. 强制间歇式沥青混凝土拌和设备的结构

（1）矿料输送系统包括冷矿料的储存与配料装置和冷矿料输送机。

（2）矿料烘干、加热系统包括烘干滚筒和加热装置。

（3）热矿料提升机是把从烘干滚筒中卸出的热矿料运送至筛分设备的装置，通常采用链斗式提升机。

（4）热矿料筛分装置的作用在于把热矿料提升机送来的砂石料按不同粒径重新分开，以便在拌和之前分别进行精确计量。

（5）热矿料的储存与计量装置包括热储料仓和热矿料计量装置。

（6）矿粉的供给与计量装置包括矿粉供给系统和矿粉计量装置。

（7）沥青供给系统包括保温罐、沥青泵、计量装置、喷射装置以及连接管路和阀门等。它用于储存、保温熔化后的液体沥青，并且适时、定量地供给拌和缸。

（8）拌和缸是把按一定配合比称量好的砂石料、矿粉和沥青均匀地拌和成所需成品混合料的装置。

（9）集尘装置主要有三大类：干式集尘器、湿式集尘器和布袋式集尘器。干式集尘器多用做一级集尘装置，后两种集尘器常用做二级集尘装置。

（10）成品料储存仓是将不同配合比的沥青混合料存放在不同的储料仓内，以随时满足不同用户的需求。

一、电动机

拌和设备各子系统都有各自的电动机驱动系统，各驱动系统是相互制约、相互联系的整体。因此必须注意各电动机的启动、停机顺序。

1．开机时电动机启动的顺序

主操作系统空压机—拌和缸—引风机—烘干筒燃烧器鼓风机（关闭阻风门）—烘干筒燃烧器供油泵—振动筛排风扇—振动筛—热矿料提升机—烘干筒驱动电动机—冷矿料倾斜皮带输送机—冷矿料水平皮带输送机—回收粉尘提升机—矿粉螺旋输送器—矿粉提升机—冷矿料出料机。

2．停机时电动机关机的顺序为（在停火、清理完熟料仓中的余料后）：

冷矿料出料机—燃油泵—斗车卷扬机—沥青泵—拌和缸—矿粉供应螺旋输送器—矿粉供应提升机—冷矿料水平皮带输送机—引风机—振动筛—粉尘回收螺旋输送机—粉尘回收提升机构—烘干筒—空压机。关机顺序在互锁电路的控制下具有半自动性，即只有在互锁链前面的电动机停机后，才能通过按键关闭下一环节的电动机。

二、冷矿料配料控制系统

冷矿料配料控制的关键是供料量的控制，通常采用皮带给料机或电磁振动给料机来调节供料量，这两种形式各有其特点。

1．皮带给料机

皮带给料机的供料方式为线性给料方式。一般采用直流电动机调速，通过调节速度给定电位器来改变电动机的电枢电压，从而改变电动机的转速（即皮带运行速度），达到控制给料量的目的。

2．电磁振动给料机

电磁振动给料机的供料方式为非线性给料方式。一般采用电磁振动器作振源，通过调节给定电位器改变电磁线圈的电压，从而改变振动器的振幅，达到控制给料量的目的。

三、烘干滚筒燃烧器的控制系统

点火程序控制及燃烧过程中的温度控制。

1．燃烧器点火程序控制

燃烧器控制系统的计算机控制硬件主要由CPU、接口电路以及外部设备组成。

主燃烧器计算机控制系统的主要目标是粒料温度及其稳定性，控制信号输出主要有点火、温度升、温度降；信号输入状态主要有火焰状态、排风机、滚筒状态、油门上限、油门下限，其前沿控制CPU是8098单片机。粒料温度采集系统选用红外温度传感器，并在使用前先进行标定。

图3—2—3中控制系统的工作过程为：沥青混凝土拌和设备先开动滚筒、排风机、鼓风机，再同时点火和开油泵，并以小火预热滚筒3～5 min后开始上料；慢慢加大油门升温，待料温升至设定温度值±10℃并稳定一段时间后，开始启动自动控温，温度控制器将自动调

整油门大小，使料温控制在设定温度值 ±5℃范围内。管理计算机可以设定粒料温度，监视火焰状态、控制过程及故障报警，并与打印机配合随时打印温度值和其他参数。

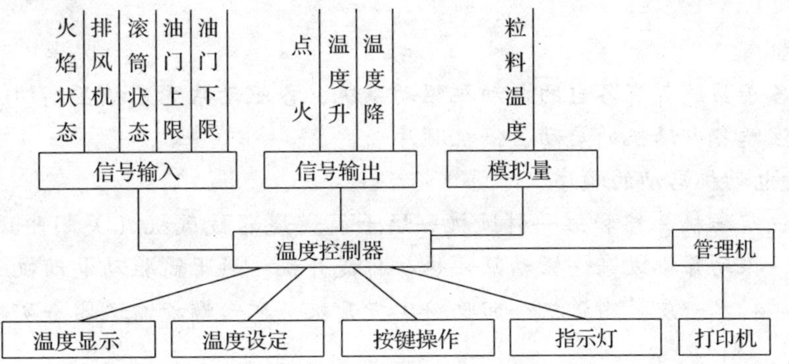

图 3—2—3　沥青混凝土拌和设备主燃烧器计算机控制系统

2. 温度控制

燃烧过程中的火焰大小受温度的控制。通常采用非接触式的红外测温仪检测矿料的温度，并将信号传给温度控制器。温度控制器将实际温度与设定温度进行比较，并根据比较的结果自动调节火焰大小，使矿料温度控制在设定值范围内。

四、称量、拌和控制系统

在拌和设备控制系统中，称量控制系统占有非常重要的地位，它将影响拌和设备的出料质量。因此，称量控制系统在沥青混凝土拌和设备控制系统中占有极其重要的地位。

1. 电子称量系统

电子称量系统由重力传感器、电子秤处理单元、称量显示仪表组成。传感器将信号传送到电子秤处理单元上，电子秤处理单元采用高精度线性放大器，将信号调整放大并输送到显示仪表及控制系统中，其零点、线性均可调。

2. 称量、拌和控制系统

称量、拌和控制系统包括配方输入、称量、拌和、放料等步骤的过程控制。在称量、拌和控制系统中，通常采用可编程控制器、工业控制机等控制方式，即将采集到的信号如开关量、模拟信号、温度信号等送到控制器中，按照称量、拌和的顺序控制其输出，满足设备要求。一般来讲，控制系统均设有飞料补偿功能。有些设备还设有沥青二次称量功能，即沥青第一次称到设定值的 80%，待矿料、矿粉称完后，根据矿料、矿粉的实际称量值，按照配比再进行沥青的第二次称量，这样，拌出的料更能符合配比的要求。目前，一些设备还选用了计算机监控系统，对称量、拌和系统进行动态监视：主要电动机的电流检测、配方输入、每次拌料打印等。另外还有触摸屏控制系统，所有控制功能在屏幕上操作，操作更直观方便。

五、导热油加热装置控制系统

导热油加热器关键控制部分是燃烧器的自动控制，其控制过程包括：清吹、点火、检测、风门大小调整、高低火转换、故障关闭、锁定报警等内容。图 3—2—4 为基于 PLC 控制的导热油加热器控制梯形图程序，包括以下几个主要方面：

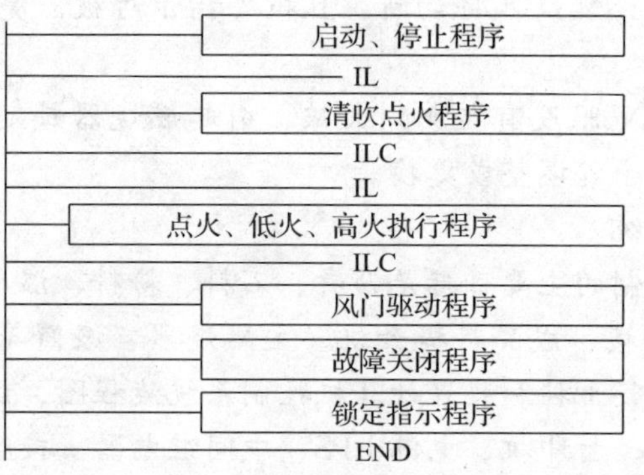

图3—2—4　基于PLC控制的导热油加热器控制梯形图程序

1. 由于清吹点火过程是一个固定的程序，每次启动工作都要进行一次，因此将这一过程放于联锁指令IL和ILC中，使程序简化可靠。

2. 由于点火时必须达到所要求的点火条件（如燃油压力、导热油的压力、浮子开关位置、温度等），因此各检测点要与点火联锁。

3. 在清吹、高低火转换、停火以及故障关闭过程中，风门大小都有所变化，所以将这一部分独立出来。导热油加热装置的温度控制有三个温度设定值，即工作温度、上限温度和极限温度，不同的温度区段有不同的控制。当实际温度低于工作温度时，则燃烧器工作在高火区，即低火阀、高火阀都打开，两个喷嘴同时工作；当实际温度高于工作温度而低于上限温度时，则燃烧器工作在低火区，即低火阀打开，高火阀关闭，仅一个喷嘴工作；当实际温度高于上限温度，低于极限温度时，则燃烧器工作在无火区，即低火阀、高火阀都关闭；当实际温度高于极限温度时，导热油加热装置停止工作，并报警输出信号。

4. 燃烧器点火器工作，高低火燃烧，都要在没有故障的情况下进行，因此将这几个燃烧执行元件的程序段放在联锁指令IL与ILC中。

5. 当发生点不着火或各种锁定情况时，燃烧器将停止工作，因此有相应锁定报警程序。主要有：

（1）电源故障：一旦电源出现故障，系统将停止运转，直到电源故障排除后，燃烧器才重新自动点火。

（2）油温超限报警：当油温超过极限温度时，燃烧器将进入锁定工况。这说明高温仪表有故障，应立即修复或更换。

（3）低油位报警：膨胀罐内导热油液位不足时，会导致浮子开关切断燃烧器并报警指示，要求补充导热油。当导热油加至足以使低油位指示灯熄灭时，燃烧器方可重新启动。

（4）油压高限报警：导热油循环系统出现阻塞，或错误关闭了不该关闭的截止阀，都会引起系统油压升高。若油压超过设定的高限，燃烧器被切断，且报警指示灯被点亮，此时应查明原因并予以排除。

（5）油压低限报警：热油泵的缺陷、管子的裂纹和管路中的泄漏等都会引起油压降低，若油压低于设定的低限时，燃烧器将切断，且报警指示灯被点亮，此时操作人员应查明原因，并应立即予以修复。

(6) 光电眼故障：光电眼没有监测到火焰，引起燃烧器锁定。这可能是光电眼安装位置不对或已损坏，应立即予以调整或更换。

六、拌和装置控制系统

拌和装置控制系统控制的主要目标是沥青、石料、粉料、温度计量控制精度，控制的输入输出信号主要来自拌和楼、成品料提升机、主燃烧器、滚筒等，其前沿控制核心是工控机。图 3—2—5 是沥青混凝土拌和装置计算机控制系统流程图，该控制系统硬件由工业控制计算机系统、管理计算机、打印机、电源 UPS、中间继电器、接触器、数字表和若干按钮组成。工业控制计算机系统主是要由 CPU、数据采集及放大部分、A/D 模数转换、模拟放大、通信、I/O 输入输出开关量及总线部分等组成。

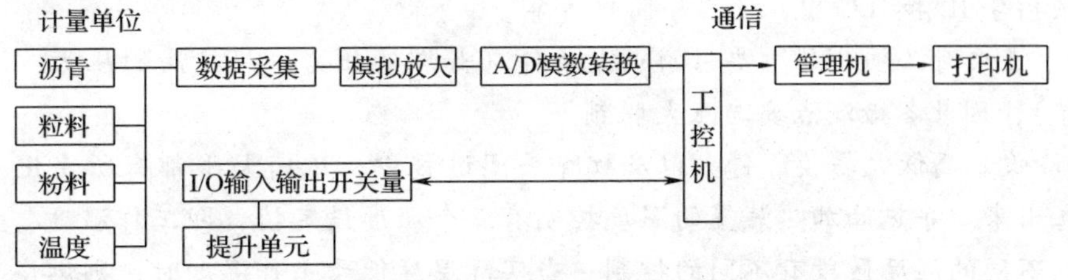

图 3—2—5　沥青混凝土拌和装置计算机控制系统流程图

该控制系统的工作过程：先开烘干滚筒、热矿料提升机、振动筛、引风机、鼓风机，再同时点火和开油泵，并以小火预热滚筒 3 ~ 5 min，然后冷料级配机开始上料，慢慢加大油门升温，待料温升至设定温度后，启动自动控温，使温度控制在设定值 ±5℃ 以内；观察热料仓料位，待热料达到一定料位后，启动自动键开始拌料，各种料的进料、称量及下料和拌和都是自动进行，管理计算机可以设定和显示各种料的重量和配比、粒料温度，控制生产过程及故障报警，并与打印机配合随时打印生产。

七、成品料仓控制系统

成品料仓控制系统较为简单，有采用分立元件控制、可编程控制等方式，主要是小车电动机的控制及小车运行位置的控制。小车电动机的控制有直接启动运行、调速启动运行等方式。直接启动方式控制简单，但冲击较大，而调速启动方式则较为平稳。因此，目前拌和设备大多采用调速启动运行的方式，调速的形式有多种，如串调电阻调速、变频调速等。拌和设备控制系统中还有一些较为简单的控制，如集尘装置控制、熟料仓的料位指示、熟料仓和沥青温度的显示、沥青称量桶加热、气压指示等，在此不作介绍。

任务实施

沥青混凝土拌和设备操作规程：

对于各种类型的沥青混凝土拌和设备来讲，认真做好作业前的检查和准备及作业中的正确操作是十分必要的，这是保障设备安全使用不可缺少的工作程序，其具体内容如下：

一、作业前的准备

1. 检查设备各部件是否完好，各传动零部件有无松动，各连接螺栓是否紧固可靠。
2. 检查和清理设备现场，各有关防护设施是否可靠，防火用具是否齐全有效。
3. 检查设备各润滑处润滑油及润滑脂是否充足，齿轮箱油位是否适当，气动系统的专用油是否正常。
4. 检查链传动的连接和张紧度，传动带的张紧度和磨损情况。
5. 检查供给系统是否存在“五漏”：漏水、漏气、漏油、漏沥青和漏料现象。
6. 检查导热油加热装置是否正常，沥青供给系统及沥青温度是否正常。
7. 检查各料斗仓门位置是否正确，转动是否灵活，计量装置是否准确可靠。
8. 检查各部分开关、接触器、继电器及电动机电缆等电气零部件有否损坏。
9. 检查各粒料、矿粉、沥青规格数量是否符合要求，运输是否到位，数量是否充足。
10. 检查各辅助性机械是否做好开工前的准备工作。

二、沥青混凝土拌和机的使用

1. 工作前的准备

拌和机在工作前需进行全面的检查。如检查各部件紧固螺丝是否松动；拌和机内是否有余料；传动皮带是否跑偏；各机组及辅助设备安装是否正确；沥青管路接头是否漏气；电气系统是否完好等。

对于移动式拌和机，就位后还需放下前后支腿，将平板车抬起，并保持水平位置，使轮胎卸荷。

2. 运转中的有关规程

每一种沥青混凝土拌和机都有其使用技术规程，因此在使用时，必须按其技术说明书上的有关技术规程进行操作。

拌和机在启动时，一般逆着运料流程进行。当烘干筒达到一定的温度后才能启动冷料输送机和配料给料装置。

拌和机在正式拌和成品料之前，应先用热砂石料预拌 2 ~ 3 次，以便给拌和机壳体预热。在正式拌和时，应先将热砂石料与石粉在拌和机内干拌 10 ~ 15 s 后，再喷入沥青拌和。在工作中，供料应均匀，以防止热料仓各料斗内物料堆积过多，发生串仓现象，而影响砂石料的配合比。

3. 停机、清洗

拌和机当天不再工作，停机时，应将干筒、料斗、料仓以及拌和机内余料卸空；停机后，应用柴油或煤油清洗沥青系统，以防止堵塞沥青供应管路及沥青泵，影响下次使用。

三、作业中的操作要领

1. 在准备工作中，虽然对各有关部位进行了认真的检查，但在开机时仍然需要按操作规程的要求进行，不得违规。

2. 在开机前各有关工作人员按其职能到自己的工作岗位上就位。

3. 各部就绪以后，按顺序启动主机，先使其空转运行，若有异常，巡检人员立即报告操作人员，停机检查，排除故障以后再工作。

4. 空载运行正常以后，进行点火试验。若点火失败应充分通风以后再点火。点火以后，控制油门系统，使温度平稳上升。

5. 滚筒内温度达到要求以后，方可启动供料系统，依次投料生产，并观察实际供料量是否与设定值相符合。待各工作装置运行参数稳定以后，方可转入自动控制系统，并及时取样送料。

6. 为防止在加热中沥青老化，滚筒拌和区内的沥青温度不得超过180℃，并随时认真查看温度检测装置。

7. 经常查看冷料的供料，仪表显示，分料仓料位等情况，若有不当，应及时调整。

8. 定时在成品料提斗中喷入雾状清洁油，以防沥青黏附在斗壁上。

9. 尽量避免中途停机，如不可避免的话，应提前将产量降低，以免机械再次重载启动造成事故。若意外停电，应启动备用电源恢复生产。

10. 紧急停车按钮只能在紧急情况下使用。严禁工作正常情况使用。在紧急情况下需要长时间停机的话，可将滚筒中的混合料排除干净。

11. 电动机出现过载而引起保护装置动作，一定要查明原因，必须排除故障以后再工作。

12. 当滚筒内因某种原因着火时，应立即关闭燃烧器，停止提供沥青，关掉鼓风机、引风机，并向滚筒内充入含水量大的冷矿料，外部及卸料口采用灭火器进行灭火。

13. 加强管理，加强岗位责任制，经常定期巡视检查。

14. 根据生产指令需要停机时，应先停止供料，逐渐关闭燃烧器，用热细料洗刷搅拌器，排净烘干滚筒至搅拌器内的热料。

15. 烘干滚筒内的温度降至45～50℃时，停止烘干滚筒、鼓风机及除尘系统的运转，最后关闭总电源。

16. 按说明书的要求进行例保作业。

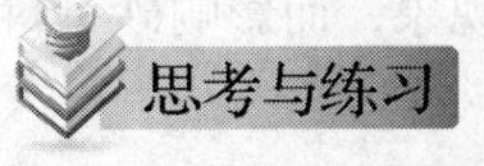

一、填空题

1. 沥青混凝土拌和设备一般按其________、额定生产率的大小和机动性三个方面进行分类。

2. 所谓沥青混凝土就是将各种规格的骨料（沙、石）、黏结剂（沥青或渣油）和填料（矿粉）按一定比例混合而成的混合料。用于拌和这种混合料的机械设备就称做______________。

二、判断题

1. 为了使沥青很好地裹覆在沙、石料的表面，并使成品料具有良好的摊铺性能，矿料应基本上完全脱水，并加热至较高温度，普通沥青混凝土通常控制在140～160℃。（　　）

2. 拌和机停机时，应将干筒、料斗、料仓以及拌和机内余料卸空；停机后，应用柴油或煤油清洗沥青系统，以防止堵塞沥青供应管路及卡死沥青泵。（　　）

三、简答题

1. 简述沥青混凝土拌和设备作业前的准备工作。

2. 简述沥青混凝土拌和设备作业中的操作要领。

任务三　沥青洒布机的使用与维护

学习目标

◆ 了解沥青洒布机的用途、类型和结构。
◆ 能够正确使用和维护沥青洒布机。

工作任务

沥青洒布机（见图3—3—1）是一种黑色路面施工机械，它是公路、城市道路、机场和

图3—3—1　沥青洒布机

港口码头建设的主要设备。在采用沥青灌入法、沥青层铺表面处治法修筑沥青路面或养护沥青（或渣油）路面时，沥青洒布机可用来完成液态沥青（包括热态沥青、乳化沥青）储存、转运和洒布工作。尤其是大容量的沥青洒布机，还可以作为沥青和乳化沥青的运载工具。通过对本任务的学习，使学生知道沥青洒布机的结构和安全操作规程，能够对洒布机进行维护和保养。

一、沥青洒布机的用途及分类

沥青洒布机主要是由储料箱和洒布设备两大部分组成。储料箱的作用是储存高温液态的沥青，并且具有一定的保温作用；洒布设备的作用是洒布沥青。沥青的加温是由专门的熔化锅进行的。高温液态沥青向储料箱的注入或由储料箱向洒布设备的输出均靠沥青泵来完成。沥青熔化池中已加热好的热态沥青吸入储料箱内，将热沥青迅速运往工地，并保持其工作温度（150～170℃），若温度降低时，可将其重新加热至工作温度。洒布设备具有一定的喷洒压力（300～500 kPa），喷洒均匀，并能调节洒布量。洒布作业结束时能抽净管路中的残余沥青，以免沥青凝固堵塞管路和喷嘴。

沥青洒布机可按其用途、运行方式、喷洒方式以及沥青泵的驱动方式等进行分类。

按用途沥青洒布机可分为筑路用和养路用两种。养路用的沥青洒布机的沥青箱容量一般不超过 400 L；而筑路用的沥青洒布机，其沥青箱容量一般为 1 000 L 以上。

按运行方式沥青洒布机可分为自行式和拖式两种。自行式沥青洒布机的工作装置与操纵机构等安装在工程运输车或专用汽车的底盘上。其沥青洒布动力可直接利用汽车发动机，通过离合器与变速器，从变速器窗口取力齿轮处引出动力。拖式沥青洒布机采用特制的机架，用牵引车（多数为轮式拖拉机）牵引，其沥青箱容量为 400～600 L，拖式沥青洒布机多用于公路养护作业。

按喷洒方式沥青洒布机可分为气压洒布式和泵压洒布式两种。气压洒布式是将空气压缩机制备的压缩空气输入耐压性和气密性良好的沥青箱内，迫使沥青经洒布管喷洒出去；泵压洒布式是利用齿轮式沥青泵将沥青从沥青箱内吸出，并以一定压力将其从洒布管喷洒出去。

按沥青泵的驱动方式沥青洒布机可分为发动机驱动和人工手压驱动两种。

二、自行式沥青洒布机的结构

自行式沥青洒布机（以 LMT5250GLQ 智能型沥青洒布机为例）是将整套沥青洒布设备装在汽车底盘上，并由汽车的发动机供给沥青洒布设备所需的动力。这种沥青洒布机（见图 3—3—2）是由汽车底盘、沥青罐、动力传动系统、沥青泵及管道系统、沥青加热系统、管道清洗系统和电气控制系统等组成。

图 3—3—2　沥青洒布机的结构

1—汽车底盘　2—液压系统　3—导热油系统　4—加热系统　5—沥青罐　6—控制系统　7—后喷管

1．沥青罐

沥青罐主要用于储存热态沥青，并具有保温和加热功能。

2．动力传动系统

动力传动系统由泵传动装置、液压系统等组成。泵传动装置是驱动沥青泵的传动系统，是由装在汽车变速箱右侧的分动箱来执行的。液压系统由液压泵、溢流阀、换向阀、液压马达、液压管路等组成，功能是将液压泵输出的动力通过液压马达传至沥青泵。

3．沥青泵

沥青泵是双向作用泵，向罐内吸入沥青；加压把沥青输送到后排管喷洒或手提喷管喷洒。

4．沥青加热系统

沥青加热系统由燃烧加热系统和导热油循环加热系统组成；燃烧加热系统通过在燃烧室燃烧加热沥青、导热油，导热油循环加热系统是利用导热油的循环加热沥青。

5．管道清洗系统

管道清洗系统分柴油清洗和高压空气冲洗两部分。柴油清洗部分由柴油箱（筒）、进油铜球阀、管路组成。高压空气冲洗部分由储气筒、单向阀、空气阀等组成。

6．电气控制系统

电气控制系统分 24 V 直流电路（DC）和 220 V 交流电路（AC）两部分，直流电路由控制取力器、减速器、冷却器、液压换向阀、后喷管升降装置、后工作灯和自动控制系统组成；交流电路控制燃烧器、导热油电动机，220 V 交流电由发电机发出或外接。

三、沥青洒布机的安全操作规程及注意事项

1．由于沥青洒布机在工作过程中各工作装置和管道表面温度很高，请在工作前穿好工作服、戴好手套和防护帽，以免烫伤。

2．新车首次使用只允许加入额定容量 60% 的沥青。

3．加入高温热沥青前，必须将罐体内的水清理干净，否则高温热沥青遇冷水会急剧膨胀而喷射出来，将发生危险。

4．使用乳化沥青后转换为使用高温热沥青，必须将罐体内的乳化沥青全部清理干净，否则将发生危险。

5．运输和喷洒过程中，沥青洒布机后工作平台绝对禁止站人。

6．加入高温热沥青后，非操作人员远离沥青洒布机 5 m，确保安全。

7．为了取得比较满意的喷洒质量，加入的沥青必须达到：普通道路、重交通道路热沥青在 160℃以上；SBS、SBR 改性热沥青在 185℃以上；SBS、SBR 改性乳化沥青为 65～85℃。

8．导热油允许使用温度≤250℃。

9．在使用乳化沥青时，大储存罐底部沉淀物禁止加入沥青洒布机，否则无法使用。

10．沥青泵粘住时，不得强行启动，必须加温松动后才可工作。

11．准备在使用高温热沥青后转换为使用乳化沥青时，必须将沥青泵、管道、罐体内的剩余沥青全部清理干净，否则无法使用。

12．取力器挂挡时，汽车发动机必须停止转动。否则取力器将损坏。

13．洒布机在运输过程中，必须脱开取力器，关闭控制器，关闭进出阀门，导热油泵必须停转，绝对禁止在行驶中使用燃烧器。

14．洒布机在运输过程中，必须关闭工作系统气源总开关。

15．每车喷洒结束后，一定要清洗沥青泵和管道。

16．每天工作结束后，一定要将罐体内剩余沥青放尽。

任务实施

沥青洒布车的使用和操作主要按以下流程进行（以 LMT5250GLQ 智能型沥青洒布机为例）：

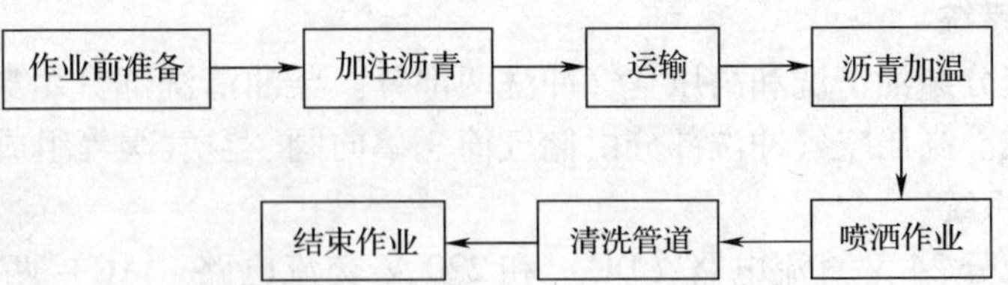

一、作业前的准备工作

认真检查以下各项内容，无故障时才可以将沥青加入沥青罐中。

1．检查汽车转向、制动、电气和行走装置工作是否正常、可靠。

2．检查发动机润滑油、燃油和冷却水是否充足、有无渗漏现象。

3．检查发电机润滑油、燃油是否充足。

4．在柴油清洗油箱（筒）中加适量柴油（60～70 L）。

5. 将管道系统各阀门置于关闭位置（特别是柴油进油铜球阀和空气阀必须关闭，否则沥青反灌入储气筒和柴油箱将引起故障）。

6. 检查后喷管或手提喷管、各喷嘴是否畅通，沥青泵是否可以转动。

7. 启动发动机前，必须将变速箱、取力器操纵置于空挡位置。

8. 启动发动机，取力器挂挡，检查液压系统工作是否正常，检查所有电气开关工作是否正常。

9. 检查发电机组是否工作正常；导热油泵是否能正常运转；燃烧器能否正常点火。

二、加注沥青

加注沥青可用车外设备加注和沥青泵自吸加注两种方法。

方法一：车外设备加注沥青（见图 3—3—3）

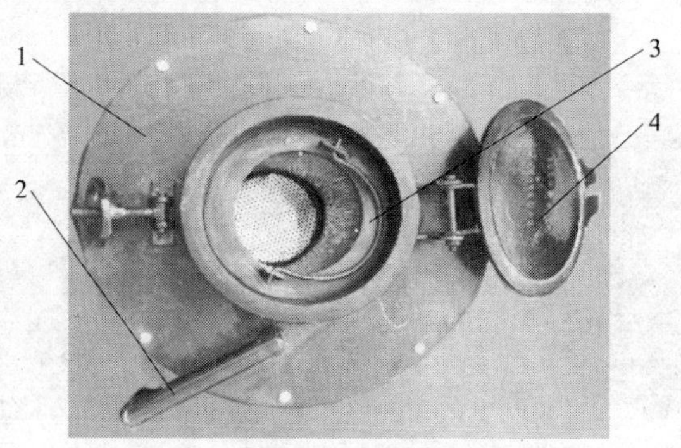

图 3—3—3　沥青罐加油口

1—加油口大盖　2—通气孔　3—滤网　4—加油口小盖

1. 将车开到加注管下。

2. 将全部阀门置于关闭位置。

3. 打开罐体顶部加油口小盖，将加油管放入。

4. 开始加注沥青。

5. 加油完毕，关紧加油口小盖即可。

方法二：本车沥青泵自吸加注沥青

1. 将洒布机开到沥青储存罐 5 m 以内。

2. 接好自吸软管，放入沥青储存罐，关闭进油阀，打开自吸阀，打开手动回油阀，关闭出油阀，如图 3—3—4 所示。

3. 打开后控制台电源开关，将后控制台（见图 3—3—5）上“控制选择”开关转到“后台”，把“沥青控制阀”开关扳到“自吸油”，“控制方式”扳到“手动”。

4. 取力器挂挡，启动汽车发动机。

5. 打开“沥青泵”开关。

6. 将发动机转速调整旋到 2 000 r/min 的位置。

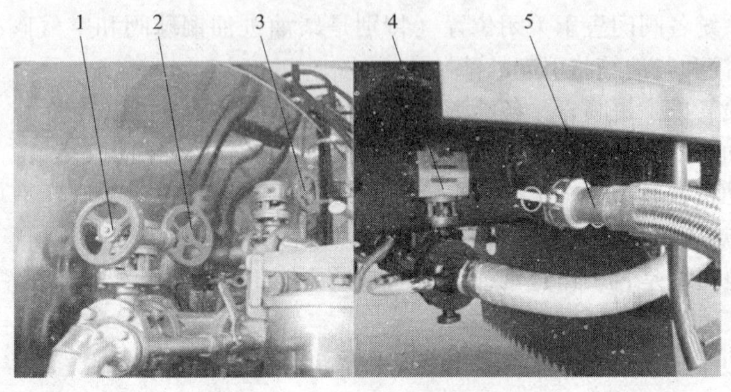

图 3—3—4　自吸作业操纵阀

1—自吸阀　2—进油阀　3—手动回油阀　4—出油阀　5—自吸软管

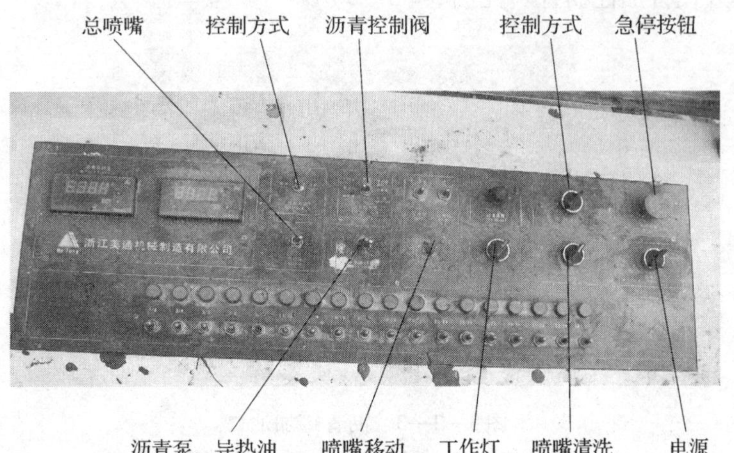

图 3—3—5　后控制台

7. 打开罐体顶部加油口小盖，观察回油管是否有沥青流出，如果沥青泵转动 1 ~ 2 min 后，还没有沥青流出应立即停止，检查自吸管道、阀门、过滤器等是否堵塞或漏气。

8. 如果沥青泵被沥青粘住无法转动，必须点着燃烧器，用导热油加热沥青泵。

三、运输沥青

沥青洒布机加满沥青后，分离汽车离合器，将变速器挂在低速挡，慢慢起步，保持中速行驶到工地。

四、沥青、管道和沥青泵加温作业

运输到工地后，如果加入洒布机罐体内的沥青温度不能达到喷洒作业的要求，必须对沥青加温，操作方法如下：

1．将洒布机停在平稳的地方，汽车变速器挂空挡，取力器挂挡，启动汽车发动机，打开控制系统总气源阀门（汽车底盘储气筒上）。

2．打开罐体前部烟囱顶盖。

3．启动发电机，将油门控制在80%负荷；或使用外接电源。

4．选择温控箱（见图3—3—6）内的“电源选择”开关，选择、打开“燃烧器”开关，此时可以听见燃烧器风机转动声，直到点燃为止。

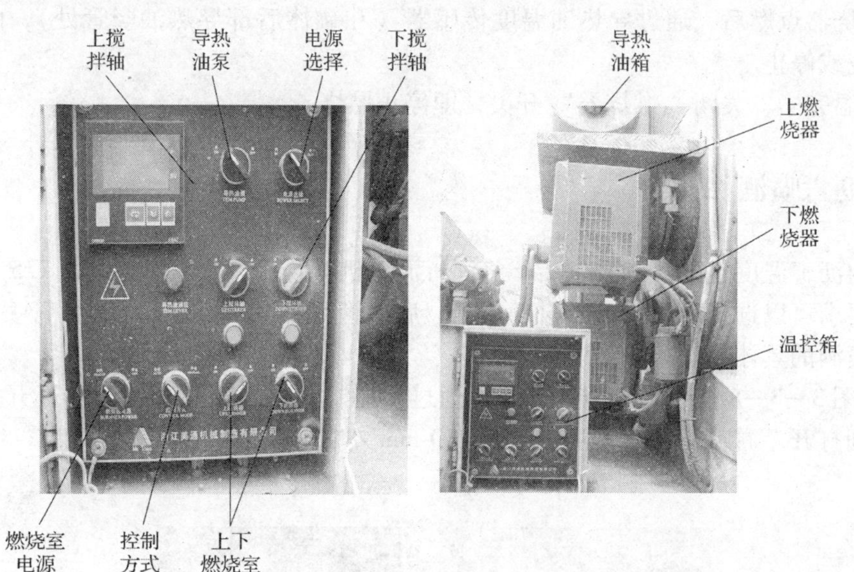

图3—3—6　温控箱

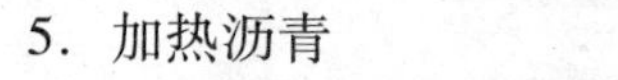

5．加热沥青

（1）加热沥青操作方法：

1）将图3—3—7中导热油管路进油阀4、沥青加热阀1打开，沥青泵加热阀2、沥青管道加热阀3关闭。

2）打开温控箱中的“导热油泵”开关，导热油泵转动，导热油输出压力应在0.1～0.15 MPa；此时导热油只做内部循环。

（2）均匀地升温操作方法：

1）打开图3—3—4中进油阀2，打开图3—3—4中回油阀3。

2）将后控制台图3—3—5上的“控制选择”开关转到“后台”，把“沥青控制阀”开关扳到“自吸油”，“控制方式”扳到“手动”。

3）启动汽车发动机，取力器挂挡，打开“沥青

图3—3—7　导热油阀门

1—沥青加热阀　2—沥青泵加热阀　3—沥青管道加热阀　4—进油阀　5—回油阀

泵”开关。

4）将转速调整旋钮旋到中间位置，发动机转速控制在 1 300 r/min 即可。

6. 沥青泵和沥青管道加温

（1）将图 3—3—7 中导热油管路进油阀、回油阀打开。

（2）将沥青加热阀关闭、沥青泵加热阀和沥青管道加热阀打开。

（3）此时导热油只做外部循环，加热沥青泵、沥青管道和喷嘴。

7. 燃烧器点燃后，通过导热油温度传感器（在罐体后部导热油竖管处），由温控仪自动控制燃烧或停止。

8. 加温完毕，关闭“燃烧器”开关，即停止燃烧。

五、沥青喷洒作业

罐体内沥青温度达到喷洒要求后，将沥青洒布机开到后喷管距作业起点 1.5 ~2 m 停稳。根据施工要求可以选择后喷管前台自动喷洒、后喷管后台手动喷洒和手提喷管喷洒。后喷管前台自动喷洒的具体操作方法如下：

1. 如图 3—3—8 所示，把挂钩卸下，通过后控制台上的喷洒管“升降”开关将喷洒管放下，分别打开左右喷管，使喷嘴距地面 250 mm 左右。高低可利用链条调节。

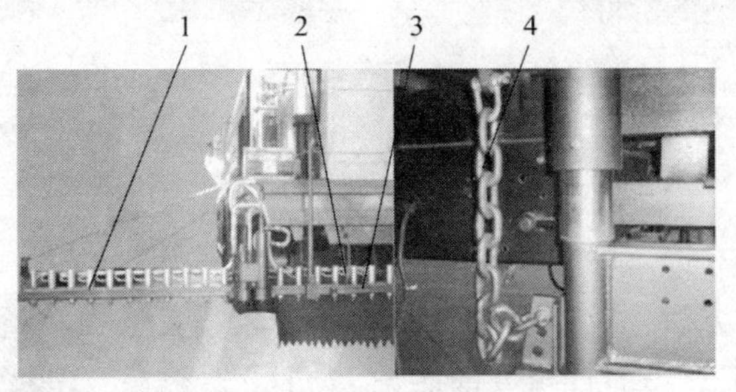

图 3—3—8　后喷洒管

1—气缸喷嘴组件　2—后喷管挂钩　3—后喷管　4—调节链条

2. 取力器挂挡，启动汽车发动机，液压系统开始工作。

3. 打开进油阀 2（见图 3—3—4），关闭手动回油阀 3，打开出油阀 4，打开车后右侧的另一个出油阀。

4. 打开后控制台（见图 3—3—5）上的电源开关，“控制选择”开关转到“前台”。

5. 打开前控制台（见图 3—3—9）上的电源开关，打开“沥青控制阀”开关。

6. 将“运行模式”扳到“准备”位置，再打开“沥青泵”开关。此时，沥青从罐内—进油阀—过滤器—沥青泵—左喷管—中喷管—右喷管—回油阀—回到罐内做大循环。循环 10 min 左右，使喷管和喷嘴上的温度较高为止。

7. 将“运行模式”扳到“喷洒”位置。

8. 根据推荐的挡位，汽车变速器挂相同的挡位；洒布机起步行驶到规定距离即开始喷洒。

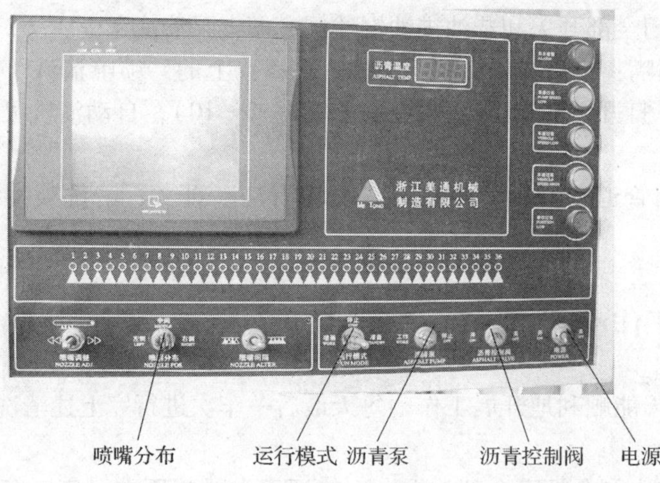

图 3—3—9　前控制台

9. 保持直线均速行驶到终点，将“运行模式”扳到“停止”位置，关闭“沥青泵”开关，喷洒作业结束。

六、沥青泵及管道清洗作业

当沥青温度降低即发生凝固，所以洒布机作业完毕或中途转换施工场地时，必须对过滤器、沥青泵、管道和喷嘴进行清洗；后喷管自动喷洒后清洗方法如下：

1. 关闭进油阀 2（见图 3—3—4）、打开手动回油阀 3（见图 3—3—4），将后控制台（见图 3—3—5）上的“控制选择”开关转到“后台”，“沥青控制阀”扳到“手动喷”，打开“沥青泵”开关；打开主管道空气阀（见图 3—3—10），再把“沥青控制阀”扳到“吹喷嘴”，关闭手动回油阀 3（见图 3—3—4），此时，将管道中沥青吹进罐体内。

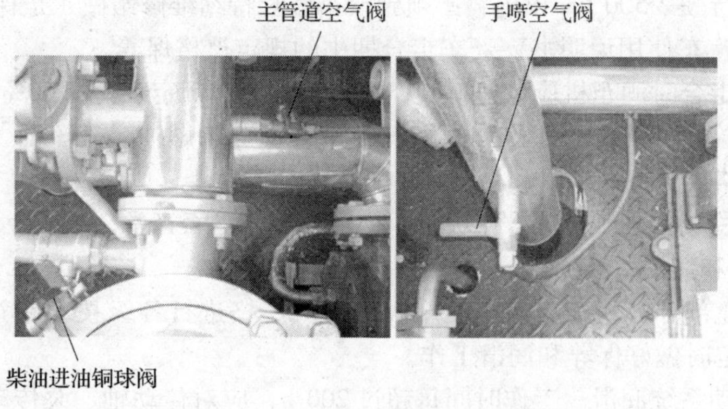

图 3—3—10　沥青泵及管道清洗阀门

2. 先关闭主管道空气阀（见图 3—3—10），打开柴油进油铜球阀，保持“沥青控制阀”在“吹喷嘴”状态，打开“总喷嘴”开关和单个开关，运转沥青泵 2 ~ 3 min，将柴油吸入沥青泵，再关闭全部开关和柴油进油铜球阀，沥青泵清洗完毕。

3. 自动清洁喷嘴：将后控制台（见图3—3—5）上的“喷嘴清洗”开关打开（总电源需关闭，再打开）；打开回油管道空气阀（见图3—3—10），自动清洗喷嘴开始，可以循环两遍。

4. 先关闭回油管道空气阀，再关闭“喷嘴清洗”开关；清洗喷嘴结束，关闭所有阀门。

七、结束施工作业

为了保证第二天能顺利地开展工作，每天最后一车次进行完上述清洗作业后，必须完成以下收车作业：

1. 必须将罐体内剩余沥青全部放干净，热沥青大量凝固在罐底，第二天很难熔化；如果是乳化沥青可能产生破乳沉淀，第二天工作时发生严重的粘泵现象。

2. 打开沥青过滤器盖，将滤网拿出放在柴油中清洗干净。在过滤器中倒入2 L左右柴油，放回滤网压紧盖子。在密封处涂抹耐高温润滑脂（7020窑车轴承润滑脂），可以起密封作用，第二次容易打开。

3. 检查全部沥青阀门、柴油阀门、空气阀门，必须全部关闭。

4. 关闭总气源阀门（在汽车储气筒上），关闭前、后控制台电源开关。

5. 收拢左右后喷管，提升后喷管，确认挂钩挂牢。

八、沥青洒布机的技术保养和润滑

1. 新车走合期保养

（1）新车的走合期限为行驶2 500 km，作业时间60 h。

（2）新车在行驶2 500 km以内，必须到汽车底盘特约维修站做“走保”。

（3）应按《汽车使用说明书》新车走合期中的规定严格保养。

（4）在新车走合时洒布机应低速行驶；沥青罐装应在额定载荷的60%以下。

（5）每天应检查各部位的螺栓紧固情况，检查沥青、燃油、液压油、导热油、高压空气、冷却水各管路接头有无渗漏和松动。

（6）每天应检查各电气开关、接头是否松动、工作是否正常。

2. 技术保养和润滑

洒布机除底盘部分必须按《汽车使用说明书》严格进行各级技术保养和润滑外，还必须对各工作系统定时做好保养和润滑工作。

（1）动力传动系统润滑。工作时间每超过200 h，应对传动轴、泵传动装置加注锂基润滑脂。

（2）发电机保养和润滑。

1）工作时间每超过100 h，清洗空气滤芯。

2）经常检查机油液面，低于刻度线时马上补充（汽油机油 SAE10W—30）。

3）经常清理外表粘上的污垢和沥青。

（3）沥青泵保养和润滑。

1）经常检查沥青泵输入轴颈处是否漏油，将压紧螺母往内旋 1 ~ 2 圈。

2）工作时间每超过 100 h，加 1 ~ 2 圈密封盘根，加的过程中在轴颈、密封盘根、压紧螺母内表面涂抹耐高温润滑脂。

（4）燃烧系统保养。

1）工作时间每超过 100 h，清理燃烧器喷嘴积炭。

2）工作时间每超过 300 h，清洗燃油过滤器。

（5）液压系统保养。

1）首次工作时间超过三个月（或 300 h），更换液压油。以后每年更换液压油一次，并清洗液压油箱。如果液压油没有变质，可采用 5 μm 以下过滤机过滤后再使用。

2）首次工作时间超过三个月（或 300 h），更换吸、回油滤芯，以后每年更换一次。

3）检查各管道接头，发现渗漏，及时更换密封圈。

4）经常检查液压油面，如低于油标，马上补充。

（6）导热油系统保养。

1）检查各管道接头，发现渗漏，及时更换密封圈。

2）及时补充导热油膨胀箱内的导热油。

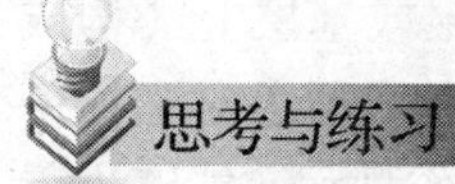

思考与练习

一、填空题

1. 在采用沥青灌入法、沥青层铺表面处治法修筑沥青路面或养护沥青（或渣油）路面时，沥青洒布机可用来完成液态沥青____________、转运和____________工作。

2. 按运行方式沥青洒布机可分为______________和______________两种。自行式沥青洒布机的工作装置与操纵机构等安装在工程运输车或专用汽车的底盘上。

二、判断题

1. 沥青泵是洒布机的主要部件，有时因沥青冷凝使泵堵塞而不能运转（不可强行工作），此时必须用喷灯加热泵，使沥青熔化，待泵转动灵活后再工作。同时还应加热管道、三通阀等部分。（ ）

2. 工作前对洒布机应进行全面检查，尤其连接部位，看有无松动，各仪表指示是否正常等。工作完成后，对管道部分注入水进行清洗，并定时拆洗滤清器、阀及其喷嘴等。（ ）

三、简答题

1. 简述沥青泵及管道清洗作业。

2. 简述沥青洒布机液压系统的保养方法。

任务四　沥青混凝土摊铺机的使用与维护

- 了解沥青混凝土摊铺机的用途、类型和结构。
- 了解沥青混凝土摊铺机的操作规程。
- 能够进行沥青混凝土摊铺机的维护。

沥青混凝土摊铺机是用来将拌制好的沥青混合料（包括沥青混凝土或黑色粒料）按一定的技术要求（厚度和横截面形状）均匀地摊铺在已修筑好的路面底基层或基层上（构成沥青混凝土基层或沥青混凝土面层），并给以初步的整平和捣实的专用设备。通过对本任务的学习，使学生知道沥青混凝土摊铺机的结构，知道沥青混凝土摊铺机操作规程，能够进行沥青混凝土摊铺机的维护。

一、沥青混凝土摊铺机的用途和分类

沥青混凝土摊铺机是摊铺沥青混凝土路面的专用机械。沥青混凝土摊铺机可以用来摊铺各种沥青混合料、稳定土材料、级配骨料、砂、石、碾压混凝土、铁路道渣等筑路材料；广泛应用于公路和城市道路的建设和养护、机场、港口、停车场等工程施工。其主要类型见表3—4—1。

表3—4—1　　沥青混凝土摊铺机类型

分类方式	类型	特点
按行走装置分	轮胎式	前轮为实心光面轮胎，轮胎式摊铺机可获得较大的行驶速度，机动性好，在弯道上摊铺可实现较平滑过渡
	履带式	履带式摊铺机可获得较大的牵引力，接地比压低，对路基不平度敏感性较差。但其行驶速度较低，在弯道处摊铺会形成锯齿状

续表

分类方式	类型	特点
按动力传动系统分	液压式	液压式摊铺机的行走、供料、分料、熨平板和夯实板的振动、熨平板的延伸等均采用液压传动。广泛采用机电液一体化技术，向着全液压的方向发展
	机械式	机械式摊铺机的行走、供料、分料采用机械传动，结构复杂，操作不便。由于传动中心距较大，故多采用链式传动，调速性和速度匹配性较差
	液压机械式	液压机械式摊铺机的结构是机械式和液压式摊铺机的综合。因而，结构特点和使用性能介于两者之间
按摊铺宽度分	小型	摊铺宽度一般小于3.6 m，主要用于沥青混凝土路面的养护和低等级路面的摊铺
	中型	摊铺宽度一般为4～5 m，主要用于二级以下公路的修筑和养护作业。随着自动调平系统的应用，该机型也可用于一级公路的摊铺
	大型	大型摊铺机摊铺宽度为5～10 m，主要用于高等级路面的摊铺，传动形式以液压机械式和全液压式为主。具有自动找平系统，摊铺质量高
	超大型	超大型摊铺机摊铺宽度在10 m以上，主要用于高速公路的施工，路面纵向接缝少，整体性好

目前公路工程常用的摊铺机的类型有英格索兰7820型、VOGELE Super 2100型等。

二、沥青混凝土摊铺机的结构

沥青混凝土摊铺机主要由一台特制的轮胎式或履带式基础车、供料设备、工作装置以及操纵机构等部分组成，如图3—4—1所示。

图3—4—1　沥青混凝土摊铺机的结构

1. 供料设备

供料设备由料斗、螺旋输送器和闸门组成，如图3—4—2所示；料斗置于机械前面，用来接收汽车卸下的混合料；螺旋输送器位于料斗下面，用来将料斗内的混合料连续向后输送到摊铺室内；闸门开启的大小控制向后输送混合料的强度。

目前，摊铺机一般设有供料电控系统，可根据摊铺室内混合料高度的变化成比例的调整供料速度。

图3—4—2　供料设备

2. 工作装置

工作装置由螺旋布料器、夯实板和熨平板组成，如图3—4—3所示。

螺旋布料器由两根大螺距、大叶片、螺旋方向相反的螺杆组成，它们同向旋转时能将混合料自中间向两侧推移。夯实板是两块矩形板，由偏心轴驱动做上下振动，对所铺混合料进行初步振实。熨平板紧贴在夯实板之后，用来熨平混合料并做成所需路拱。螺旋布料器、夯实板与熨平板三者的左右外侧都可接加长段，以便摊铺更宽的路面。

图3—4—3　工作装置

3. 自动找平系统

现代摊铺机都设有自动找平系统，可根据道路不平度的变化随时调节两大臂牵引点的垂直高度，使摊铺的路面平整度不受不平度的影响。

4. 操纵机构

操纵机构（见图3—4—4）主要由四个区域的键组成：

材料输送区域包括：紧急停止按钮、输送器反转、螺旋布料器高度调整、输送器/螺旋布料器/夯锤启动按钮、原地转向、摊铺速度控制按钮、工作模式选择开关、主操作杆、右侧输送器、左侧输送器、右侧螺旋布料器、左侧螺旋布料器、自动填装。

熨平板控制区域包括：左侧仰角、右侧仰角、熨平板辅助、熨平板提升/降低/锁销、熨平板右侧延伸/收缩、熨平板左侧延伸/收缩、熨平板加热。

料斗和转向控制区域包括：旋转警示灯、雨刮器、转向微调、工作灯光、移动左侧料斗臂、移动右侧料斗臂、料斗臂和前挡板同时移动、转向杆、喇叭、发动机转速调整、启动/关闭发动机。

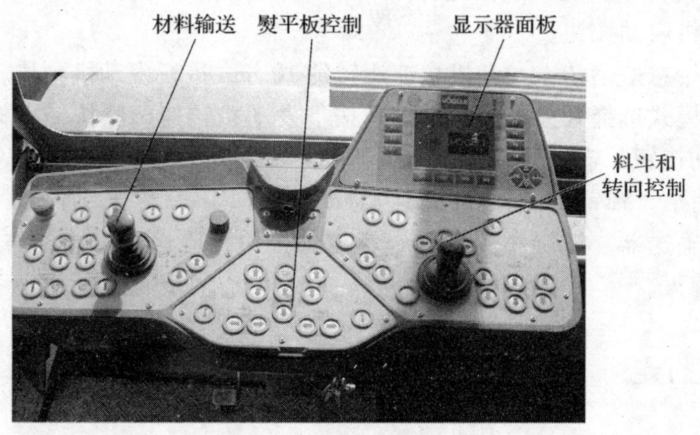

图 3—4—4　操纵机构

显示器面板包括显示屏、按键、导航键、故障指示灯。

一、将摊铺机停放到施工位置前的检查

1. 检查安全装置功能。
2. 检查驻车制动功能。
3. 检查转向功能。
4. 检查燃油箱和油管有无泄漏；检查液压油箱和液压管线有无泄漏。
5. 检查润滑输送带机构。
6. 检查发动机状况。
7. 检查履带张紧度。
8. 检查所有螺栓接头。
9. 检查机油油位、液压油油位、分动齿轮箱内齿轮油油位、中央润滑系统黄油池中黄油量、燃油油位。

二、启动发动机

1. 将点火钥匙开关旋转到 1 位置。
2. 系统初始化，等待直到显示屏上出现起始页面。
3. 将主操作杆放置在制动位置（P 位置）。
4. 检查紧急停止按钮，如果在紧急停止位置，顺时针旋转释放。

5. 按下发动机启动按钮（最长允许按压 20 s），发动机启动。

6. 释放发动机启动按钮。

7. 发动机开始怠速运转，发动机怠速运转约 10 min 进行发动机预热。

8. 按下工作模式选择开关，选择中挡，按下发动机转速调整按钮，按下输送器、螺旋分料器和夯锤启动按钮；输送器、螺旋布料器和夯锤启动，摊铺机预热，对输送器、螺旋布料器和夯锤自动清洁，摊铺机的预热时间约为 20 min。

9. 再次按下输送器、螺旋布料器和夯锤启动按钮，输送器、螺旋布料器和夯锤停止，按钮上的指示灯熄灭。

三、摊铺机行走

1. 按下工作模式选择开关，选择行走位置。
2. 利用发动机转速选择开关，选择发动机转速自动选择模式。
3. 用行走主开关选择行进方向和行走速度，F 表示向前行驶，R 表示向后行驶。
4. 摊铺机开始移动。

四、摊铺机摊铺作业

1. 按下工作模式选择开关，选择摊铺位置。
2. 利用发动机转速选择开关，选择发动机转速自动选择模式。
3. 通过摊铺速度控制旋钮预设摊铺速度。
4. 将行走主开关向前推到 F 位置。
5. 摊铺机开始向前移动。

五、摊铺机原地转向

1. 将主操作杆放置在制动位置（P 位置）。
2. 持续按下原地转向按钮。
3. 将转向操纵杆向左或向右拨动。
4. 通过转向操纵杆选择转向角度；摊铺机将按照所选方向转向。
5. 释放原地转向按钮，摊铺机停止转向，处于静止状态。

六、摊铺机停机

1. 缓慢将行走主开关推到停车制动位置（P 位置）。
2. 清洁摊铺机上的所有残留材料。
3. 将操作模式选择在中挡模式位置。

4. 将发动机速度选择在最低速度位置。

5. 关闭熨平板功能、输送器和压实系统。

6. 锁定料斗臂和熨平板。

7. 发动机怠速运转 2 min，按下发动机启动关闭按钮，直到发动机关闭。

8. 将点火钥匙开关转到 0 位置，取下钥匙，摊铺机停机。

一、摊铺机的操作程序和方法

1. 作业前检查

（1）向接触混合料的零部件表面喷洒轻柴油，并试运转各机构。

（2）检查刮板输送器、料斗、闸门和螺旋输送器的技术状况是否良好，有无黏附沥青混合料。

（3）检查振捣梁的底面及前下部是否磨损过大，行程和运动速度是否恰当，它与熨平板之间的间隙以及离熨平板底面的高度是否合适。

（4）熨平板底面有无磨损、变形和黏附混合料，其加热装置是否良好。

（5）厚度调节器和拱度调节器是否良好。

（6）各部位有无异常振动。

（7）检查自动找平装置是否良好。

2. 熨平板宽度、拱度、摊铺厚度和初始迎角等结构参数的选择

（1）依据路面幅度、公路等级、机械配套情况、摊铺机最大摊铺宽度、施工组织管理等多方面的因素，确定摊铺宽度，一般采用路面全幅一次摊铺或两次摊铺方法。在确定宽度时应注意：上下铺层的纵向接茬应错开 30 cm 以上。

（2）调整拱度后，可在标尺上读出拱度的绝对值或横坡百分比，并进行试铺校验，必要时再次调整。双调拱机构，其前拱的调节量要大于后拱，一般前后拱之差为 3～5 mm 或 2～3 mm。

（3）摊铺厚度和初始迎角的调整：将摊铺机停置于摊铺带起点的平整处，每块熨平板中间放一块垫木，垫木厚度为路面厚度和碾压余量的 1.15～1.35 倍，大臂牵引点提升到与垫木厚度对应高度。垫木放好后放下熨平板让提升油缸处于浮动状态。然后调整左右厚度调节螺杆，使它们处于微量间隙的中间位置。此时，熨平板以其自重落在垫木上。熨平板放置妥当后，接着调整其初始工作迎角。此迎角视机型、铺层厚度混合料种类和温度等因素不同而异，调节的正确与否，只能通过实际摊铺的厚度去检验，每调整一次必须在 5 m 范围内作多点厚度检验取其平均值，与设计值比较。具有自动调平装置的摊铺机，在机器结构上，可以靠改变熨平板侧臂安装位置，来获得有限级的初始工作迎角，每一级初始工作迎角适应一定范围的摊铺厚度。

3. 螺旋布料器与熨平板前缘距离的调整

此距离变化，会引起熨平板前沿堆料高度变化，一般摊铺厚度大、矿料粒径大、温度低

或发现铺层出现波纹，则将距离调大。

4．振捣梁行程的调整

一般情况下，薄层、矿料粒径小宜短行程，反之，厚度大、温度低、粒径大宜长行程。

5．熨平板前刮料护板高度的调整

6．作业速度的选择

选择原则是根据供料能力，保证能连续作业，防止频繁停机待料；保证作业速度恒定，避免时快时慢；作业速度过快会使铺层疏松。一般下层作业速度为 10 m/min，面层作业速度为 6 m/min。

二、摊铺机作业

加热熨平板：先加热 5 min，然后暂停 5 min，再加热 15 min，防止熨平板因局部过热而导致底板变形。受料：避免碰撞，及时清除撒在料斗外的混合料。

摊铺机供料机构操作：原则是保证供料连续，摊铺室内的混合料数量恒定，一般恰当的混合料料堆的高度平齐或略高于螺旋器的轴心线，即稍微看到螺旋叶片或刚盖住叶片。为此，必须保证刮板输送器、闸门开度和螺旋器转速配合恰当。

三、摊铺结束后作业

向接触混合料的零部件表面喷洒轻柴油，清除混合料。

四、自动调平装置的运用

1．检查左右牵引臂铰点的高度是否一致，其恰当的高度为油缸行程处于中间位置。

2．将牵引臂的铰销锁住，调整传感器处于死区的中间位置，即信号不亮。

3．调整好后，拔出牵引臂锁销，将传感器的工作选择开关拨到工作位置。此后接电线，打开电源开关进行 10 min 的预热。等到摊铺机摊铺 10～15 m 后，铺层达到规定值时，就让自动调平装置投入工作。

五、引起摊铺层厚度变化的主要因素

人为调节仰角的大小、牵引速度的改变即摊铺速度、行驶阻力的变化、摊铺材料数量变化即供料速度、路基不平整度使牵引铰接点的位置变化和热混料的粗细度、温度及密度变化。

六、摊铺过程的质量检验及缺陷分析

1．质量检验：沥青含量的直观检验、混合料温度检验、厚度检验、表观检验。

2．铺层各种缺陷产生的原因

裂纹：温度不当。

拉沟：振捣梁与熨平板的相互位置调速不当、振捣梁、熨平板底面磨损、刮料护板安装不当。

小波浪：供料系统速度忽快忽慢、机械猛烈起步和紧急制动、摊铺速度快慢不均、行走装置打滑。

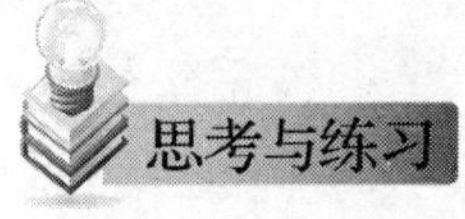

一、填空题

1. 沥青混凝土摊铺机是用来将拌制好的沥青混合料按一定的技术要求均匀地摊铺在已修筑好的路面底基层或基层上，并给以初步的__________和__________的专用设备。

2. 沥青混凝土摊铺机主要由一台特制的轮胎式或履带式__________、供料设备、工作装置以及操纵机构等部分组成。

二、判断题

1. 调整拱度后，可在标尺上读出拱度的绝对值或横坡百分比，并进行试铺校验，必要时再次调整。双调拱机构，其前拱的调节量要大于后拱，一般前后拱之差为 3 ~ 5 mm 或 2 ~ 3 mm。 (　　)

2. 用行走主开关选择行进方向和行走速度，F 表示向前行驶，R 表示向后行驶。 (　　)

三、选择题

1. 进行摊铺作业时，应先加热熨平板：先加热 5 min，然后暂停 5 min，再加热(　　) min，防止熨平板因局部过热而底板变形。受料：避免碰撞，及时清除撒在料斗外的混合料。

A. 5　　B. 10　　C. 15　　D. 20

2. 按下工作模式选择开关，选择中挡，按下发动机转速调整按钮，按下输送器、螺旋布料器和夯锤启动按钮；输送器、螺旋布料器和夯锤启动，摊铺机预热，对输送器、螺旋布料器和夯锤自动清洁，摊铺机的预热时间约为（　　）min。

A. 5　　B. 10　　C. 15　　D. 20

四、简答题

1. 如何进行摊铺作业？

2. 分析引起摊铺层厚度变化的主要因素。

任务五　水泥混凝土摊铺机的使用与维护

- 了解水泥混凝土摊铺机的作用、组成和适用范围。
- 了解水泥混凝土摊铺机的结构。
- 能够正确使用和维护水泥混凝土摊铺机。

水泥混凝土摊铺设备是将从搅拌输送车或自卸卡车中卸出的符合路面材料规范要求和摊铺要求的水泥混凝土，均匀地摊铺在已修整好的基层上，经振实、抹平等连续作业程序，铺筑成符合路面标准要求的水泥混凝土面层的设备。它已广泛应用于公路、城市道路、机场、港口、广场以及水库坝面等水泥混凝土面层的铺筑施工中。本任务要求学生通过相关知识的学习，了解水泥混凝土摊铺机的结构，并能够对水泥混凝土摊铺机进行维护和保养。

一、水泥混凝土摊铺机的类型

目前，水泥混凝土摊铺机主要有两种：一种是轨模式摊铺机，另一种是滑模式摊铺机。轨模式摊铺机，采用固定轨道和固定模板进行摊铺作业，因此，又叫做定模式摊铺机。滑模式摊铺机，采用随机滑动模板进行摊铺作业，依靠履带行走，因此又叫做履带式摊铺机。

1. 轨模式水泥混凝土摊铺机

轨模式水泥混凝土摊铺机，无论其结构形式如何，都是在预先铺设好的钢轨上行走和施工作业。轨模式水泥混凝土摊铺机有三种基本形式。一是将布料机、振实装置、抹平装置等多种作业机构集于一体，摊铺作业可以一次完成。二是把布料、振实、抹平等作业机构分别置于两台或两台以上独立单机上，分别完成施工作业。三是机架采用框形橇架结构，可以实现大宽度摊铺。

轨模式摊铺机的优点是结构简单，价格低，可靠性好，易于维修，操作容易，对混合料的要求相对较低。但其施工需要大量的钢轨和模板，劳动强度大，自动化程度低，施工速度和施工质量都相对较低。

2. 滑模式水泥混凝土摊铺机

滑模式水泥混凝土摊铺机自动化程度高，可实现自动找平，自动导向，自动调速等自动控制，可一次成型地完成各种道路施工工序。但滑模式水泥混凝土摊铺机结构较复杂，对操作人员技术素质及水泥混凝土质量要求相对较高。

二、滑模式水泥混凝土摊铺机的结构

德国 WIRTGEN 公司生产的 SP1600 系列产品摊铺宽度达 16 m，采用电子控制，具有钢筋插入功能，并且可以实现底层和面层的同时铺设，满足了现代高速公路的施工需要，如图 3—5—1 所示。

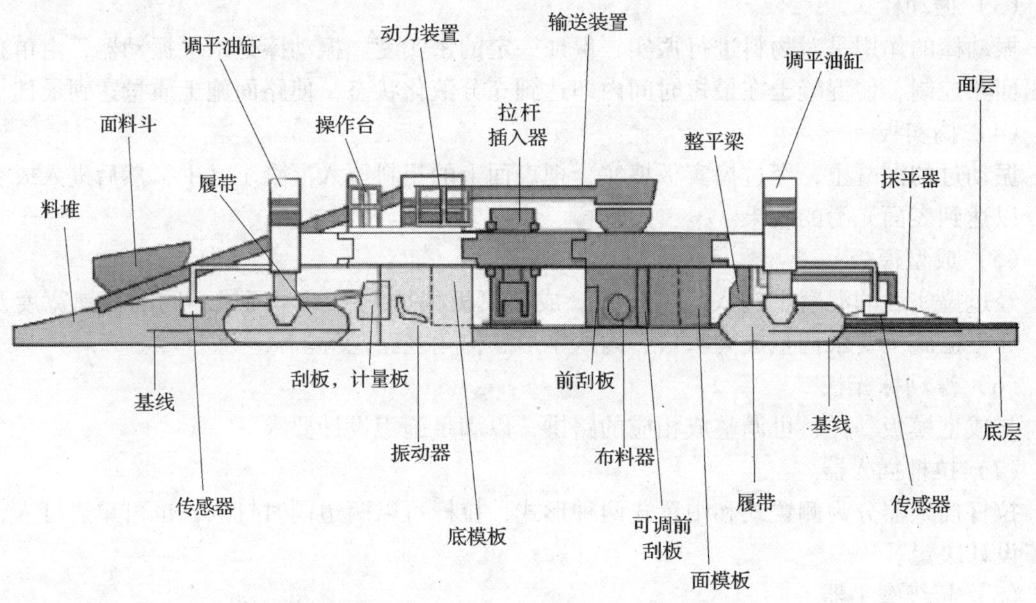

图 3—5—1 滑模式水泥混凝土摊铺机的结构

滑模式水泥混凝土摊铺机的主要结构一般由主机架、动力传动系统、行走机构、自动控制系统、工作装置、喷水系统等几部分组成。

1. 主机架

主机架是由厚钢板焊接而成的箱形结构，由两根大梁和加强梁组成。是发动机、传动系统、行走机构、自动控制系统、工作装置的安装基础，并保证在宽度调整时，各构件能方便地伸缩。

2. 动力传动系统

动力传动系统由发动机、变速箱、油泵组成。

3. 行走机构

行走机构由履带总成和支腿总成组成：支腿支撑在四条履带上，支腿不但可使机架升降，而且各支腿可以绕各自枢轴转动，使履带变化多种位置，满足摊铺机作业和装运的要求。

4. 工作装置

（1）螺旋布料器

当加宽摊铺机的宽度时，螺旋布料器可根据实际摊铺需要而加长，加长节由螺栓连接，拆装方便。两个液压马达分别驱动左、右摊铺螺旋进行正、反转，可根据前方料堆的变化随意调节转速和方向，以使布料达到最佳效果。

（2）虚方控制板

虚方控制板是用来控制混凝土进入成型模板的数量，进料过多或过少，都会直接影响到摊铺质量。进料过多，水泥砂浆停留在振动框里，难以进入成型模板内，影响表面光滑；进料过少，摊铺厚度得不到保证。

（3）振动棒

振动棒的作用是对物料进行振实，保证一定的密实度。振动棒是水平振动器，由单独的液压回路控制，使混凝土在最短时间内即达到充分液化状态，使路面施工质量达到最佳。

（4）捣实板

振动过的混凝土，经过捣实板捣实，把表面上的粗料压入混凝土之中，然后进入成型模板，以达到表面光滑的效果。

（5）成型模板

经过捣实后的混凝土进入成型模板。成型模板根据施工要求调成不同的摊铺宽度及形状；如根据施工要求调整成喇叭口、内八字形、仰角及路拱等。

（6）浮动抹光板

与成型模板一样，可调整成相应的路拱，以满足施工设计要求。

（7）拉杆插入器

拉杆插入器分为侧置式和中置式两种形式，拉杆可以两边同时打入，也可单边打入，由施工设计决定。

（8）超级磨平器

超级磨平器能够抛光由滑模式摊铺机所完成的具有任何标准宽度的铺层。

（9）拖布

拖布装在浮动模板后面，主要作用是消除气泡，形成路面的粗糙度。

（10）液压系统

该机采用全液压系统进行行驶、作业和调平控制。

5. 清洗系统

采用液压水泵对模板、机身、布料器等部件进行清洗。

正确操作和使用水泥混凝土摊铺机，对于路面的施工质量和提高生产效率是十分重要的。

一、作业前的检查

1. 内燃机部分应按照使用说明书的要求进行检查，是否加足了润滑油和燃油；发动机空转运行是否平稳、正常，有无异常声响。

2. 了解施工的技术、质量要求及混凝土拌和质量是否符合该机性能范围。

3. 检查各润滑点油或油脂是否充足、良好。

4. 检查行走系统、传动系统及操纵机构等是否灵活可靠，必要时要进行调整。各电气系统工作应正常，液压系统应无漏油现象。

5. 滑模式水泥混凝土摊铺机，应按施工要求设置引导线，引导线要准确，有一定的张紧度，引导线的支撑杆密度适当、垂直、均匀和牢固。

6. 传感器的灵敏度要适当，安装必须正确，插头及插座牢靠 、干净干燥，专用插座应安装好防尘帽，传感器安装臂总成必须稳固。

7. 模板及抹平板的底部必须平整、干净，不应有附着物。作业前应向其底部、顶部、边部等与水泥混凝土接触的地方喷洒柴油。

8. 作业前应摆正摊铺机，使边板与引导线平行。调整传感器，使方向传感器与引导线平行，纵坡传感器与引导线垂直。模板的四个角应符合标高的要求。

9. 将各操纵杆主传动开关置于中间位置，各液压调节阀门处于中间或断开位置，各电气开关处于断开位置，自动控制开关必须处于断开或非自动控制位置。

10. 安装或调整振捣器和振动棒时，要注意其行程在最低位置时不能碰到路基；若有预制钢筋，则振捣器、振动棒调整时，其端部必须高于所摊铺的混凝土路面厚度中心。

二、工作中的操作规程

1. 作业中，各班人员配备齐全，各负其责，操作人员和辅助人员统一听从调度指挥，注意安全，严禁驾驶员离开驾驶台，无关人员不得在作业中上下摊铺机或在驾驶室中停留。

2. 根据水泥混凝土的坍落度及摊铺厚度，选择合适的工作速度，振捣器和振动棒的频率及布料器的转速。严格控制各机构协调工作。作业速度一经确定，要保持稳定，应尽量减少停机和起步次数，以确保路面的平整度和连续性。

3. 在摊铺过程中，要经常检查路面的平整度和密实性。若有不符合施工规范的规定时，及时调整摊铺机的相应装置。

4. 在作业中随时注意振捣梁轴承是否过热，发现问题，应及时处理。

在摊铺过程中确需停机时，要保持振捣器和振动棒的动作与机器的行走同步停止，并把发动机的转速降至低速状态。当需要继续摊铺时，要保证振捣器和振动棒的动作与机器的行走同步起步，再把发动机提高到额定转速，以确保路面的连续平整。

5. 布料机作业中，机械往复刮料时，需经空挡位置停顿后再换挡，不允许急速换挡。

6. 振平机和振捣梁在悬空状态下，不能长时间振动，严禁在已凝固的混凝土上振动；振平机在工作状态时，严禁快速运行，在机架升起，即整平器同时升高时，方可快速前进和后退。

7. 要防止碰撞及水、尘土损坏，传感器作业中严禁碰撞引导线。

8. 摊铺机在较陡的坡道上作业时，防止水泥混凝土向下或向一边倾流。此时，可以减少水泥混凝土的含水量及减少振捣器、振动棒的频率。

三、作业完成后的检查

1. 作业一旦完成后，立即清洁水泥混凝土在各个机件上的凝结，模板及抹平板底部应光洁。

2. 驾驶员在离开机器之前，要将机器停放稳妥，并将驾驶平台降至最低位置，使制动装置处于制动状态。

3. 擦洗液压油缸的伸缩杆及升降导轨表面，并将升降导轨涂上润滑脂。

4. 摊铺机在停放好以后（滑模式摊铺机应停在平坦坚实的地面上），取下电门钥匙，断开蓄电池开关，并将各操作手柄处于空挡位置。

5. 清洁各液压机构和装置。

6. 按说明书中的有关要求，做好例保作业。

四、张紧履带调整方法

1. 启动发动机，操作支腿升/降开关的上升位。

2. 在适当的位置用机械支腿支撑摊铺机整机机架，以保证在履带悬空时整机主梁不至于扭曲或弯曲变形。

3. 操作支腿升/降开关的下降位，使履带缓缓离地，使履带刚好悬空为止，将发动机降速熄火。

4. 用工具将固定导向轮的螺栓松开，使导向轮在张紧的过程中能自由前移。

5. 用清洁柴油清洗油口，以防止细砂随着黄油进入油腔。

6. 检查泄油口是否闭紧，如未闭紧，则用工具将其拧紧，以保证注油过程中没有黄油泄漏。

7. 用高压黄油枪将黄油从油口注入，直到张紧装置将导向推到张紧位置为止。

8. 慢慢松开泄油口，使黄油在张紧力的作用下少许泄出，直到导向轮回移 10 cm 左右，锁紧泄油口。

9. 用工具将导向轮锁紧螺栓拧紧，以固定导向轮的位置。

10. 启动发动机，操作支腿升/降开关为上升位，使履带缓缓下降着地，继续操作上升位，使主机械上升，取出支撑主机的支腿。

一、滑模式摊铺机的工艺流程（见图 3—5—2）

螺旋布料器—虚方控制板—振动棒—捣实板—成型模板—拉杆插入器—整平梁—浮动模板—超级磨平器—拖布。

二、滑模式摊铺机摊铺施工

1. 检查滑模式摊铺机施工拉线设置

滑模式摊铺机是沿着两侧（或一侧）的基准线来摊铺水泥混凝土路面的，因此基准线设置必须准确无误，所用的工具、测量仪器和基准线设施必须齐备。

2. 检查滑模式摊铺机施工前的准备

使用滑模式摊铺机进行路面摊铺施工之前，应全面检查摊铺基层是否平整、清洁并湿润；基准线是否准确；工作缝支架和传力杆是否定位；纵缝拉杆板是否直，是否涂好沥青等。同时应对滑模式摊铺机进行彻底全面的保养检查，振动棒位置在挤压板最低点以上。

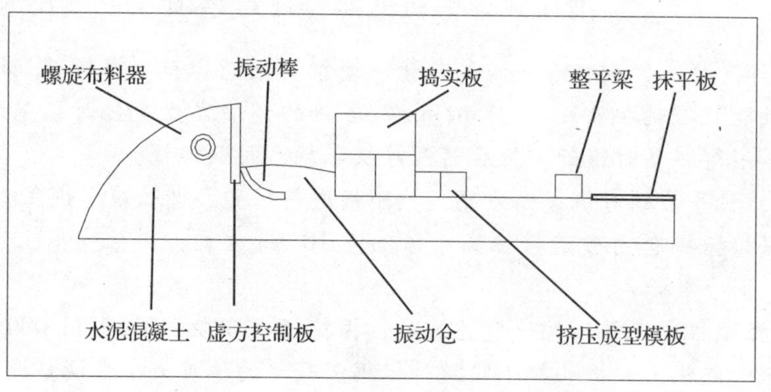

图 3—5—2　滑模式摊铺机的工艺流程

3. 使用滑模式摊铺机进行摊铺施工

使用滑模式摊铺机进行摊铺施工时，必须有专人指挥车辆卸料，以便较准确地估计卸料位置。滑模摊铺前的水泥混凝土拌和料不得高于滑模式摊铺机卸料板允许高度，也不得出现缺料现象。要求供料与摊铺机速度协调，尽可能匀速地推铺，最大限度地减少摊铺施工中的停机次数。料位过高或过低时，可采用小型挖掘机或装载机进行初摊布料；用人工卸料时，用锹反扣，严禁抛掷和搂耙，以防止水泥混凝土产生离析。在滑模推铺施工过程中，操纵人员应随时观察新拌混凝土的稠度，并根据水泥混凝土的工作性来调整滑模式摊铺机的作业速度和振动频率。当新拌水泥混凝土显得过稀时，应适当降低振动频率，加大机器作业速度；当新拌水泥混凝土显得过干时，则应适当提高振动频率，降低机器作业速度。滑模式摊铺机的作业速度应控制在 1 ~ 3 m/min；振动频率应控制在 6 000 ~ 11 000 r/min，最低振动频率不得低于6 000 r/min。为防止水泥混凝土过振或漏振，开机前必须先开启振动棒，然后再行走；停机时应立即关闭振动棒。

4. 检查滑模摊铺施工后的结束工作

滑模式摊铺机施工作业完毕后，必须进行下述两项工作。

(1) 将滑模式摊铺机驶离施工作业点，升起机架，将黏附在机器上的水泥混凝土用水清洗干净，并喷涂废机油以防止锈蚀和粘接。滑模式摊铺机严禁不清洗，严禁留待下一班开工前硬敲粘连在机器上的水泥混凝土。

(2) 做横向施工缝时，应铲除从摊铺机振动仓内脱离出来的纯砂浆，设置工作缝端模并用水准仪测量路面高程、坡度和平整度，传力杆的设置要符合允许误差的要求。后幅工作缝要尽量与前幅缩缝、工作缝和胀缝对齐。在有设备条件时，也可切掉施工端部，钻孔插入传力杆。

滑模式摊铺机的操作注意事项

1. 机手操作滑模式摊铺机应缓慢、匀速，连续不间断摊铺。滑模摊铺速度，根据拌和物稠度和设备性能可控制在0.8～2.0 m/min。当料的稠度发生变化时，先调振捣频率，后改变摊铺速度，不得料多时追赶，然后随意停机等待，间歇摊铺。

2. 摊铺中，机手应随时调整松方高度控制板进料位置，开始应略设高些，以保证进料。正常状态下应保持振捣仓内砂浆料位高于振动棒 10 cm 左右，料位高低上下波动宜控制在±4 cm之内。

3. 滑模式摊铺机以正常摊铺速度施工时，振捣频率可在6 000～11 000 r/min 调整。应防止混凝土过振、漏振、欠振。机手应随时根据混凝土的稠度大小，调整摊铺的速度和振捣频率。滑模式摊铺机起步时，应先开启振动棒2～3 min，再推进。滑模式摊铺机脱离混凝土后，应立即关闭振动棒。

4. 摊铺纵坡较大的路面，上坡时，挤压底板前仰角宜适当调小，同时，适当调小抹平板压力；下坡时，前仰角宜适当调大，抹平板压力也宜调大。

5. 摊铺弯道、单向横坡和渐变段路面时，使滑模式摊铺机跟线摊铺，应随时观察并调整抹平板内外侧的抹面距离，防止压垮边缘。

6. 机手应随时密切观察所摊铺的路面效果，注意调整和控制摊铺速度，振捣频率，夯实杆、抹平板位置、速度和频率。

7. 连接摊铺时，滑模式摊铺机一侧履带上前次水泥混凝土路面的时间应控制在养护7天以后，最短不得少于5天。同时，钢履带底部应铺橡胶垫。纵向连接摊铺路面时，应对连接纵缝部位人工进行修整，连接纵缝的横向平整度符合不同公路等级的要求。并用钢丝刷刷干净黏附在前幅路面上的砂浆，应刷出粗细抗滑构造。

一、发动机的使用、维护要点

1. 认真阅读发动机制造厂的各种技术资料，按要求选取种类、质量等级和黏度等级的发动机机油。

2. 使用高质量机油滤芯，并按期更换发动机机油及滤芯，使用含硫量较高的柴油时应缩短更换周期。

3. 使用正确牌号的柴油且严格控制柴油的污染度，否则喷油泵、喷油器的使用寿命将大大降低并容易出现突发故障。

4. 必须使用高质量的空气滤芯，并经常检查进气滤芯固定螺母有无松动。

5. 进口设备的防冻液既有防冻功能又有防腐功能，保养要点如下：

（1）防冻液切不可混用，否则会起化学反应变为黄色，有些铝材、钢材零件将会被严重腐蚀。

（2）防冻液不蒸发，若无泄漏只需加蒸馏水至正常液位即可，绝不可添加其他防冻液或硬水，否则会导致水箱内表面水垢多、散热效果差且难以清洗。

（3）一般要求每使用 10 000 h 或每年必须更换一次，更换时必须将缸体内的防冻液放尽。

6．操作人员必须养成发动机工作前 3 min 左右怠速暖车和工作后 3 min 左右怠速凉车的操作习惯，进口蜗轮增压器的转速高达 50 000 ~ 100 000 r/min，其安装位置处在发动机的最高点，怠速暖车和怠速凉车对其尤为重要。

二、变矩器和变速箱系统的使用、维护

1．选取合适种类、质量等级和黏度等级的液压油。

2．严格控制油液污染度。

3．发动机怠速运行、换挡手柄在中位时检查油位。

4．当变速箱液压系统出现低压报警时，必须停车排除故障，否则变速箱、离合器摩擦片、钢片等将被烧坏。

三、液压系统的使用、维护

1．选取合适种类、质量等级和黏度等级的油液。

2．采用高质量的液压油滤芯。

3．严格控制油液污染度。

（1）向液压系统加入液压油必须通过高过滤精度的滤油机，不能直接将新购买的液压油加入液压油箱，新油的清洁度不能保证能满足液压系统的要求。

（2）拆卸液压元件时必须用塑料袋和粘胶带或其他可靠方法将其封好，以保持高清洁度。

（3）不可轻易拆卸主要零部件和调整系统压力。

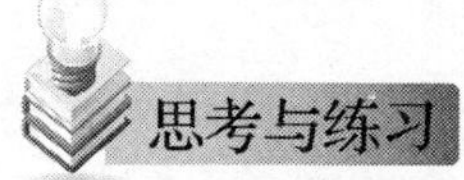

一、填空题

1．目前，水泥混凝土摊铺机主要有两种：一种是＿＿＿＿＿＿＿＿摊铺机，另外一种是＿＿＿＿＿＿摊铺机。

2．滑模式摊铺机的主要结构一般由主机架、＿＿＿＿＿＿、动力传动系统、＿＿＿＿＿＿、自动控制系统、工作装置、喷水系统等几部分组成。

二、判断题

1．滑模式水泥混凝土摊铺机自动化程度高，可实现自动找平，自动导向，自动调速等自动控制，可一次成型地完成各种道路施工工序。（　　）

2．振动棒的作用是对物料进行振实，保证一定的密实度。（　　）

3．滑模式摊铺机在开机前敲掉连在机器上的水泥混凝土。（　　）

三、选择题

1．滑模式摊铺机的工作装置不包括（　　）。

A. 螺旋布料器　　B. 虚方控制板　　C. 振动棒　　D. 履带

2. 滑模式摊铺机的工艺流程是（　　）。

A. 螺旋布料器—虚方控制板—振动棒—捣实板

B. 虚方控制板—振动棒—捣实板—螺旋布料器

C. 捣实板—振动棒—螺旋布料器—虚方控制板

D. 螺旋布料器—振动棒—虚方控制板—捣实板

四、简答题

1. 张紧履带的调整方法是什么？

2. 如何使用、维护液压系统？

任务六　压路机的操作及工程应用

- 了解压路机的用途、类型及结构。
- 能够正确操作压路机。
- 了解压路机的工程应用。

压路机主要用于压实各种筑路材料；通过施加外力，克服材料中固体颗粒间的摩擦力、黏着力，排除空气和水分，使被压实材料提高密实度。通过对本任务的学习，使学生知道压路机的结构，能够操作维护压路机。

一、压路机的用途和类型

压路机主要用于压实各种筑路材料；使路基及路面各结构层的材料具有足够的密实度，增加其不透水性、稳定性和承载强度，防止在使用过程中，路面产生车辙、裂纹、沉陷和水损坏。压路机类型见表3—6—1。

表 3—6—1　　压路机的类型和适用范围

类型	工作原理	适用范围
静力压路机	主要依靠压路机自身重量压实物料，全部为机械传动	主要进行薄铺层压实和振动压路机压实后的压光作业
轮胎压路机	轮胎压路机是一种静作用压路机，以特制的充气或灌水轮胎对铺层材料施以压实作用	主要进行沥青压实后的压光作业
单钢轮振动压路机	主要是靠偏心块高速旋转的偏心力和压路机自身重量对路基、路面进行压实，行走靠轮胎和钢轮驱动，驱动方式分机械驱动和全液压驱动两种	主要用于路基、路面、机场等的压实
双钢轮振动压路机	作用原理与单钢轮振动压路机相同，区别是双刚轮振动压路机的两个钢轮同时振动、压实	主要用于沥青路面的压实作业
拖式压路机	用牵引车牵引行驶，产生振动或冲击进行压实	主要进行路基及其他基础压实作业

各种类型的压路机外形如图 3—6—1 所示。

图 3—6—1　压路机类型

二、振动压路机的总体构造

振动压路机是公路施工主要设备，本任务主要讲述 YZ18C 型振动压路机。

振动压路机随机型的不同，其总体结构也有一些差异。自行式振动压路机总体构造一般由发动机、传动系统、操纵系统、行走装置（振动轮和驱动轮）以及车架（整体式和铰接式）等总成组成。YZ18C 型振动压路机的总体结构如图 3—6—2 所示。

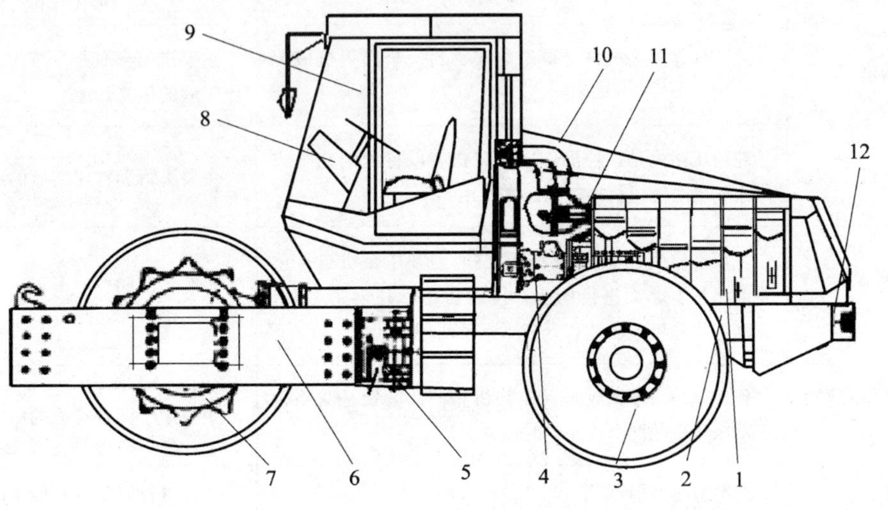

图 3—6—2　YZ18C 型振动压路机的结构

1—动力系统　2—后车架总成　3—后桥总成　4—液压系统　5—中心铰接架　6—前车架总成　7—振动轮总成　8—操作系统总成　9—驾驶室总成　10—覆盖件总成　11—空调系统　12—电气系统

1. 动力装置：YZ18C 型振动压路机采用德国道依茨公司 BF6M1013 涡轮增压型水冷柴油机，具有很高的工作可靠性和燃油经济性，低噪声，低排放，完全符合国际标准。

2. 传动系统：振动压路机的传动系统可分为机械传动和液压传动两大类。

3. 振动压路机振动轮总成：振动轮总成由振动轮体、轴承支座、偏心轴、调幅装置、减振块、振动轮驱动马达、振动轴承、振动马达、十字轴承、轴承座、梅花板、左右连接支架等组成。

4. 转向系统：主要由转向齿轮泵、全液压转向器、转向油缸和压力油管等组成。液压转向系统安装在后车架上，通过转向油缸的伸缩控制整车的转向。

5. 制动系统：振动压路机有三种制动形式，即工作制动（压路机进行前进、倒退转换时停车使用）、行车制动（高速度行驶时快速停车使用）和紧急制动（在非常紧急的情况下，直接按下紧急制动按钮，使压路机在行走过程中强行制动）。

6. 振动压路机车架：压路机车架包括前车架、后车架、中心铰接架三大部分。它们连接成一个铰接整体支撑机器的上部。

三、操作控制装置

图 3—6—3 所示为宝马 205—AD 双钢轮振动压路机的仪表板。

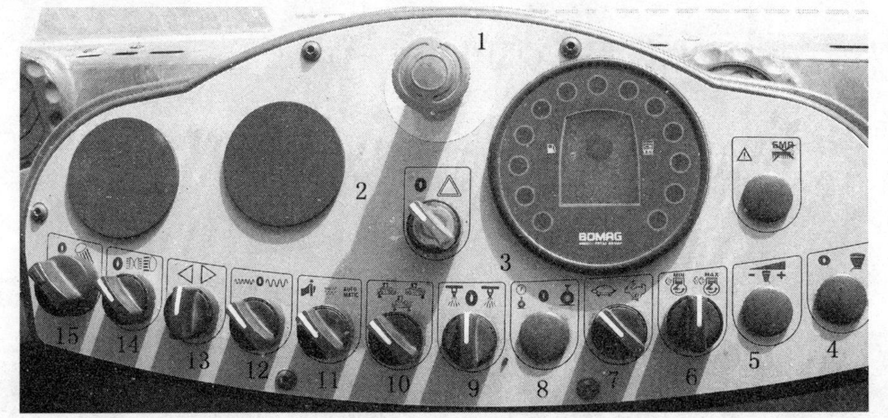

图 3—6—3　宝马 205—AD 双钢轮振动压路机的仪表板

1．紧急停机开关：将按钮完全按到底，按钮会自动锁定在下止点位置上，机器被立即制动，发动机被熄火；按顺时针方向转动按钮，然后松开。

2．危险警告灯开关：右侧：危急报警灯系统接通，仪表盘上的危急报警灯闪烁红色灯光；左侧：危急报警灯断开，危急报警灯熄灭。

3．组合仪表：显示发动机各种工况。

4．碎石撒布器开关：左位：石屑撒布器关闭；右位：石屑撒布器打开。

5．碎石撒布量控制旋钮：左位：减少石屑撒布量；右位：增加石屑撒布量。

6．发动机转速调节旋钮：左位：怠速、预热位置；右位：全速位置，行驶和振动时的工作位置。

7．行走速度挡位选择旋钮：左位：一挡，行驶速度为 0～6 km/h；右位：二挡，行驶速度为 0～11 km/h。

8．喷洒系统旋钮：左位：洒 5 s/停 20 s（间断）；“O”位：关闭洒水系统；右位（接触开关）：喷洒乳液 5 s。

9．洒水泵选择旋钮：左位：洒水泵Ⅰ工作；中位：洒水泵关闭；右位：洒水泵Ⅱ工作。

10．钢轮振动预设旋钮：只有停止振动后才能变换；左位：前轮振动；中位：前后轮同时振动；右位：后轮振动。

11．起振方式（手动/关闭/自动）选择旋钮：左位：预选手动起振，行驶时通过按行驶操纵杆上的起振按钮来实施起振和停振；右位：预选自动起振和停振，行驶时当行驶速度超过或低于规定的最低速度时来实施起振或停止振动；中位：停止振动。

12．振幅预设旋钮：左位：高频小振幅；右位：低频大振幅。

13．转向指示灯（左/右）旋钮：中位：方向指示器不工作；左/右位：机器前相应一侧的方向灯亮，复合仪表盘上的指示灯闪烁。

14．照明系统旋钮：左位：灯不亮；中位：当点火开关在位置“Ⅰ”或只有在点火时灯亮；右位，当点火开关在位置“Ⅰ”时行驶时照亮灯点亮。

15．工作照明灯旋钮：左位：灯不亮；右位：当点火开关在位置“Ⅰ”时工作大灯亮。

四、左、右侧行驶操作手柄（见图3—6—4）

1. 行驶操作手柄：右侧行驶操作手柄是和左侧行驶操纵手柄机械相连接的，“O”位停止位置，从“O”位开始向前推，压路机前进；从“O”位开始向后拉，压路机后退；从前进或后退位置到“O”位，工作制动。

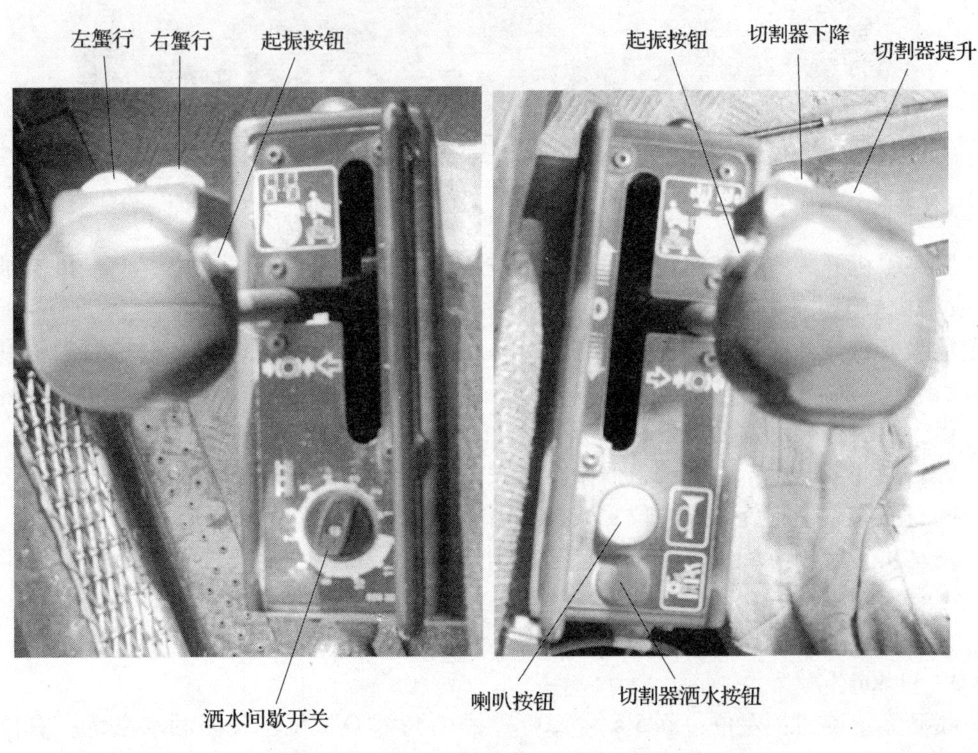

图3—6—4　宝马205—AD双钢轮振动压路机行驶操作手柄

2. 切割器洒水按钮，按下，轮边切割器洒水系统洒水，再次按下，轮边切割器洒水系统停止洒水。

3. 洒水间歇开关：当行驶操纵杆处在“O”位时，洒水系统除了在位置12以外停止洒水。当行驶操纵杆处在前进或后退位置时，洒水间歇开关位置12连续地洒水，其余位置（1和11位置之间）时，系统以不同时间间隔进行洒水。

4. 轮边切割器提升按钮：按下，提升轮边切割器；松开，轮边切割器停留在最后被提升时的位置上。

5. 轮边切割器下降按钮：按下，降下轮边切割器；松开，轮边切割器停止在最后被降下时的位置上。

6. 起振按钮：按下，手动起振和停振。

7. 右蟹行：按下，向右无级调整蟹行；松开，停留在达到的蟹行位置。

8. 左蟹行：按下，向左无级调整蟹行；松开，停留在达到的蟹行位置。

一、在登上机器前检查

1. 在机器的旁边、下面是否有人或障碍物。

2. 所有的扶手、踏脚板和工作平台上没有任何油迹或易燃物，没有积雪和冰。

3. 保养门已关上且锁紧。

4. 使用扶手和踏脚板上机器。

二、在开动机器前检查

1. 机器是否有明显的故障。

2. 所有的保护装置是否都已固定。

3. 转向，制动，控制器，灯和报警设备都工作正常。

4. 座位已调整好。

5. 反光镜（如配备）洁净并已调整好。

6. 如果任何仪表，控制灯或者控制器有故障，不要开动机器。

7. 在配备翻滚保护支架的机器上，应始终扣上安全带。

三、启动

1. 启动前将所有的控制杆放在中位。

2. 不要使用任何启动辅助液，如乙醚。

3. 启动后，检查所有的仪表。

4. 使用跨接启动：应将蓄电池正极和正极连接，负极和负极连接，并且总是后接上负极线，先拆下负极线。

四、驾驶机器

1. 检查在危险区域里是否有人或者障碍物。

2. 如果需要则要发出警告信号；发出警告后，仍然有人滞留在危险区域里，要立即停止工作。

3. 在发动机运转时不准进入或站立在转向铰接区域内，否则有被挤伤的危险。

4. 在紧急状况下，立刻启用紧急开关；不能将紧急开关用作工作制动。只有在险情消除后，才能重新启动。

5. 不要在驾驶中调整座椅。

6. 不要在行驶中攀上或攀下机器。

7. 只有在机器停住后，才能改变行驶方向。

8. 如果听到有异响或者发现烟雾，立即停机查明原因并排除故障。

9. 不准在坚硬的水泥混凝土和经修补的水泥混凝土或者严重受冻的地面上开启振动。

10. 在进行振动压实时，检查振动对周围建筑物与地下管线的影响（如：煤气，自来水，下水道和输电线），必要时要停止振动压实。

五、机器停放

1. 把机器开到平坦而结实的地面上。

2. 把行走控制杆移回到中位。

3. 使用驻车制动。

4. 将发动机转速瞬时接触开关以逆时针方向转到“最小”位置上。

5. 将发动机停机并拔出点火钥匙。

6. 切断蓄电池电源。

7. 锁上驾驶室。

压路机道路基层的压实

一、水泥稳定土基层的压实

水泥稳定土是指在松散的碎土中掺入一定量的水泥和水，经拌和、压实和养生后得到的具有一定抗压强度的混合料。对以水泥稳定土为铺料的道路基层，在碾压时应注意以下事项：

1. 当混合料在路段上粗略铺平后，应先用轮胎压路机或拖拉机、平地机快速碾压一遍，并予以整平。

2. 基层经过整形后，用 12 t 以上的三轮光面压路机或重型轮胎压路机或振动压路机，在基本宽度内进行碾压。在直线段，应由两侧路肩向路中心碾压；在曲线段，应由内侧路肩向外侧路肩碾压。碾压时，重叠宽度为后轮宽度的 1/2，稳定层的边部及路肩应多压 2～3 遍。当含水量大于 2% 时，应碾压 6 遍以上，前两遍碾压速度为 1.5～1.7 km/h，以后几遍则为 2～2.5 km/h。在碾压过程中，不得在已完成或正在碾压的路段上“掉头”或紧急制动，以免破坏基层表面。

3. 在碾压过程中防止出现“弹簧”、松散及起皮等现象，干燥时可补洒少量的水。

4. 在碾压的后期，应避免应力过大或碾压时间过长，以防止降低水泥稳定土的强度。最后“终压”时应采用光轮压路机，以提高基层表面的平整度。

5. 最好采用轮胎压路机进行碾压，机重为 1 020 t，轮胎气压在 0.7 MPa 左右，轮数为

7~11。

6. 当稳定土铺设于松软路基上时，最好选用中低线压力的振动压路机。当压实密度提高、铺料变硬和压路机产生轻度弹跳时，应减小振幅，以免损坏机件。

二、石灰稳定土基层的压实

石灰稳定土是指在松散的碎土中掺入适量的石灰和水，经拌和、压实及养生后得到的具有一定抗压强度的混合料。对以石灰稳定土为辅料的道路基层或底基层，在碾压时不能采用重型静力压路机多次碾压，而应当使用高效振动压路机，先断开振动源进行静压，再逐步进行振动压实，最后再断开振动源进行静力压实。

石灰稳定工业废渣基层的压实：石灰稳定工业废渣是指将一定量的石灰、粉煤灰（或煤渣）与其他集料（或无其他集料）相混合，加入适量的水，经拌和、压实及养生后所得到的混合料。由于这种混合料的密实度大小对强度影响很大，故在压实时宜采用较重的压路机进行碾压。通常先用中型压路机初压3~4遍后，再用重型压路机继续碾压6~8遍，直至达到要求的密实度为止。

三、级配型集料基层的压实

级配型集料是指由碎石或砾石或碎砾石按粒级大小混配而成的混合料。对于用这种混合料铺就的基层，最好采用振动压路机进行压实，也可采用12 t以上的静力光轮压路机，或重型轮胎压路机，或振动压路机与轮胎压路机一起碾压。

四、填隙碎石基层的压实

填隙碎石基层是指用不同规格的大、中、小单一尺寸碎石分层摊铺、分层碾压所形成的道路基层。该类基层在铺设时应分为两步：先铺设大碎石并进行压实；再铺小碎石最后压实。第一次压实宜采用8~10 t静力串联压路机或5 t振动压路机进行快速碾压，将全部填隙料振入粗碎石孔隙中。第二次铺完小碎石继续用振动压路机进行碾压。待碎石表面孔隙全部被填满后，用12~15 t静力光轮压路机终压1~2遍，直至表面平整稳定、无明显轮迹、无石块蠕动现象为止。

压路机道路路基的压实

一、用静力光轮压路机碾压路基

静力光轮压路机只适用于碾压较薄的填土路基。这是因为静力光轮压路机的滚轮与土壤的接触面积较大，单位压力小，压实能力由表面向下逐渐减少，使得上层密度大于下层密度，路基的整体密实性差。

使用静力光轮压路机碾压时，宜采用“薄填、慢驶、多次”的方法，即填土层厚度较薄（25~30 cm），碾压速度先慢后快，先轻碾后重碾。

实验表明，使用静力光轮压路机碾压时，土壤的密实度随填土厚度的增加而下降，随碾轮重量和碾压次数的增加而增加；但当碾压次数超过8次后，其密实度增加很少，甚至不再增加，因此应注意选择经济合理的压实次数，一般不超过8次。

二、用轮胎式压路机碾压路基

轮胎式压路机适用于压实各种土壤，对压实较为潮湿的黏性土最有效，其碾压有效深度可达 30 cm 以上。

轮胎压路机的最大特点是，可以根据土质情况改变轮胎的内压力，将作用于土壤的最大应力控制在土壤的极限强度内；另一个特点是，充气轮胎具有变形性，使土壤压实深度保持在一定的深度范围之内；第三个特点是，轮胎与土壤接触面积大，压力分布均匀，土料承压时间长，压实密度好。

三、用振动压路机压实路基

1. 碾压岩石填方路基时，应根据岩石填方的厚度选用不同吨位的振动压路机，同时还应注意压路机的行驶速度。通常，压实效果与碾压遍数成正比，与行驶速度成反比。实验表明，行驶速度为 3 ~6 km/h 时压实效果最佳。

2. 碾压砂和砾石等非黏土路基时，可采用高频率、低振幅的振动压路机。碾压速度为 3 ~6 km/h，碾压 2 ~3 遍。若铺层过厚，可降低碾压速度。

3. 碾压无塑性粉土路基时，铺层厚度可达 0.7 ~1.0 m，可采用 10 ~15 t 的重型压路机。

4. 碾压含有一定数量黏土的粉质土路基时，可采用较低或中等静线压力的振动压路机。

5. 碾压黏土路基时，应采用大吨位振动压路机；碾压高强度黏土路基时，必须采用羊足碾振动压路机；碾压黏性土路基时，应采用高振幅、低频率的压实方法，碾压速度为 3 ~4 km/h。

沥青混合料路面的碾压

沥青混合料路面的碾压通常分为初期碾压、补充碾压和整平碾压 3 个阶段，其目的在于提高柔性路面的综合性能。碾压时应注意以下技术要求：

1. 初期碾压最好采用串联式静力碾压路机，尽可能不用静力压路机，以免产生较深的轮迹和大的裂缝。

2. 补充碾压通常采用轮胎压路机（气压轮胎或橡胶轮胎），以避免混合料横向移动产生裂缝；同时，通过气压轮胎的揉搓作用，使细小的颗粒和混合料移动至表面，不但修光了路面，而且使路面具有较好的防水性。最好采用 9 轮轮胎压路机，若对荷重和轮胎压力作适当的调整，也可采用 7 轮或 11 轮压路机。使用 9 轮轮胎压路机时，应将具有 5 个轮胎的宽的一头向着前进方向，这样就不必总回头观察是不是紧贴着路缘进行碾压了。若新的沥青路面出现热龟裂，可在路面温度高于 38℃时，以 0.35 ~0.41 MPa 的轮胎压力揉搓 8 ~10 遍即可消除裂缝。

3. 整平碾压可采用光轮压路机，以获得平整的路面和接缝。

4. 上述 3 个阶段的碾压均可以使用振动压路机，但应注意：在一次碾压过程中，压路机的振幅和频率应保持不变；最后整平碾压时，应断开振动系统进行静力碾压。

5. 在碾压新铺混合料时，驾驶员应先将压路机驱动轮驶入新鲜混合料场，以减少波纹和断裂现象。

6. 压路机加速或减速、起步或换向都应尽可能缓慢平稳；碾压时压路机的速度要尽可能保持稳定以使压实均匀。

7. 振动压路机转移、换向或停驶时要断开振源，待压实作业时再接通。

8. 压路机在每次碾压结束时，要进行缓慢转向，这样可以使压痕减到最小。

9. 压路机要尽可能在已压好的沥青层上转向；要尽可能在平缓路段上转向；要避免在热沥青料层上停机；压路机停放时要与行驶方向成一角度，以便更容易消除压痕。

10. 对振动压实敏感的混合料，在振动压实前可用静压先碾压 1 ~ 2 遍，碾压速度为 12 km/h;要确保轮子湿润，以免轮子上黏附沥青料。

压路机作业注意事项

一、静力式压路机

静力式压路机依靠自身的重量在运行中以静压力压实物料。静力式压路机在使用中应注意以下事项：

1. 作业或行驶中紧急制动时，必须先踏下主离合器踏板以切断动力，然后再踏制动踏板，否则易损坏制动器；解除时，应先松制动踏板，然后再松主离合器踏板以恢复行驶。

2. 对于带差速锁死装置的压路机，在正常作业时应将差速锁死装置置于差速位置，以便于机器转向，并可避免损坏路面；当机器陷入泥坑或有较大石块阻住后轮使后轮打滑时，可将差速锁死装置置于锁死位置，以帮助机器克服后轮打滑并越过障碍。

3. 上坡前换挡变速时必须停机，下坡时应挂低速挡。

4. 高速行驶时严禁急转弯。

5. 几台压路机联合作业时，其间距应大于 3 m，以免发生碰撞。

6. 应避免远距离行驶。需要远距离转场时，应用其他车辆运载。

二、振动式压路机

振动式压路机依靠振动轮静压和振动力的共同作用来压实物料；振动压路机在使用中应注意以下事项：

1. 变换行驶速度时，必须先分离主离合器或换向离合器，才可扳动变速手柄进行换挡。

2. 变换行驶方向时，须先将换向手柄由前进（后退）位置扳至中位，待机器停稳后再将手柄扳至后退（前进）位置。不可一次扳到位，以免因突然变换行驶方向而损坏机件。

3. 作业行驶中，若发现换向离合器或起振离合器有打滑现象，应立即停机，并分离主离合器；需对换向离合器或起振离合器进行检查、调整及排除故障。不可加大油门、试图以高转速大功率来勉强行驶，否则将烧毁离合器片。

4. 压实松散物料时，应先经过 1 ~ 2 次静压后再进行振动碾压。

5. 压路机的起振或停振，应在运行中进行，以免损坏路面。严禁在硬质路面上起振，以免损坏减振装置或其他机件。

6. 在平整路面上做近距离转场时可用高速挡，若距离较远，则需用其他运输工具载运。

7. 上、下坡时应提前换好低速挡，禁止以高速上、下坡。

8. 进行高速碾压作业时，禁止开动起振装置。

一、填空题

1. 压路机类型有__________、__________、__________、__________、__________几种。

2. 自行式振动压路机一般由__________、__________、__________、__________以及车架等总成组成。

二、选择题

1. 振动式压路机正常停机时，应采用（　　）制动形式。

A. 工作制动　　B. 行车制动　　C. 紧急制动

2. 使用跨接启动发动机，应将蓄电池正极和正极连接，负极和负极连接；并且总是（　　）。

A. 后接上地线，先拆下地线　　B. 后接上正极线，先拆下正极线

C. 后接上正极线，先拆下地线　　D. 后接上地线，先拆下正极线

三、判断题

1. 宝马 205—AD 双钢轮振动压路机左侧行驶操作手柄能控制轮边切割器升、降。（　　）

2. 仪表板上，钢轮振动预设旋钮：只能设置左位，前轮振动；右位，后轮振动。（　　）

任务七　抹光机的使用与维护

◆ 了解抹光机的用途和结构。

◆ 能够正确使用和维护抹光机。

工作任务

抹光机又叫做水泥收光机，广泛用于公路、仓库、停车场、广场、框架式楼房的水泥混凝土表面的提浆、抹平、抹光。通过对本任务的学习，使学生知道抹光机结构，能够操作和维护抹光机。

相关理论

一、抹光机的用途

抹光机是一种用于对混凝土表面进行粗、精抹的机具。经过抹光机处理过的水泥混凝土表面平整、光滑、凝结力好、表面强度极高，极大地提高了混凝土表面的密实性及耐磨性，并提高了工作效率，降低了劳动强度，抹光机每小时能抹光 100～300 m^2，在工效上较人工作业提高工作效率 10 倍以上。

二、抹光机的结构（见图 3—7—1）

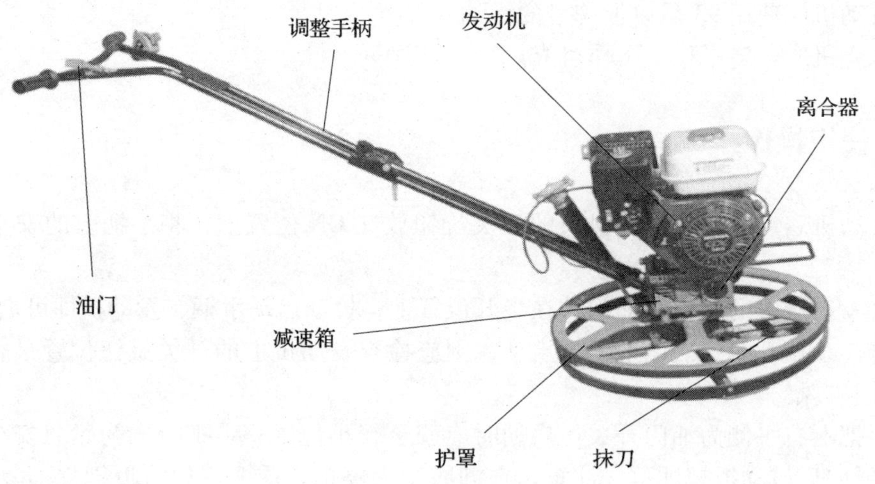

图 3—7—1　抹光机的结构

抹光机的主要组成部分是一个汽油机驱动的抹刀转子，在转子中部的十字架底面装有 2～4片抹刀。抹刀倾斜方向与转子旋转方向一致，由汽油机带动三角带使抹刀转子旋转。操作时，先握住操纵手柄，启动汽油机，抹刀即旋转对水泥地坪进行抹光，抹光机每小时能抹光 100 ~ 300 m^2，与人工抹光比较可提高工效 10 倍以上。

1. 发动机：抹光机的动力装置，通过油门调整发动机的转速。
2. 减速箱：降低发动机的转速，向外部输出动力。
3. 离合器：接合或切断动力的输出。
4. 抹刀：工作装置，对水泥路面进行抹光。
5. 调整手柄：调整抹刀的倾斜角度。
6. 护罩：罩在抹刀外侧，起安全保护作用。

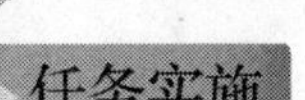

一、使用前的操作

1. 将操作扶手调至适当高度。
2. 使用前应检查各连接部位是否可靠，调整是否正常；抹光机叶片应光洁平整，并处于同一平面，连接螺栓应紧固无松动。
3. 检查减速箱内的润滑油是否符合要求：油质是否合格，油量是否适中，不可过多或过少。
4. 检查发动机内的机油是否符合要求：油质是否合格，油量是否适中，不可过多或过少。
5. 发动机应使用 93 号以上牌号的汽油。
6. 抹光机应运转平稳、工作可靠。

二、使用操作

1. 发动机启动前，将发动机上的开关旋钮放在 ON 位置上，将手柄上的安全开关向前推到底。
2. 将发动机上的风门和油门放在半开位置上，拉动启动手柄，发动机即可启动。
3. 若连续拉动两三次以上仍未启动，则应检查发动机上的开关旋钮位置是否正确，或者调整油门、风门。
4. 手把上右手侧为油门开关，启动时应调至较小位置；手把上方为紧急安全扳把，停车时，只要向后拉动扳把即可。注意，在彻底熄火停车之前，不要将扳把立即复位，否则，发动机会再次启动，直到停车之后，再将扳把复位，以备下次使用。
5. 操作人员应根据施工要求，按顺序作业。
6. 抹光机有异常现象时，应立即停机检查并处理。
7. 旋转手把中间的圆形手柄，可以调整抹刀的倾斜角度。
8. 调整抹刀柄上的螺栓，可以改变抹刀对水平面的倾斜角度，保证平整性。

三、使用后的操作

每次使用后，应对机器及时进行清理，以免水泥结块，造成以后清理困难，影响使用效果。

四、保养与维护

1．保证发动机用油清洁，注意定期更换。

2．发动机和减速箱加油要适量，不要太多或太少。

3．经常检查连接部件，尤其是运动的部件，发现松动，及时调整、紧固。

4．三角皮带磨损过度、破损应及时更换。

5．所有外露的螺纹，应保持清洁，并进行涂油防锈处理。

五、使用注意事项

1．每次使用，必须认真逐项检查，排除异常情况后，方可使用。

2．减速箱严禁缺油，要经常检查、及时加油，首次换油时间为 1～3 个月（视工作连续性或运转频率而定），加油时旋开减速器油塞即可加油；使用时发现轴承及连接处漏油，应更换相应的密封件。

3．每次启动前，必须检查安全开关是否有效，以确保安全。

4．安全防护圈必须连接可靠，不得私自将防护圈拆掉，机器工作时，不得将手脚伸入安全防护圈内。

5．不要在易爆环境中操作机器，要远离易燃物品，如果机器漏油，应立即停机修理。

6．操作人员要经过培训合格后方可上岗，机器运转时，操作者不得离开机器。

7．机器运转时，操作者要尽量远离所有的运转部件，确保人身安全。

8．应确保机器的熄火装置工作正常，不得带病工作。

9．当机器停止工作时，短时间不要接触机器的散热外壳，以免灼伤。

10．操作者要保持有好的立脚点，防止机器在启动或操作时手柄滑脱，造成机器失控。

11．启动和操作时，操作者的右手要紧握手柄，并靠近安全开关，以保证安全。

12．地面上如有伸出的铁管、金属物或其他坚硬障碍物时，不得使用本机器，以免造成机器严重损坏的后果。

一、填空题

1．抹光机又叫做水泥__________，广泛用于公路、仓库、停车场、广场、框架式楼房的水泥混凝土表面的__________、__________、__________。

2. 抹光机主要结构是一个__________驱动的抹刀转子。

二、判断题

1. 发动机应使用93号以上牌号的汽油。（　　）

2. 每次启动前，必须检查安全开关是否有效，以确保安全。（　　）

3. 启动和操作时，操作者的右手要紧握手柄，并靠近安全开关，以保证安全。（　　）

三、选择题

抹光机每小时能抹光（　　）m^2，在工效上较人工作业提高工作效率（　　）倍以上。

A. 100 ~ 300　10　　B. 50 ~ 100　10

C. 100 ~ 300　3　　D. 50 ~ 100　10

四、简答题

怎样保养与维护抹光机?

模块四

养护机械

任务一　道路清扫车的使用与维护

- 了解道路清扫车的作用、类型和特点。
- 了解道路清扫车的结构。
- 能够正确使用和维护道路清扫车。

道路清扫车是配有扫刷等清扫系统的专用环卫车辆，主要用于大中型城市环卫部门进行清扫作业。道路清扫车极大地减轻了环卫工人的工作强度，提高了工作效率，减少了扬尘等二次污染。通过本任务的学习，要求学生能够使用道路清扫车实施清扫的作业任务、维护保养道路清扫车。

一、道路清扫车的作用、类型和特点

1. 道路清扫车的作用

道路清扫车的作用是清扫道路和场地。主要用于城市道路和公路清扫作业。可广泛应

用于干线公路，市政以及机场道面、城市住宅区、公园等道路清扫。路面道路清扫车不但可以清扫垃圾，而且还可以对道路上的空气介质进行除尘净化，既保证了道路的美观，维护了环境的卫生，维持了路面的良好工作状况，又减少和预防了交通事故的发生以及进一步延长了路面的使用寿命。

2. 道路清扫车的类型和特点

道路清扫车的类型和特点见表4—1—1。

表4—1—1　　道路清扫车的类型和特点

分类	类型	特点
按工作原理分类	吸扫式	吸扫式道路清扫车具有可伸出基础车体之外的盘刷、柱刷及吸口，盘刷可将路缘、边角的垃圾集中输送至吸口前方，利用空气动力通过吸口将垃圾吸拾、输送至垃圾箱中。清扫范围宽，适应性好，对细微垃圾尘粒具有良好的吸拾、输送效果
	纯扫式	纯扫式道路清扫车通常具有可伸出基础车体之外的盘刷、柱刷、输送部分及垃圾箱。盘刷、柱刷可用于将路缘、边角等处的垃圾输送到输送带或链板上，最终被输送至垃圾箱内，因而它具有清扫范围宽、适应性好的特点。这种机型的主要缺点是：除尘效果差，对以小颗粒为主的垃圾清扫效果不好，因而它主要用于人口密集的街道、市区道路
	纯吸式	依靠风机循环形成的负压，将路面上的尘土吸入垃圾收集器内，这种形式的扫路机不带扫把。对以小颗粒为主的垃圾清扫效果较好，但对大颗粒垃圾吸拾效果不好，易堵塞
按行走方式分类	自行式	自行式道路清扫车靠自身动力驱动行走，具有良好的整体性、独立性，具有作业范围大、工作效率高等特点。自行式道路清扫车的底盘部分目前通常由现有汽车底盘改进而来
	牵引式	牵引式道路清扫车是牵挂于其他机械之后或靠人力推动行走，因此，其整体性、独立性和机动性都较差，但具有结构简单、制造成本较低的特点

二、道路清扫车的结构

道路清扫车（见图4—1—1）一般由机架、发动机、传动系统、副发动机、扫地刷、垃圾箱、垃圾输送装置和洒水系统等组成。扫地刷是道路清扫车的主要工作机构，它由刷、刷架、悬杆和驱动机构组成。按刷的功用可分为主刷和副刷。主刷一般做成圆锥形，担负大部分清扫面积的清扫工作，并将垃圾扫到垃圾箱中；副刷则是用来清扫道路边缘，并将垃圾送到主刷的扫道上。

扫地刷常用的有圆柱刷和圆锥刷。圆柱刷由刷芯、刷毛以及把刷毛固定在刷芯上的零件所组成。刷毛的材料常用钢丝、棕榈丝、竹条、人造纤维等。圆锥刷头部呈圆锥形，刷毛安装在一个圆盘上，因此又叫盘刷。它安装在机器的两侧，故又名侧刷。

垃圾箱是存放垃圾的容器，扫地刷扫起的垃圾通过输送装置送入垃圾箱中。垃圾箱一般是固定式的，也可制成可拆的和悬挂式的，通过端盖或倾倒进行卸载。

图 4—1—1 道路清扫车的外形

垃圾输送装置有机械式和真空机械式。机械式输送装置有带式、刮板链式和斗形提升式结构。真空机械式输送装置不仅能从路面上扫起垃圾，而且还可以将其抛到垃圾箱中，同时气流还通过扫刷，这样促进了垃圾和灰尘从地面离开，细微的灰尘通过滤清器被留下，排入大气中几乎是无尘的空气，从而避免了对空气造成的污染。该装置在城市的现代清扫收集机中使用最普遍。

洒水系统包括水箱、水泵（或压气机）和喷洒管嘴等。

三、操纵机构和仪表

下面以 FLM5051TSL 型干式扫路车为例进行说明。FLM5051TSL 型干式扫路车的控制系统设计巧妙、可靠完善，在驾驶室内即可完成所有作业功能的控制，并实现清扫作业的操纵及监控，其操纵开关和仪表如图 4—1—2 所示。

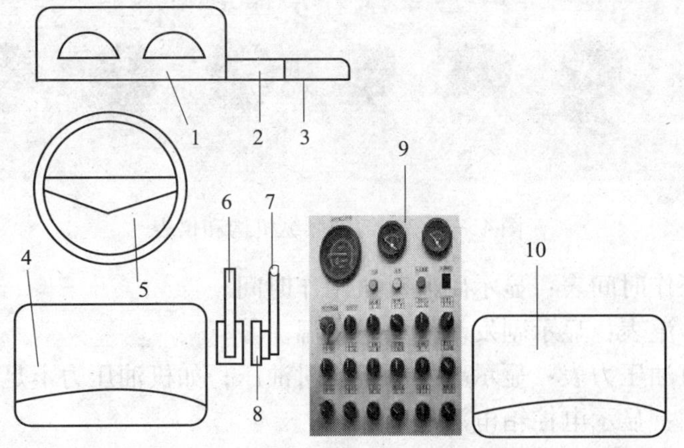

图 4—1—2 道路清扫车的操纵开关和仪表

1—底盘仪表 2—空调开关 3—汽车音响 4—驾驶员座椅 5—转向盘
6—驻车手柄 7—副发动机油门操纵杆 8—风机旋转控制开关
9—清扫操纵机构和仪表 10—副座椅

其中，底盘仪表 1 用来显示汽车底盘数据状态；空调开关 2 用来控制汽车空调，调节室内温度，冷暖兼备；汽车音响 3 提供音乐；转向盘 5 是车辆的转向操纵装置；驻车手柄 6 是停车制动的操纵杆；副发动机油门操纵杆 7 用来调整副发动机油门开度，改变转速；风机旋转控制开关 8 与副发动机油门操纵杆联动，当副发动机转速高于 1 200 r/min 时，风机旋转，当其转速低于 1 200 r/min 时，动力切断，风机约 15 s 后停止转动。

清扫操纵机构和仪表 9 上一共包括 25 个组成部分，如图 4—1—3 所示，其具体功能和作用如下：

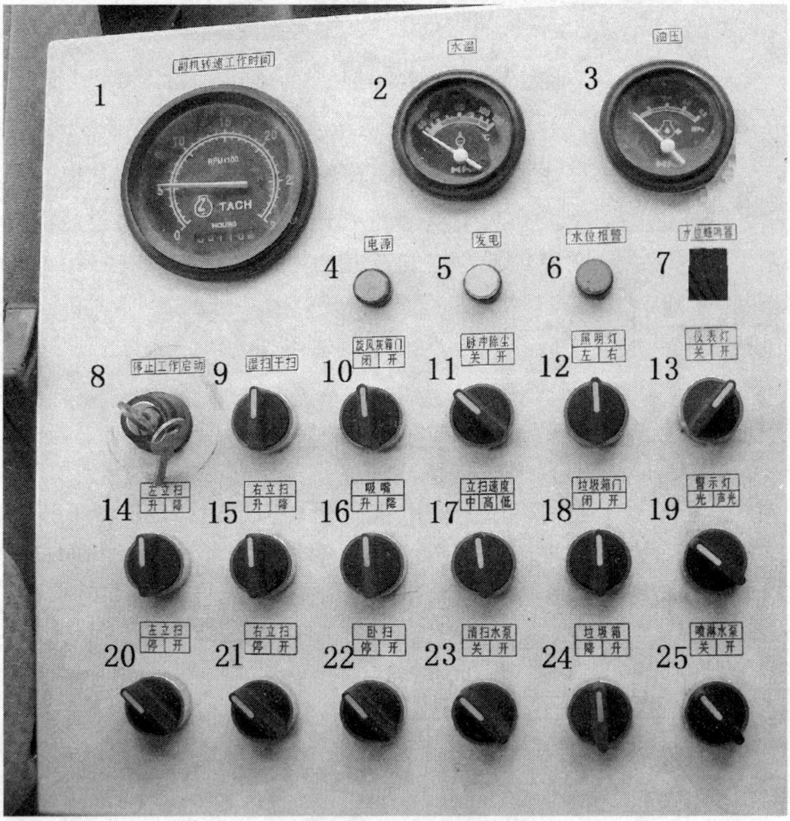

图 4—1—3　清扫操纵机构和仪表

1. 副发动机工作时间表：显示副发动机工作时间。
2. 副发动机水温表：显示副发动机实时水温。
3. 副发动机机油压力表：显示副发动机实时油压；如机油压力不足，应停车检查。
4. 电源指示灯：显示电控箱电源通断状态。
5. 充电指示灯：灯亮时，指示副发动机未发电。
6. 水位报警指示灯：灯亮时，指示水位偏低，注意加水。
7. 水位蜂鸣器：蜂鸣器响时，指示立即加水。
8. 副发动机点火开关：控制电源通断及副发动机启动、运转、停机。

9. 清扫工作模式选择开关：如地面干燥，选择干式清扫模式；如地面潮湿，选择湿式清扫模式。

10. 旋风灰箱门：左位关闭，右位开启。

11. 脉冲开关：打开时，气脉冲清灰系统将启动，当采用干式清扫工作模式时，必须接通该电源开关。

12. 照明灯开关：开启车顶的照明灯。

13. 仪表灯开关：开启、关闭仪表灯。

14. 左立扫升降开关：控制左侧扫盘的升降。

15. 右立扫升降开关：控制右侧扫盘的升降。

16. 吸嘴升降开关：控制吸嘴的升降。

17. 扫盘转速开关：选择扫盘高、中、低三挡转速。

18. 垃圾箱门：向右扳动时，垃圾箱门开启；向左扳动时，垃圾箱门关闭。

19. 工作警示灯开关：控制警示灯和报警声的开关。

20. 左立扫开停开关：控制左侧扫盘的开停。

21. 右立扫开停开关：控制右侧扫盘的开停。

22. 卧扫开停开关：控制卧扫盘的开停。

23. 清扫水泵开关：控制清扫水泵的开停。

24. 垃圾箱升降开关：控制垃圾箱的升降。

25. 喷淋水泵开关：控制喷淋水的开停。

四、新车走合

为使扫路车达到设计性能指标和延长使用寿命，出厂的新扫路车在使用初期必须进行走合：汽车底盘走合期为 1 000 km，副发动机走合期为 60 h，扫路车专用工作装置磨合期为 10 h。

1. 副发动机在总装调试之时已进行走合

汽车底盘的走合：如果车辆里程表未达到 1 000 km，请用户参阅同型号的汽车进行走合。

2. 扫路车专用工作装置的磨合作业时间不少于 10 h

（1）按设计转速 80%，每吸扫 1 h 举升 5 次垃圾箱，磨合 6 h。

（2）按设计转速，每吸扫 1 h 举升 5 次垃圾箱，磨合 4 h。

磨合作业结束之后应更换发动机润滑机油，清洗滤清器滤芯，更换变速器、驱动器及转向器的润滑油，并向全车各处油杯加注相应的润滑油脂。

道路清扫车基本操作主要包括以下几个方面：

一、出车前的检查

1. 发动机、底盘部分

（1）检查主、副发动机散热水箱水位、机油液面高度、燃油箱油量。

（2）检查轮胎气压是否正常。

（3）检查脚制动和驻车制动是否可靠有效。

（4）检查整车有无漏水、漏油现象。

2. 专用工作装置部分

（1）检查液压油油量。

（2）检查液压管路及气动系统密封性。

（3）检查扫盘、吸嘴、垃圾箱、副车架、副发动机、风机及底盘各部件安装连接是否紧固可靠。

（4）检查风机传动皮带、液压泵传动皮带张紧是否适度。

（5）检查电控旋钮、按钮开关是否灵活并处于中位。

3. 车辆工作状态

（1）检查各仪表指示、照明、指示灯工作情况。

（2）检查液压系统压力是否正常。

（3）检查运转时发动机有无不正常杂声或气味。

（4）操纵各工作装置，检查其动作是否灵活。

（5）检查扫盘刷丝与地面接触位置、角度是否合适。

（6）检查吸嘴离地间隙是否恰当。

（7）检查吸嘴及扫盘的遮尘裙板是否完好、无缝隙。

（8）检查左右扫盘挡尘罩是否完好、无缝隙。

（9）检查风机皮带是否打滑。

（10）检查垃圾箱后门及吸尘系统各结合面是否密封。

（11）检查吸管、反吹管有无破裂。

二、出车

1. 启动

进行“出车前检查”，确认各部件均正常后进行发动机启动。启动前，应将各控制开关置于中位，插入钥匙，接通电源总开关，当预热指示灯熄灭后方可启动发动机。发动机启动后，怠速运转 2 min 进行暖车，并密切注意各仪表的指示。当气温低于 0℃时，发动机首先怠速运转 5 min，再进行液压油加温 3 min。注意：接通电源开关启动挡时，每次一般不超过 10 s；重新进行启动应稍停 30 s 后进行。

2. 作业操纵

应严格按如下顺序操纵工作装置，并在副发动机处于怠速或低速运转时（小于 1 000 r/min）进行。

（1）首先打开车辆警示装置。

（2）操作前，主扫伸出、降落，吸嘴降落。

（3）根据实际情况选择当天清扫工作模式：路面干燥选干扫，路面潮湿选湿扫，严禁错选。

（4）当采用干扫模式时，还须根据路面垃圾分布状况调整左右两侧负压吸尘装置的节流阀门；然后打开气脉冲电源开关。

（5）将副发动机快速提升至 1 500 r/min，风机开始工作。

（6）操作扫盘旋转，逐步提升至发动机工作转速，转速范围为 1 600 ~ 2 200 r/min；选择高中低的三挡扫盘转速。

（7）掌握合适的清扫车速，进行清扫作业；整个作业期间应仔细观察路况及监视仪表。

（8）当清扫任务完成后，按相反步骤停止工作。

（9）到达垃圾场后，可操作后门开启、垃圾箱倾翻，实现存积垃圾倾翻自卸。

（10）每天应及时清洁车辆；每次干扫作业后，持续开通气脉冲 10 min，对二次过滤筒进行额外清灰。

3. 停车

发动机停机前，应先在 750 r/min 的转速上运转 3 min，以便机体各部件均匀冷却，注意切勿在高速状态下突然停机。扫路车停放时，垃圾卸除，垃圾箱应落下，后门关紧，扫盘、吸嘴处于提升收缩位置。

三、道路清扫车的使用注意事项

1. 新车使用时，应先将各处油缸空载运动几次，排除液压系统内部残存的空气，以避免工作过程中出现振动和“爬行”现象。

2. 副发动机油门操纵应缓慢。作业前副发动机应进行怠速暖车，发动机水温达到 60℃ 后，才允许进行全负荷运转。作业时主、副发动机水温均不得超过 95℃。当水温超过允许值或机油压力过低时应立即停机检查。

3. 作业时，应随时注意各仪表的读数是否正常，底盘、副发动机、风机、吸嘴、清扫装置、气脉冲清灰装置等部件有无异常响声及气味。

4. 当吸扫效果差时，应注意检查吸尘系统的密封情况、吸管有无破裂、吸嘴处有无超过吸管直径的物件堵在下面、吸管及垃圾箱滤网有无阻塞、二次过滤筒是否堵塞、风机和扫盘是否达到额定工作转速、扫刷触地情况、液压系统工作压力是否正常、清扫车速是否过快等。

5. 清扫作业时，如遇路面有较大的障碍物或尺寸大于吸管内径的垃圾时，不可强行通过，而应绕开障碍物、下车拾起垃圾或提升扫盘吸嘴，以免损坏工作装置。

四、作业结束后的检查

1. 检查副发动机传动轴承座、风机轴承座、油泵轴承座、传动皮带是否过热。

2. 检查液压油存量是否正常、液压管路有无渗漏。

3. 检查整车螺栓及销轴的固定是否松动。

4. 检查轮胎气压。

5. 检查扫刷是否松动和过度磨损。

6. 彻底清洗全车，特别是垃圾箱、过滤网、吸管、吸嘴、清扫工作装置等部件。

7. 根据实际情况，拆卸清洁二次过滤筒和主、副发动机空气滤清器，路面垃圾中尘土含量较多时，应每天清洁。

五、道路清扫车的润滑

正确的润滑可以大大减少车辆的摩擦阻力和零件磨损。

1. 在正常使用条件下，按保养周期进行润滑；使用频繁或工作条件恶劣时，应适当缩短保养周期。

2. 选择规定的润滑油料。

3. 清洁注油容器及注油部件。

4. 应在车辆行驶后（即在热机状态下）立即进行，以保证废油及脏物能全部排出。

注意：检查油量时车辆需处于水平状态。

近年来，国内外道路清扫车械的发展较快。国内有厂家引进了国外先进吸扫式道路清扫车工作装置的生产技术，与国产汽车底盘配套生产道路清扫车，大大提高了国产道路清扫车的技术性能。

正确合理地使用道路清扫车，可以保证道路清扫车的作业性质，减少故障，提高机械使用效率，延长使用寿命，还可以防止事故，避免人身伤亡。操作道路清扫车之前，必须仔细阅读随车使用说明书，严格遵守操作规程。

一、做好道路清扫车使用前的准备工作

1. 给底盘发动机和副发动机加注燃料油及润滑油；加注冷却水；检查空气滤清器的堵塞情况及安装是否正确；检查齿轮箱润滑油液面；检查冷却风扇驱动带的张紧状况；检查油门控制是否正常；检查有无漏水、漏油现象。

2. 检查液压油箱的充满状况；检查有无漏油现象。

3. 检查喷水系统的吸水过滤器是否清洁；检查水阀通断是否正常；检查水泵驱动带张

紧状况；检查有无漏水现象。

4. 检查吸扫系统所有摩擦件（扫刷、吸口、耐磨衬板等）的工作状态；检查风机是否平静，是否转动自如。

二、保证道路清扫车工作装置的最佳状态

1. 保证侧盘接地方位正确和水平柱刷两端接地压力相等；否则易造成两端扫除效果不同，毛刷磨损不平衡等问题。

2. 保证吸口的最佳离地间隙，对密度较大的垃圾尘粒，吸口的离地间隙应小一些；对于轻质垃圾、树叶、纸屑等，特别当数量较大时，吸口的离地间隙应大一些。

3. 保证喷水雾化和适当的喷水量，要按照道路清扫车使用说明书，根据路面垃圾状况选择适当的喷水量，并保证雾化效果。

三、操作注意事项

1. 箱体举升时，必须撑起安全支架。

2. 底盘气压不足时，不准启动副发电机。

3. 储水箱无水、液压油箱无油时，不准启动副发动机。

4. 车辆左右倾斜时不准升起箱体。

5. 箱体升起时，车辆不准行驶。

6. 道路清扫车作业时，要打开警示灯，提醒后方驶来车辆驾驶员注意。

7. 吸扫装置处于工作位置时，禁止倒车。

8. 对紧附在路面上的垃圾，需打开功能开关，增大侧刷对地面的压力进行清扫。

9. 遇有较大块状垃圾时，需打开功能开关，这时吸口前部抬起，可将其吸入。

10. 作业中遇有吸口不能吸入的物体（如纸箱、木板、钢筋等）时应停车将这些物体捡起。

11. 清扫车在作业过程中，如垃圾储存箱已满，应将清扫刷和吸口收回在锁紧位置，关闭副发动机，驶离清扫路段，倾倒垃圾。

12. 卸垃圾时，清扫车必须停在平坦、坚实的地方，严格按照先打开箱门，再倾翻垃圾储存箱的程序来进行。

13. 车辆熄火前，必须使液压油泵取力器处于断开状态。

思考与练习

一、填空题

1. 道路清扫车是配有__________等清扫系统的专用环卫车辆，主要用于大中型城市环卫部门进行清扫作业。

2. 道路清扫车一般由机架、__________、传动系统、副发动机、扫地刷、垃圾箱、垃圾输送装置和洒水系统等组成。

二、判断题

1. 自行式道路清扫车靠自身动力驱动行走，具有良好的整体性、独立性，具有作业范

围大、工作效率高等特点。 (　　)

2. 纯扫式道路清扫车通常具有可伸出基础车体之外的盘刷、柱刷、输送部分及垃圾箱。 (　　)

3. 出厂的新扫路车在使用初期必须进行走合：汽车底盘走合期为10 000 km，副发动机走合期为600 h，扫路车专用工作装置磨合期为100 h。 (　　)

三、选择题

1. 发动机启动后，怠速运转（　　）min进行暖车，并密切注意各仪表的指示。当气温低于0℃时，发动机首先怠速运转5 min，再进行液压油加温3 min。注意：接通电源开关启动挡时，每次一般不超过10 s；重新进行启动应稍停30 s后进行。

A. 1　　B. 2　　C. 3　　D. 5

2. 发动机停机前，应先在（　　）r/min的转速上运转3 min，以便机体各部件均匀冷却，注意切勿在高速状态下突然停机。扫路车停放时，垃圾卸除，垃圾箱应落下，后门关紧，扫盘、吸嘴处于提升收缩位置。

A. 1 000　　B. 2 000　　C. 3 000　　D. 750

四、简答题

1. 简述道路清扫车的使用注意事项。

2. 简述道路清扫车作业后的检查内容。

任务二　洒水车的使用与维护

◆ 了解洒水车的用途、类型和结构。

◆ 能够正确使用和维护洒水车。

洒水车又称为喷洒车、多功能洒水车、园林绿化洒水车、水罐车、运水车。洒水车适合于各种路面冲洗，树木、绿化带、草坪绿化，道路、厂矿企业施工建设，高空建筑冲洗。具有洒水、压尘、高、低位喷洒，农药喷洒、公路护栏冲洗等功能，通过本任务的学习，要求学生能够使用洒水车实施洒水的作业任务，维护保养洒水车。

一、洒水车的用途

洒水车（见图4—2—1）的用途是向路面上洒水和冲洗路面，以达到除尘和清洁路面的目的。此外，洒水车具有运水、排水，应急消防等功能。其配置为前冲、后洒和侧喷，自吸式专用水泵，泵可抽水排水，带消防接头、自流阀，罐体后带工作平台，安装绿化洒水炮，水炮旋转可调节水量大小形状（喷射呈柱、雾、毛毛雨）。洒水车也可用于路面养护、园林绿化及应急消防、运输饮用水，以及熄灭火灾，为了扩大洒水车的用途，在其上悬挂雪犁和扫刷，可在冬季进行扫雪。

图4—2—1　洒水车的外观

二、洒水车的类型和结构

按用途分为喷洒式、冲洗式、喷洒—冲洗式；根据底盘形式分为汽车式、半拖挂式和拖挂式；按容量分，可分为多少方或多少吨的洒水车。

洒水车主要由发动机和汽车底盘、水罐、管路系统、水泵和喷嘴等组成，发动机和汽车底盘是洒水车的动力装置和行走装置。

洒水车的主要工作部件主要包括罐体、罐口、取力器、水泵、球阀、喷水器等。

1. 罐体

洒水车罐体结构，罐体为椭圆柱形或方形，用钢板制成，整车罐体水仓设有2~3个储水室，中间隔板下端有通孔，仓内隔板具有防波作用，以减小汽车行驶时罐内水的冲击。水出口处装有防旋板，以防洒水时产生旋涡影响水压。外表涂防锈漆及装饰漆。

2. 罐口

罐口组件：大盖由螺栓紧固在罐口上，由一个支销和一个护板小盖连接在一起，顺时针转动小盖上的手柄可使小盖压紧。反转，脱开耳板后，小盖则可打开，大盖上开有一个直径30 mm的孔，以便在加水过程中，使罐内的压力与大气压力基本一致。

3. 取力器

取力器的功用是将发动机的动力从变速箱取出，经传动轴传递给泵，从而带动水泵一起运转。在使用时应先将汽车的挡位设置在空挡上，启动发动机，踏下离合器踏板，再将取力器手柄（见图4—2—2，位置在仪表板下方左侧）抬起拉到底（不分高速、低速），便可使取力器中取力齿轮与变速箱中的齿轮啮合。然后慢慢松开离合器踏板，便可将发动机的动力通过传动轴传递给泵，使泵工作；工作结束时，先将离合器踏下，然后将取力器手柄推回到原位，此时取力器中的齿轮与变速箱分离，取力器结束运行。

4. 水泵

自吸式叶轮泵是洒水车专用泵。该水泵结构紧凑，无振动，噪声低，运行平稳可靠；采用优质机械密封，无泄漏，使用寿命长；采用开式叶轮，能处理污水和含有微细杂物的液体，输送能力强。

图 4—2—2　取力器手柄位置

5. 球阀

洒水车装有直径 50 mm 不锈钢球阀 7 只，如图 4—2—3所示。图中标注 7、8、9、10，供调节洒水用；直径50 mm 铝制水罐球阀一只，图中标注4，以控制抽水或洒水，其抽水时打开，洒水时关闭；直径 65 mm 消防球阀一只，可连接消防带，供紧急灭火用。

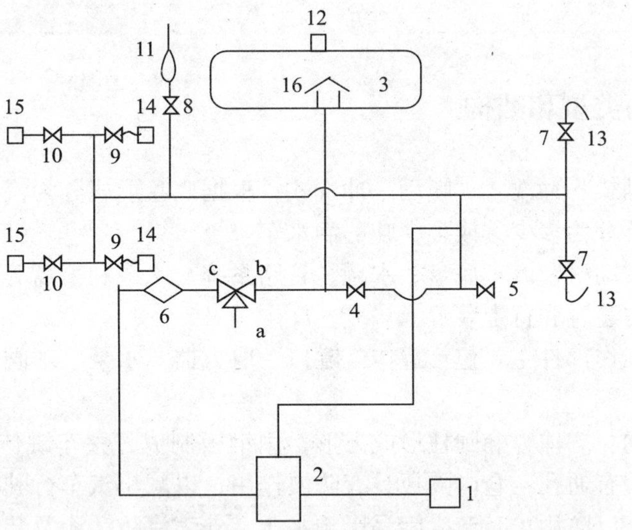

图 4—2—3　洒水车的工作原理

1—取力器　2—水泵　3—水罐
4—连通阀　5—消防球阀　6—过滤网　7—前冲阀
8—洒水炮阀　9—侧喷阀　10—后洒阀　11—洒水高炮　12—罐口盖
13—圆头冲嘴　14—侧喷莲花头　15—后洒水喷头　16—防旋板　a、b、c—三通阀

6. 喷水器

车前面装有鸭嘴形喷嘴或圆头冲嘴（见图 4—2—4），一般用于冲洗街道（见图 4—2—5），起除尘和降温作用；后面装有圆柱形洒水喷头，用于路面洒水；侧喷莲花头，用于浇灌路边花台花木（见图 4—2—6）；车后部有工作平台，装有洒水高炮，可以用于城乡园林绿化及应急消防（见图 4—2—7）。

图4—2—4　喷水器的位置

图4—2—5　冲洗街道

图4—2—6　路面洒水、浇灌路边花台花木

图4—2—7　洒水高炮用于城乡园林绿化及应急消防

三、洒水车的使用方法

1．加水

将车开到预定位置，使水罐口对准自来水管口，打开罐口盖，打开自来水，即可加水。

2. 吸水作业

（1）洒水车尽量接近作业点，驻车。

（2）打开走台箱边门，取出吸水胶管，使其向后摆动，无弯折现象。

（3）将吸水胶管尽可能深地插入水中，保证管端在作业过程中始终距液面 300 mm 以下。

（4）将四通阀手柄推至与地面垂直。

（5）将变速器挂入空挡，然后启动发动机，分离离合器，将取力器开关向后拉即挂挡取力，泵开始运转。

（6）操作员可通过后封头上部的观察镜，当液面达到观察镜中部时，应通知驾驶员，同时应迅速将吸水胶管拉离水面或关闭四通阀。

（7）收起胶管后，将其放回走台箱，关好边门。

（8）将洒水车驶离抽水地点。

3. 喷洒作业

（1）将四通阀门手柄拉至与地面平行，打开想要喷洒的球阀（前冲、后洒、侧喷、洒水高炮），然后启动发动机，踩下离合器，将变速器挂入挡位，将取力器开关向后拉即挂挡取力，然后缓慢松开离合器，泵开始运转，开始洒水。

（2）罐体内的水洒完后，驾驶员应踩下离合器，将取力器操纵柄向前推即脱挡，洒水泵停止运转。

一、使用洒水车前的准备工作

1. 当洒水车利用河沟、池塘作为水源时，注意吸水管端部全部没入水中。

2. 离心式洒水车水泵每次吸水前，必须向水泵加入一定量的引水，加完后必须关闭加水口。自吸式水泵第一次使用时，需要加引水，以后则不必再加引水。

3. 检查变速箱内润滑油面，以到油面螺栓孔的下缘为准，不足时添加齿轮油。

4. 检查变速箱操纵杆，使其处于空挡位置，检查取力器操纵手柄位置，使其为水平向右位置，检查油门控制器，使其为最小。

二、洒水泵的操作

1. 启动

（1）连接好有关管道，启动发动机，踏下离合器踏板，打开取力器操纵开关，使其挂挡（洒水车无论是在吸水前，还是在洒水前，取力装置挂挡都必须在停车时进行）。

（2）通过油门控制踏板，可控制洒水泵的工作转速。

2. 停止

将油门控制器推进，调速为最小，踏下离合器踏板，将取力器操纵开关扳回至原位置，使取力器脱挡。

三、使用后的检查

1. 检查取力器操纵开关是否回位，检查油门控制器是否为最小位置。
2. 检查阀门手柄位置，均应为关闭状态。

四、洒水车安全操作规程

1. 车辆检查

（1）车头翻转前应先检查驾驶室上方 1 m、前方 1.5 m 以内，不得有任何障碍物，车辆应停在平整的路面上，将驾驶室内所有未固定的东西搬下来，变速杆放置空挡。

（2）驾驶室翻起时，必须先打开散热器面罩处于翻起状态，禁止人员进入驾驶室。

（3）对车辆全面检查，确认车辆符合安全运行条件才能使用。

2. 洒水作业

（1）洒水车无论是在吸水前，还是在洒水前，取力装置挂挡都必须在停车时进行。

（2）洒水车前喷头位置较低，靠近地面，喷洒压力较大，可用于冲洗路面；后喷头位置较高，洒水面较宽，可用于公路施工洒水，使用后喷头时，应将前喷头开关关闭。

（3）洒水作业中如果和行人或车辆交汇，应主动减小或关闭洒水开关，尽量不要把水喷溅到行人身上。

3. 行驶途中

（1）行驶中驾驶室必须锁止。

（2）严禁酒后开车。驾驶车辆时不准吸烟、饮食、闲谈、打电话。

（3）车在下雨、冰雪、泥泞、渣油路面行驶时，车辆要注意防滑，时速不得超过 30 km，不准空挡滑行，对行人、车辆要保持足够的安全距离，避免急加速和紧急制动，发现情况要及时用发动机的制动作用提前减速，随时做好停车准备。严禁紧急制动，以免失去控制而造成事故。

（4）行驶中遇到大风雷雨时不准在树下或电线杆下停车，以免发生触电事故。

（5）雾天行车要打开防雾灯、小灯和大灯，勤鸣号。浓雾能见度小于 50 m 时，应选择安全地点暂停，不准冒险行驶，同时打开遇险警报开关，左右转向灯同时闪烁。

（6）车辆上坡时应根据不同情况，合理利用高速冲行，要及时变换挡位，做到高速挡不硬撑，低速挡不硬冲，爬坡自如。下坡时严禁高速和熄火滑行，陡坡时不准空挡滑爬。

（7）超越车辆时，要注意观察车辆前方有无障碍物，不准强行超车；后方车辆要求超车时，要及时礼貌让车。

（8）注意观察车辆工作情况，及制动、转向、主挂车连接装置、各部灯光等影响安全的机件。途中发生故障时，必须停车检查，不准冒险行车。

（9）停车时车未停稳，不准打开车门。

4. 回场后

（1）维护修理时，车辆应选择平坦地点停放，拉紧手制动器，将变速杆放入空挡，前后轮应用三角木塞住，以防车辆溜车发生事故。

（2）每周至少一次打开水箱排污管，将箱内积存的杂物排出，直到排出的水变清为止。如果长时间内没有洒水任务，应将水箱内的水排放干净。

（3）如出现洒水车操作原因而导致事故的发生，要及时加以改进，加强管理，以杜绝类似情况的发生。

洒水车的应用

使用洒水车前应认真阅读使用说明书。严格按使用要求操作，是使用好洒水车的重要保证。

1. 对水源的要求

当洒水车利用河沟、池塘作为水源时，注意吸水管端部全部没入水中。为避免吸入石块或较多的泥沙、漂杂物，吸水管端部一般设有过滤装置，吸水时严禁将过滤装置拆下。如果水源较浅，需要事先将吸水处挖深一些，以保证不含有杂物及不进空气。不同洒水车的水泵对水源的要求是有区别的，清水泵要求水中不能有杂质，浊水泵则要求水中不能有石块和过多的泥沙。

2. 加引水

离心式水泵每次吸水前，必须向水泵内加入一定量的引水，加完后必须关闭加水口。自吸式水泵第一次使用时，需要加引水，以后则不必再加引水。

3. 进水管必须真空

吸水时进水管系统必须保持一定的真空度，才能将水吸入箱内。进水管系统务必要密封可靠，软管不能破损，硬管不能有裂纹，否则将产生漏气现象，也就造成吸不上水的情况。

4. 停车挂挡

洒水车无论是在吸水前，还是在洒水前，取力装置挂挡都必须在停车时进行。

5. 冬季放水

冬季来临前，应将水泵和水管内的水放空，以防冻裂。我国北方一般严冬不再施工，故在施工结束后，就立即将水泵及水管内的水排空，以防后患。

6. 洒水注意事项

洒水车前喷头位置较低，靠近地面，喷洒压力较大，可用于冲洗路面；后喷头位置较高（洒水车后喷头一般左右各安装一个），洒水面较宽，可用于公路施工洒水，使用后喷头时，应将前喷头开关关闭；使用可调喷头洒水时，洒水宽度可根据需要调整。洒水宽度越宽，中间重叠量越少，洒水密度越均匀。

7. 润滑与紧固

在使用过程中要定期润滑传动总成各润滑点，经常紧固联结点，以保证正常使用。

8. 定期排污

洒水车储水箱设有排污管，该管的进口为水箱的最低点。经过一段时间的使用，应定期打开排污管开关，将箱内积存的杂物排出，直到水变清为止。

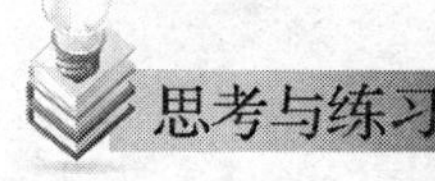

思考与练习

一、填空题

1. 洒水车又称为____________、多功能洒水车、园林绿化洒水车、水罐车、运水车。洒水车适合于各种路面冲洗，树木、绿化带、草坪绿化，道路、厂矿企业施工建设，高空建筑冲洗。

2. 洒水车的用途是向路面上洒水和冲洗路面，以达到____________和清洁路面的目的。此外，洒水车具有运水、排水，应急消防等功能。

二、判断题

1. 洒水车按用途分为喷洒式、冲洗式、喷洒—冲洗式；根据底盘形式分为汽车式、半拖挂式和拖挂式；按容量分，可分多少方或是多少吨的洒水车。（　）

2. 洒水车主要组成有发动机和汽车底盘、水罐、管路系统、水泵和喷嘴等；发动机和汽车底盘是洒水车的动力装置和行走装置。（　）

3. 洒水车无论是在吸水前，还是在洒水前，取力装置挂挡都必须在行车时进行。（　）

三、选择题

1. 在吸水作业时，将吸水胶管尽可能深地插入水中，保证管端在作业过程中始终距液面（　）mm 以下。

A. 100　　B. 200　　C. 300　　D. 400

2. 洒水车在雾天行车要打开防雾灯、小灯和大灯，勤鸣号。浓雾能见度小于（　）m 时，应选择安全地点暂停，不准冒险行驶，同时打开遇险警报开关，左右转向灯同时闪烁。

A. 30　　B. 50　　C. 80　　D. 100

四、简答题

1. 简述洒水车的操作规程。

2. 洒水车是如何进行喷洒作业的？

任务三　除雪机的使用

学习目标

◆ 了解除雪机的用途、类型和结构。

◆ 能够正确使用除雪机。

工作任务

除雪机是用于清除道路积雪和路面结冰的专用设备，是寒冷地区的公路、城市道路、机场道路养护的必备机械。通过本任务的学习，要求学生能够使用除雪机实施除雪的作业任务。

相关理论

一、除雪机的用途和类型

除雪机用于清除干道上的冰雪，机场利用除雪机来清除飞机表面、跑道和滑行道上的冰雪。通常除雪机使用自动倾卸卡车的底盘为基础，外加专门的除雪设备改装制成（见图4—3—1）。

图4—3—1　铲刮式除雪机的外形

不少政府机构也会利用较小型的车辆来清除人行道、小路与自行车道的积雪。寒冷地区负责道路维护的管理机构和承包商往往拥有若干除雪机，这样可以在冬季期间确保道路上冰雪的清除以及行车的安全。机场拥有除雪机，因为冰雪除了危及飞机起降外，还会对飞机的气动性造成干扰。

除雪机的种类和品牌很多，按工作装置不同的分类见表4—1—1。

表4—1—1 除雪机按工作装置不同分类

名称	工作对象	适用范围
抛扬式除雪机	自然积雪和各种堆积雪	工作范围极广，工作能力强大
铲刮式除雪机	自然积雪或轻度压实积雪	适用面广，应用广泛
刷扫式除雪机	清扫薄层积雪或配合其他清雪装置补充作业	用在人行道、停车场、重要建筑周围和机场跑道的除雪
旋铣式破冰除雪机	压实积雪或路面结冰	用在街区道路清除冰雪
击振式破冰除雪机	对地面坚硬冰雪层实行凿击破碎	用在复杂路面清除冰雪
吹雪机	吹出公路路面新降雪	国外用在飞机场跑道等区域的除雪
消融剂撒布车	以化学融剂消雪	降雪前、后撒在路面
加热式熔雪机	把雪收集加热融化成水	效率低，费用高，难以推广使用
联合式除雪机	任何条件的冰雪类型	任何路面条件

各种类型除雪机介绍如下：

1. 抛扬式除雪机

抛雪机主要是用在降雪量特别大的地区，适合于未被压实雪的清除。一般在降雪量很容易快速达到80 cm以上的区域或路段配置抛雪机。抛雪机也用于紧急停车带内积雪的清除。抛扬类除雪机械的主要工作对象是自然积雪和各种堆积雪，少数装有特殊齿刃螺旋的也可以清除较厚硬雪和冰层。抛扬式除雪机的工作范围极广，工作能力强大。其工作幅宽从几十厘米到3 m；除雪功率从几马力到上千马力，抛扬距离为10～45 m。这类机械在庭院街区除雪、道路开通作业、拓宽除雪作业广泛应用。其特殊功效往往是其他除雪机械无法比拟的。抛扬式除雪机工作装置由抛雪装置和集雪装置组成，结构还包括控制抛雪方向的导雪筒、控制接地的铲刃和地轮及平衡调整机构等，其结构如图4—3—2所示。

2. 铲刮式除雪机

图4—3—3a所示是使用最广的铲刮式除雪机械，在中国广大降雪地区已被普遍采用。这类设备以解放、东风、斯太尔等大型卡车为主要驱动底盘，所配备的前置除雪铲以自然积雪或轻度压实积雪为主要作业对象。铲体大多做成左右摆动式，可成30°排雪角向主机右侧或左侧排雪，除雪作业速度可达50 km/h以上，排雪距离超过5 m；使用时，挂接作业速度越快，排雪距离越远。铲刮式除雪装置基本结构如图4—3—3b所示。由于其构造比较简单，可以方便地安装到多种驱动主机上，能够清除从自然积雪到坚硬压实雪的各种状态积雪，适用面广，所以得到了最广泛的应用，是清雪机械的主力；在发达国家铲刮式除雪机械的比例占50%左右。

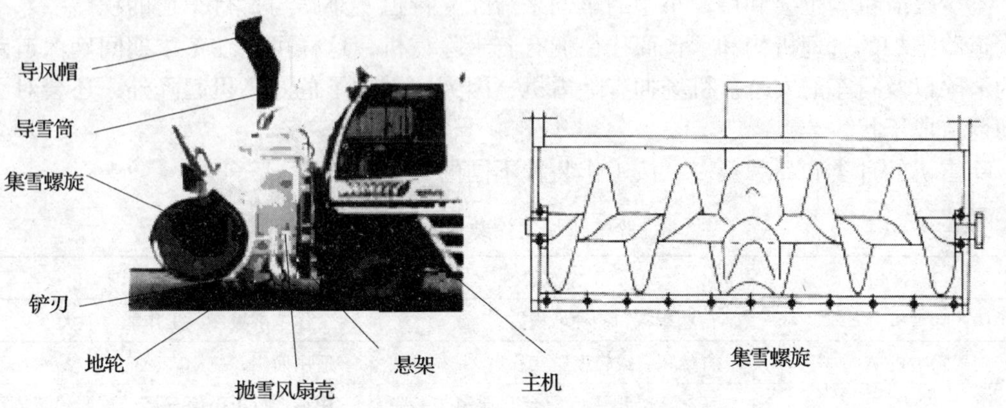

图 4—3—2　抛扬式除雪

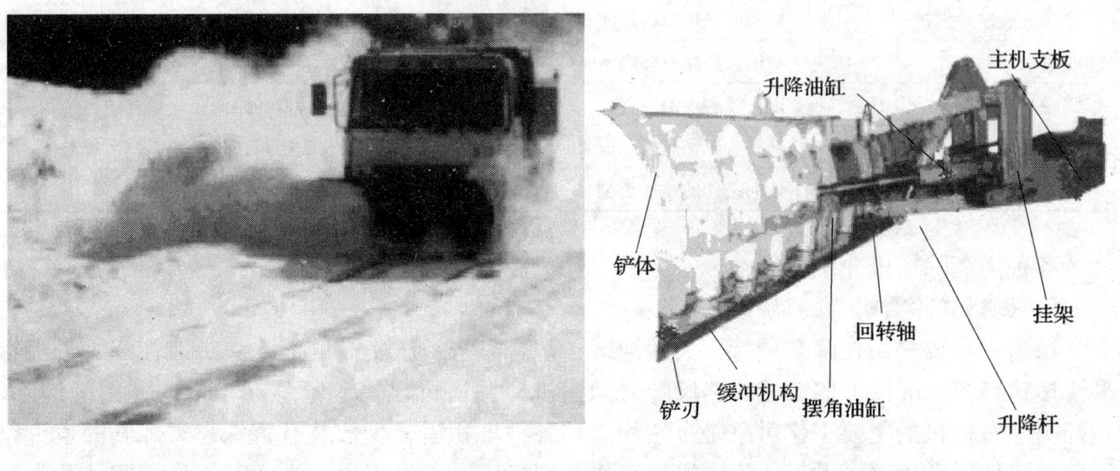

a)　　b)

图 4—3—3　铲刮式除雪机

3. 刷扫式除雪机

根据扫雪刷的位置可分为前置式、中置式和后置式。刷毛材料多为含有防冻添加剂的尼龙、聚丙烯等，也有采用金属丝材料的。驱动主机可在汽车、拖拉机或装载机中广泛选用，刷体驱动有液压马达或机械转动两类主要形式。该设备的作业幅宽为 0.8 ~ 3.0 m，作业速度一般为 3 ~ 30 km/h。滚刷设备的排雪方向可通过刷滚整体左右摆动来实现，也可用导雪板帮助控制雪流方向。其主要工作是清扫薄层积雪或配合其他清雪装置补充作业，以提高除净率，减轻劳动强度。扫雪刷的优点是能把雪清扫干净，主要是用在人行道、停车场、重要建筑物周围和机场跑道的除雪。但是由于工作速度慢，刷子和雪容易黏结在一起，形成雪柱，道路和市政部门很少采用。

4. 旋铣式破冰除雪机

旋铣式破冰除雪机由中、小马力拖拉机前方悬挂（见图 4—3—4），具有高速旋转的螺旋铣削结构，大量排列有序的铣削刀刃可以精密控制其接地间隙，刀刃不仅可以直接铣削冰雪表层，其冲击力还能振裂冰雪深层从而使其易于清除。旋铣式破冰除雪机主要用于街区道路清除冰雪工作中，其作业宽度为1.2～1.6 m，作业速度为2～4 km/h。

5. 击振式破冰除雪机

击振式破冰除雪机（见图4—3—5）由拖拉机或大型装载机为驱动主机，前置锋利齿刃的随动式击振滚筒结构，依靠高频击振力对地面坚硬冰雪层实行凿击破碎，后置的铲刮结构在主机强大驱动力作用下清除冰层。由于采用随动击振滚筒和铲刃翻转避让结构，该设备在复杂路面上能显示卓越的越障性能，作业幅宽1.2～3.0 m，作业速度为2～10 km/h。

图4—3—4　旋铣式破冰除雪机

图4—3—5　击振式破冰除雪机

6. 吹雪机

吹雪机（见图4—3—6）主要依靠专用的大功率发动机驱动鼓风机产生的冷风进行吹雪，多和扫雪刷联合作业，将清扫过程中飞扬起来的雪吹走，但无法将融化后的雪水混合物、压实后的雪吹走。吹雪机主要用于飞机场跑道等区域的除雪。但由于造价昂贵，在公路及市政部门中极少采用。

7. 消融剂撒布车

融雪剂主要为氯盐类和非氯盐类融雪剂两类。氯盐类有氯化钠、氯化钙、氯化镁等；非氯盐类有乙酸盐、醇类等。

非氯盐类融雪剂的环保性能较好，对道路、环境、植物影响较小。但是其冰点高，融雪效果较差，而且融雪后容易再结冰，并且非氯盐类融雪剂价格昂贵，即使在西方发达国家，也只用于机场跑道等区域。

氯盐类融雪剂由于冰点低，资源丰富，价格低廉的优点，在西方发达国家普遍采用，但是使用过量的氯盐类融雪剂，会对道路、环境、植物会造成很大的影响。

8. 联合式除雪机

联合式除雪机是把几种清雪除冰装置，根据需要选择两种以上安装在同一底盘主机上，它们联合或单独进行作业，以适应不同条件的清冰除雪要求，如图4—3—7所示，它将铲刮、旋铣、刷扫装置安装在拖拉机上，可以完成新降雪、压实雪、冰雪的清雪除冰作业。

各地降雪条件千变万化，清雪除冰机械也因实际作业的需要而种类繁多。

图 4—3—6　吹雪机

图 4—3—7　联合式除雪机

二、多功能控制面板按键功能

下面以迪马国产除雪机为例说明扫雪机的控制面板功能。

控制面板（见图 4—3—8）主要是通过对液压阀组电磁阀进行换向，使其对液压油路的方向进行控制，实现各执行件（油缸、马达等）的正常工作。

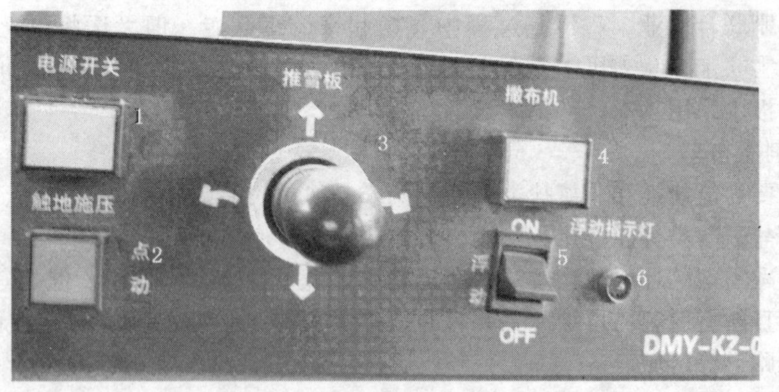

图 4—3—8　迪马国产除雪机控制面板

1．多控制面板电源开关：按下为开，指示灯亮。

2．推雪板触底施压开关：用于推雪板对地面施加压力，该键一般情况下不需使用，以防止施压过多车前方被顶起，造成车辆无方向；使用时只能点动，不能长时间按压。

3．安装推雪板或前置滚刷后，完成升、降、左、右的动作控制。

4. 撒布机油路控制开关：给撒布机液压系统提供液压动力，使用撒布机时此开关一定要打开，再对撒布机控制面板进行控制。

5. 浮动开关：打开此键后推雪板或前置滚刷处于浮动状态；设备靠自身重量与路面接触，可随路面起浮保持一定的浮动压力。

6. 浮动开关指示灯：打开浮动开关后指示灯发亮。

一、迪马国产除雪机操作推雪板的操作使用

1. 启动发动机。

2. 使其气压达到0.7 MPa以上后，打开取力器开关，使液压油泵进行工作，为液压部分提供动力。

3. 在冬季气温较低开始使用时，为保证液压系统工作的稳定性，需先挂上取力器空转10 min左右，为液压油进行预热后开始工作。

4. 因除雪机采用进口叶片油泵，因此，在刚挂上取力器时先轰几脚油门，使发动机瞬间转速达到1 300 r/min左右，使叶片泵的叶片能正常甩出产生压力。

5. 提起推雪板，到达工作地点。

6. 操作调整推雪板的位置。

7. 放下推雪板进行推雪作业。

二、液压控制安装

打开图4—3—8所示的电源开关“1”，正常情况下只对图中的“2”键进行点动控制，使推雪板的挂板上升；向上控制“3”键使推雪板挂板向下挂在车上的安装座上；将两个大固定螺栓装上并加固。

三、机具操作及注意事项

1. 打开图4—3—8中的电源开关“1”，此时可操作“3”键对前方所安装的设备进行升、降、左、右的动作控制；设备在进行左右控制时，机具需离地10 cm左右才能进行左右操作。

2. 推雪板在进行推雪调整时，在推雪板离地10 cm左右时，将推雪板向要工作的一方转到位，使限位器对推雪板进行限位，才能放下推雪板进行推雪作业。

3. 车前方安装的设备在没有离开地面时，车辆不能进行倒车或对机具进行左右偏转，必须先将机具升起后才能进行倒车，防止机具损坏。

4. 在使用推雪板触地施压时只能少量点动；使用前置滚刷时不能使用触地施压操作。

5. 在长时间使用除雪设备工作时，发动机转速只能控制在 1 000 ~ 1 500 r/min，防止发动机转速过高导致液压温度过高，造成相关零部件的损坏。

6. 在使用前置滚刷时需注意：前置滚刷是由定量定压的液压动力来完成，机具的旋转力量不因发动机转速提高而提高，反而会影响滚刷的正常工作，因为转速过高会导致液压系统自动处于卸压及卸油状态，动力会降低。

工程应用

除雪机运用技术

1. 在使用除雪机进行除雪作业时，首先要对工作路段的雪质、雪的厚度、硬度及路面设障情况进行全面调查和了解，按照计划除雪量选用除雪机类型及型号。

2. 使用前检查液压管路及连接部位有无松动、渗漏现象，液压油温是否过低。若不符合要求，要进行预热处理后方可作业。

3. 调整工作装置，使工作装置底部与路面之间的间隙满足路面不平的需求，这个间隙一般为 1 ~ 2 cm 较为适宜。

4. 对顶推拖挂式除雪机，要考虑牵引车的抗滑性能及雪雾对驾驶视野的影响，必要时安装防滑链，对犁式除雪机尽量选用平头牵引车。

5. 操作时要动作平稳，工作速度适宜，以免损坏工作装置。

6. 要在除雪机前后适当范围内设立除雪作业标志，以保证行车安全。

7. 除雪机工作结束后，要对除雪装置上的雪块、冰碴进行清理，尤其是轴承、转子叶片与壳体接触面应及时清理，以免结冰损坏风扇叶片。

8. 除雪机在闲置不用时，为避免液压油在低温时黏度增高及各部件锈蚀，需将机器晾干停放在车库中。

9. 车辆在车库停放时车库内气温不可太低，以使液压油温保持在一定范围内，从而保证液压系统随时可以进行工作。

10. 选择液压油时，不仅要考虑其黏度等级，还必须考虑油液的黏—温特性，使工作油所适应的温度范围宽些。

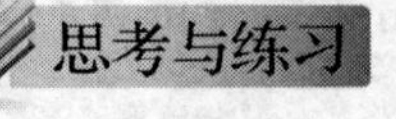

思考与练习

一、填空题

1. 除雪机是用于__________和路面结冰的专用设备，是寒冷地区的公路、城市道路、机场道路养护的必备机械。

2. 通常除雪机使用自动倾卸卡车的底盘为基础，外加专门的________改装制成。

二、判断题

1. 抛雪机主要是用在降雪量特别大的地区，适合于未被压实的雪的清除。一般在降雪量很容易快速达到 80 cm 以上的区域或路段配置抛雪机。（　　）

2. 铲刮式除雪机是使用最广的铲刮式除雪机械，在中国广大降雪地区已被普遍采用。这类设备以解放、东风、斯太尔等大型卡车为主要驱动底盘，所配备的前置除雪铲以自然积雪或轻度压实积雪为主要作业对象。（　　）

3. 吹雪机主要依靠专用的大功率发动机驱动鼓风机产生的冷风进行吹雪，多和扫雪刷联合作业，将清扫过程中飞扬起来的雪吹走，也能将融化后的雪水混合物、压实后的雪吹走。（　　）

三、选择题

1. 推雪板在进行推雪调整时，在推雪板离地（　　）cm 左右时，将推雪板向要工作的一方转到位，使限位器对推雪板进行限位；才能放下推雪板进行推雪作业。

A. 10　　B. 20　　C. 30　　D. 50

2. 在长时间使用除雪设备工作时，发动机转速只能控制在（　　）r/min，防止发动机转速过高导致液压温度过高，造成相关零部件的损坏。

A. 700 ~ 1 000　　B. 800 ~ 1 000　　C. 1 000 ~ 1 500　　D. 2 000 ~ 2 500

四、简答题

1. 简述迪马国产除雪机操作推雪板的操作使用。

2. 简述除雪机运用技术。

任务四　割草机的使用与维护

◆ 了解割草机的用途和类型。
◆ 能够正确使用和维护割草机。

割草机是一种小型的养护机械，在公路养护中，主要用于道边坡除草和高速公路中间隔离带除草。通过本任务的学习，要求学生能够安全使用、维护割草机。

相关理论

割草机最早使用于园林及牧场，主要是收割牧草，修剪草坪。根据割草机的作业对象不同，它的剪切器形式及结构有一定的差异，割草机的类型如图 4—4—1 所示，有往复式割草机和旋转式割草机两类。往复式割草机用于生产，现在基本淘汰；旋转式割草机剪切速度高，剪切能力强，在割草机中应用较多。割草机的主要类型见表 4—4—1。

图 4—4—1　割草机的类型

表 4—4—1　割草机的类型和适用范围

类型	形式	适用范围
旋刀式割草机	固接式	适用于草坪，表面必须清洁、无杂物。适应性强，作业速度 8 ~ 16 km/h，生产率高，但结构复杂，价格高
	铰接式	适用于杂物较多的草坪，草原牧场
滚刀式割草机	手推自进步行式	适用于地面平坦、质量较高的草坪，如足球场、高尔夫球场等
	驾乘式	
	拖拉机牵引式	
	悬挂式	
往复割刀式割草机		即刀具仅做直线往复运动，结构简单；主要用于切割直立、生长不太高的草坪，作业速度 10 ~ 12 km/h。适用于粗径草和细灌木丛的作业，多用于街、路绿化和堤坝改造
甩刀式割草机		专用于公路两侧和河堤的绿地；是将刀片铰链在水平轴的刀盘上，在垂直平面内转动，其圆周速度为 50 ~ 75 m/s，剪切能力较强，适用于切割比较粗的杂草
甩绳式割草机		适用于人员难以到达地点的割草作业

路用割草机不同于牧场和园林割草机，除了具备最基本的剪切功能外，还要能在公路上行驶，工作装置能够外伸，使其在碎石、杂物较多的地方能正常工作，遇到障碍能自动保护，并保证较低的割茬。目前常见的小型割草机多采用单元盘剪切刀具，其整体质量轻，使用方便。

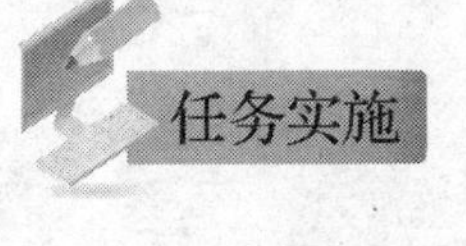

一、操作前的准备工作

1. 彻底检查剪草机将要工作的区域，除去所有石头、树枝、电线等杂物，以防剪草机工作时将其甩出伤及工作人员或他人。

2. 在剪草机工作、调整和修理时，穿保护鞋和长裤，戴防护眼镜。

3. 剪草前，应通过轮子高度调节杆设定好剪草高度（见图4—4—2）。剪草过程中不允许调节剪草高度；需要调节剪草高度时，应关闭发动机。

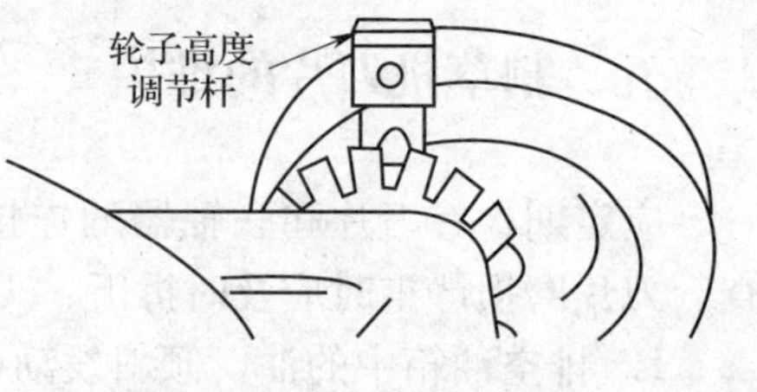

图4—4—2　剪草高度调节

4. 剪草前，应挂上集草袋或排草导向罩。发动机运转过程中，不允许摘、挂集草、排草装置。

5. 剪草时，调节扶手到合适的高度，双手扶稳上推把，脚步踏稳。

6. 剪草场地坡度超过15°时，则不得在该坡地上进行修剪作业。

7. 加机油：将机器置于平地上，旋下机油标尺，并用布擦净，将机油标尺完全插入后，旋转1/4圈，再旋出，查看油尺上机油的液位显示，机油水平应位于机油标尺上的“FULL（满）”和“ADD（加注）”之间。

8. 加汽油：在汽油机启动前必须灭掉所有火源，再检查燃油量。加油后，应擦净溅出的汽油，然后再启动发动机，以防起火或爆炸。注意：在刚停机时，发动机温度很高，不要加汽油。

二、启动发动机

1. 将火花塞导线套在火花塞上。

2. 按手动燃油泵三次，每次间隔2 s，如气温低于13℃，可按手动燃油泵五次；如发动机在短时间内关闭，仍很热时，切勿按手动燃油泵。

3. 将油门控制手柄置于油门关闭的位置，即将油门手柄拉至最后。拉起离合器杆，使离合器杆和扶手柄握在一起。

4. 握住启动手把，轻扯启动绳手柄，感到有阻力时，再猛拉启动绳，启动发动机。如未启动，则重复上述动作，直至看到消音器充分冒烟，汽油机运转正常为止。

5. 启动绳拉出后，无论启动与否，均不准松开启动手柄使其自动缩回，应手握启动手把，让启动绳随机内的自绕机构缓慢地卷回原位。

6. 将油门推到合适的位置，即可开始工作。

三、工作状态

1. 握住扶手，割草机将随人走的速度而自动调整自走速度。

2. 向后拉机器时，先握住扶手下部的横杆向前推进 2.5 cm 以后，方可向后拉。

四、停机

1. 将油门控制手柄推至慢速位置，运转 2 min，再推到停止位置。

2. 拔下火花塞线，以防止剪草机误启动。

五、割草机刀片的维护

应定期检查刀片和联轴器的连接情况，使用中，当刀片撞击到其他物体时，应及时检查。刀片磨损严重时应及时拆下，刃磨或更换。

1. 排空油箱中的油，倾斜发动机，取下刀片。

2. 检查刀片是否严重磨损或有裂纹，如有裂纹，一定要更换。

3. 刀片两边要磨去同样的量，刀片才会保持平衡。

4. 检查刀片磨后是否平衡的办法如图 4—4—3 所示。将金属圆棒穿入刀片的中心孔，并将圆棒两端固定于水平状态，然后转动刀片，刀片应能在各个角度上保持静止状态，如始终有一端下垂，则应将这一端磨掉一部分，直至平衡为止。

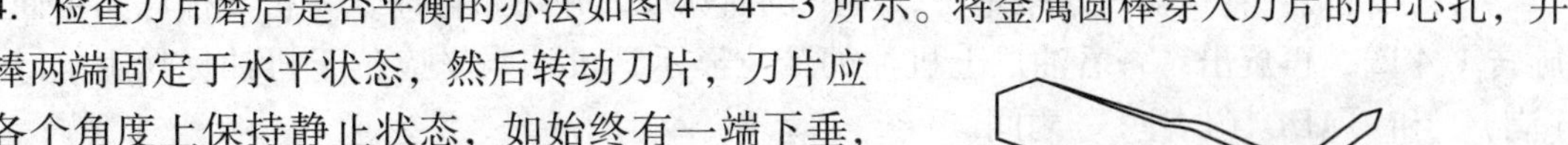
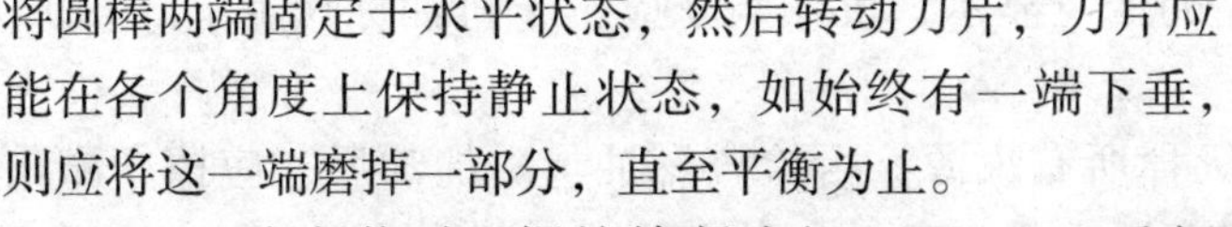
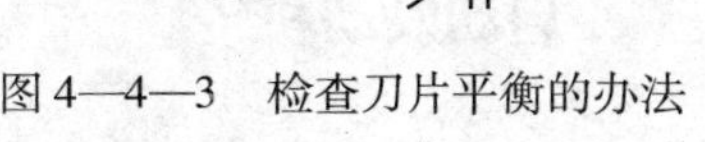

图 4—4—3　检查刀片平衡的办法

5. 刀片安装时，螺栓旋紧力矩 68N · m。重新安装刀片前，应在曲轴和联轴器内孔涂润滑油，中心螺栓及曲轴螺孔内也应涂润滑油，防止今后可能锈蚀而无法拆卸。安装时应使刀片平的一面朝向地面。如估计今后较长时间内不再使用时，应将刀片表面涂上润滑油，以免锈蚀。

六、汽油机的维护

1. 空气滤清器在正常情况下，每隔 25 h 应清洗一次，在非常脏的环境中使用时，则需要每隔几小时清洗一次。当汽油机的转速总也上不去或经常熄火时，通常是因为空气滤清器被堵塞，此时必须清洗粗滤芯，更换细滤芯。

2. 火花塞需要在每个季节过后进行清理，并重新调整火花塞的间隙。

3. 汽油机外表应经常用布刷子擦干净，保证清洁和通风，这是保证汽油机性能和使用寿命所必需的。

七、割草机的保存

1. 长期不使用时，应放尽机内汽油，以免汽油变质而堵塞化油器等部件。

2. 彻底清洗机器内外表面，并在转动部件和刀片表面涂黄油防锈。

3. 机器应放入包装箱内储存。包装后应放在干燥、清洁的地方。不要靠近腐蚀性的物品以防生锈。

割草机操作注意事项

一、着装

在操作割草机之前请佩戴好防护着装，以保护好自己。

1. 戴上耳罩避免噪声以保护听力。
2. 发动机熄火后方可搬运或检查调整割草机。
3. 操作机械时需要穿长袖上衣和长裤，切勿穿着宽松衣物。
4. 佩戴手套操作。
5. 请戴安全帽。
6. 穿上安全鞋以防滑倒。
7. 戴护目镜以保护眼睛。

二、安全

1. 勿在酷热或严冬的气候下长时间操作，要有适当的休息。
2. 下雨天不能操作。
3. 醉酒人员不能操作割草机。
4. 小孩或未成年人不能操作割草机。
5. 不熟悉割草机正确操作方法的人员不能操作割草机。
6. 视线不清或反应迟钝者，不能操作割草机。
7. 消除所有可能产生火花的物品（包括烟、打火机等）。
8. 补充燃料时切勿吸烟。

三、操作前检查

操作前检查是保证安全操作的关键。

1. 不能使用任何有异常的刀片。
2. 检查刀片和离合器的螺丝有无松动。

四、操作中技术要点

操作过程中要注意自己和他人的安全。

1. 确认在危险区域内无其他人员的情况下方可启动发动机。

2. 确认刀片远离地面，不会与其他物品接触（如石块等）。

3. 操作中要始终以双手操作机器。

4. 机器运转中切勿将双手或双脚靠近或接触刀片。

5. 当刀片被草等缠住，无法运转时，应停止机器，除去缠绕物。

6. 在操作中机器出现晃动或振动，须立即停止机器，查明原因。

五、操作后注意事项

1. 临时休息时，关闭机器并将消音器一侧朝下，以免烫伤；下一次启动机器之前必须检查刀片。

2. 使用后，机械需要擦拭干净，包好刀片。

3. 拆除火花塞电线，以免意外失火。

4. 待机器全冷却后再储存。

5. 将机器存放于凉爽干燥之处，并禁止小孩触摸。

背式割草机操作安全守则及注意事项

一、安全守则

1. 穿长袖上衣及长裤，禁止穿宽松衣物，戴安全帽、护目镜，最好戴上耳罩避免噪声，穿不易滑的鞋，禁止穿拖鞋或光脚。

2. 不要在酷热或严寒的气候下长时间操作，要有适当的休息。

3. 不允许醉酒或生病的人、小孩和不熟悉正确操作方法的人操作割草机。

4. 在发动机停止运转并冷却后再加油，并避免油过满溢出，若溢出须擦拭干净。

5. 机器最少远离物体 1 m 才可以启动。

6. 必须在通风良好的户外使用该机器。

7. 每次使用前必须检查刀片是否锋利或磨损，离合器螺丝是否锁紧。

二、启动前检查

1. 检查油箱有无破洞漏油。

2. 必须更换成锋利刀片，而不用异常刀片。

3. 确保他人不在危险区域内方可启动发动机。

4. 启动发动机时需抓紧操作杆以免因振动而失去控制。

5. 启动前需确认刀片远离地面，没有与其他物品接触。

6. 一定要用原制造商提供的零配件，特别是刀片。

7. 检查油箱盖是否锁紧。

三、操作中注意事项

1. 如机器于操作中异常振动，必须立即停止发动机，暂停使用。

2. 必须以双手操作机器，禁止单手作业。

3. 发动机运转时切勿将双手或双脚靠近旋转的刀片。

4. 发动机消音器一侧需朝外以免发生烫伤。

四、正确的割草方法

1. 因为刀片是左转的，所以有效率的作业方向是由左向右割草。

2. 最有效率的割草是使刀片直径的三分之二割到草。

五、背机方法

1. 左手握住操作杆。

2. 右手提起右侧背带后背在右肩上。

3. 将操作杆换至右手侧，背机左侧背带于左肩上。

4. 调整背带至最舒服的位置。

六、操作后需注意

1. 使用后将刀片包好，以免不小心割到人。

2. 如几天不用，需要将油箱倒空，以免因漏油而起火。

3. 确定刀片完全停止，再进行清洁维修检查工作。

4. 拆除火花塞电线，以免意外失火。

5. 待发动机完全冷却后再储存。

6. 将机子存放在凉爽干燥之处，并禁止小孩接触。

7. 每25 h或3天半，对齿轮箱补充润滑油，内外管加润滑油。

8. 每50 h或8天，清洁空气滤清器及火花塞。

9. 每100 h或15天，清洁消音器及轮毂。

思考与练习

一、填空题

1. 割草机最早使用于园林及牧场，主要是收割牧草，修剪草坪。根据割草机的作业对象不同，它的剪切器形式及结构有一定的差异，割草机的类型有________和________两类。

2. 路用割草机不同于牧场和园林割草机，除了具备最基本的________功能外，还要能在公路上行驶，工作装置能够外伸，使其在碎石、杂物较多的地方能正常工作，遇到障碍能自动保护，并保证较低的割茬。

二、判断题

1. 割草机要定期检查刀片是否严重磨损或有裂纹，如有裂纹，要更换。 ( )

2. 背式割草机操作时要穿长袖上衣及长裤，禁止穿宽松衣物，戴安全帽、护目镜，最好戴上耳罩避免噪声，穿不易滑的鞋。 ( )

3. 加机油时将机器置于平地上，旋下机油标尺，并用布擦净，将机油标尺完全插入后，

旋转1/4圈，再旋出，查看油尺上机油的液位显示，机油水平应位于机油标尺上的“FULL(满)”之上。（　　）

三、选择题

1. 启动时，按手动燃油泵（　　）次，每次间隔2 s，如气温低于13℃，可按手动燃油泵5次；如发动机在短时间内关闭，仍很热时，切勿按手动燃油泵。

A. 1　　B. 2　　C. 3　　D. 5

2. 停机时，将油门控制手柄推至慢速位置，运转（　　）min，再推到停止位置。

A. 1　　B. 2　　C. 3　　D. 5

四、简答题

1. 简述如何启动割草机。

2. 简述正确的割草方法。

任务五　切缝机的使用与维护

- 了解切缝机的用途、特点和结构。
- 能够正确使用和维护切缝机。

切缝机是利用圆锯片将碾压混凝土切出缝槽的机械。通过本任务的学习，要求学生能够使用切缝机实施切缝的作业任务、维护保养切缝机。

一、切缝机的用途与特点

HQS600C（电启动）型混凝土路面切缝机是以柴油机为动力的混凝土切缝机，它是利用金刚石锯片对混凝土路面、大理石板、水磨石构件等脆硬材料进行切割的机械，可广泛用于无电源设施情况下的公路施工、石材厂矿等行业。该机采用手推式行走切割前进，结构简单、切缝平直、效率高、使用方便、操作灵活。

二、切缝机的结构（见图4—5—1）

混凝土切缝机由手扶可移动的机架、小型水冷式内燃机、圆锯片和浇水装置等组成；圆锯片用螺母紧固在转轴上，工作时，用内燃机产生动力，通过三角带带动圆锯片旋转，从而实现对混凝土层的切割；转动手轮使前轮升降，锯片随之升高或下降，控制切割的深度；机身后部有盛水的水箱，在切割作业时对锯片洒水，起到冷却的作用。

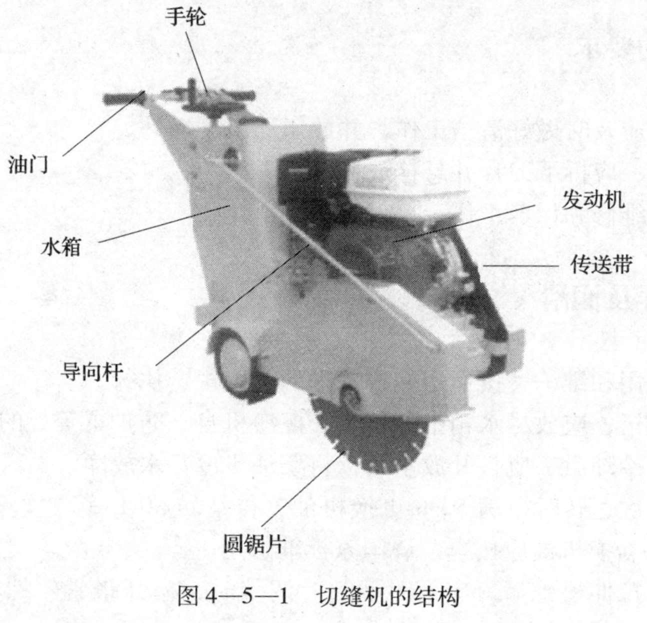

图4—5—1　切缝机的结构

任务实施

下面以圆锯片式切割机为例来说明切割机的施工作业。

一、作业前的准备

1. 柴油机启动前，必须检查柴油机底座、皮带轮等机件的紧固情况，然后往油箱内注入足够量的轻柴油，润滑油也应加足，机油标尺上的油迹应在两刻度线之间，而后才可启动。

2. 开机前应检查各部位螺栓、螺母有无松动，安全罩是否完好，并检查锯片是否完好，锯片上的箭头方向与防护罩上的箭头是否一致，无误后方可开机。

3. 检查水箱，水箱应注满水。

4. 启动机器，检查刀片的转动是否平稳，行走机构有无跑偏现象。

二、切割作业

1. 切割作业前，锯片应离开地面。

2. 先放下导向杆，使导向轮着地；启动柴油机，调节油门开度，提高柴油机转速。

3. 待锯片运转正常后，打开水管开关，缓慢旋转手轮，使锯片下落，当锯片切到预定深度，即可向前推进。

4. 切割行进时，双目应注视导向轮，以掌握切割方向，双手推动扶手，使导向轮按照预定的方向前进，保证切口的平直性。

三、作业后的要求

1. 作业完毕，应及时做好清洁工作，并放于通风干燥处。

2. 长期不用时，应拆下刀片并悬挂放置。

3. 按规定做好维修和保养工作。

四、维护保养及润滑

1. 柴油机的使用和维护，按通用操作规程的有关规定执行。

2. 每班工作完毕，应放尽水箱中的积水，擦净机身、防护罩等处的沉积物。

3. 柴油机停车冷却后，应打开放水阀，将柴油机冷却水放净。

4. 新机器第一次运转时，满 50 h 更换机油，再运转 50 h 第二次更换机油，以后每隔 100 h 换一次机油，新换机油应按季节、国家标准选用。

5. 三角带由于拉伸松弛后，应及时调整。调整时，松开张紧轮螺栓，拧紧调节螺栓，三角带张紧适宜后，再拧紧张紧轮螺栓。

五、使用及安全注意事项

1. 切缝过程中，操作人员应站在刀片侧面。

2. 工作中出现异常声响，应及时停机，检查轴承是否损坏。经检查，若为锯片掉齿、螺母松动等原因，应拆开主轴轴承盖，重新安装时，应在轴承内注满黄油。

3. 由于行进过快，切割过深时，柴油机因过载而冒黑烟，此时应停止前进或减慢行进速度。

4. 机器停止转动前，锯片应完全脱离切割状态才能离开地面，在非工作状态下，严禁锯片着地，以防止锯片变形。

5. 当遇到较大切削阻力时，应立即升起刀片检查处理，恢复切缝时应稍后于推出位置。

6. 检查蓄电池

（1）电解液液面始终保持在 max 和 min 之间。

（2）蓄电池与机器马达连接时应注意电池正负极与马达正负极正确连接，严禁反接，否则会造成马达损坏。

（3）蓄电池保存时应远离热源和明火。

（4）蓄电池充电时应保持通风，谨防爆炸伤人。

一、填空题

1. 切缝机是______________________________的机械。

2. 混凝土切缝机由手扶可移动的机架、______________、圆锯片和浇水装置等组成。

二、判断题

1. 柴油机启动前，必须检查柴油机底座、带轮等机件的紧固情况，然后往油箱内注入足够量的轻柴油，润滑油也应加足，机油标尺上的油迹应在两刻度线之间，而后才可启动。（　　）

2. 切割行进时，双目应注视导向轮，以掌握切割方向，双手推动扶手，使导向轮按照预定的方向前进，保证切口的平直性。（　　）

3. 长期不用切割机时，应拆下内燃机并悬挂放置。（　　）

三、选择题

新切缝机第一次运转时，满（　　）h 更换机油，再运转 50 h 第二次更换机油，以后每隔 100 h 换一次机油，新换机油应按季节、国家标准选用。

A. 30　　　B. 50　　　C. 70　　　D. 100

四、简答题

1. 简述切缝机作业的内容。

2. 简述切缝机维护保养的内容。

任务六　铣刨机的操作与维护

- 了解铣刨机的用途、类型和结构。
- 能够正确使用和维护铣刨机。

工作任务

路面铣刨机用于路面铣平，旧沥青混凝土路面修补、翻修，水泥混凝土路面抗滑纹理加工、切缝、开槽等施工和养护作业。通过本任务的学习，要求学生能够使用铣刨机实施路面铣刨的作业任务，维护和保养铣刨机。

相关理论

一、路面铣刨机的用途

路面铣刨机（见图4—6—1）是沥青路面养护施工机械的主要机种之一，主要用于公路、城市道路等沥青混凝土面层清除涌包、油浪、网纹、车辙等。由于它工作效率高、施工工艺简单、铣削深度易于控制、操作方便灵活、机动性能好、铣削的旧料能直接回收利用等，因而广泛用于城镇市政道路和高速公路养护工程中。

图4—6—1　路面铣刨机的外观

二、路面铣刨机的类型和特点（见表4—6—1）

表4—6—1　路面铣刨机的类型和特点

分类方式	类型	特点
铣削形式	冷铣式	在常温下直接对路面进行铣削；一般单独施工，应用广泛
	热铣式	由于增加了对沥青路面加热装置而使结构较为复杂，一般用于路面再生作业，已被淘汰

续表

分类方式	类型	特点
行走装置	轮式	轮式机动性好、转场方便，由于轮胎本身承载能力及轮胎与地面附着力的限制，一般只适用于中小型路面作业
	履带式	履带式多为铣削宽度 2 000 mm 以上的大型铣刨机
传动方式	机械式	机械式工作可靠、维修方便、传动效率高、制造成本低，但其结构复杂、操作不轻便、作业效率较低、牵引力较小，适用于小规模路面养护作业
	液压式	液压式结构紧凑、操作轻便、机动灵活、牵引力较大，但制造成本高、维修较难，适用于切削较深的大、中规模路面养护作业

三、铣刨机的结构

一般铣刨机由工作装置、履带、集料输送装置、控制台几部分组成（见图 4—6—2）。

图 4—6—2　铣刨机的结构

工作装置：铣削转子是铣刨机的主要工作部件，由铣刨鼓、铣削刀基座、铣削上部刀座、铣削刀具等组成。通过其高速旋转的铣刀进行铣削工作。

履带：铣刨机的行走装置。

集料输送装置：将铣削出的散料收集并传送至载重汽车上。

控制台：控制铣刨机的工作，包括发动机、铣削转子、铣刨装置升降机构、集料输送装置、洒水系统的工作。

四、铣刨机控制台的操纵装置

铣刨机有左、右两个控制台（见图4—6—3、图4—6—4），操作开关基本上一致，驾驶铣刨机时，可根据需要选择使用左或右控制台，控制台的按钮、开关、手柄的名称、功能如下（功能相同的按钮、开关、手柄编号一致）。

图4—6—3　左控制台

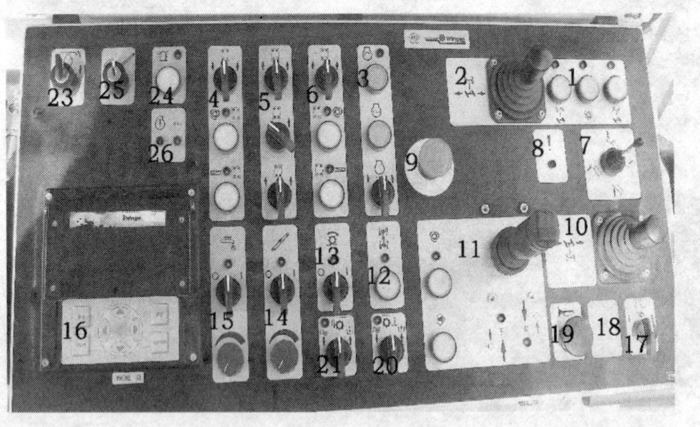

图4—6—4　右控制台

1. 后履带转向模式选择按钮：蟹行模式、小半径模式、自动模式。

2. 后履带转向手柄：将转向手柄推向右侧，后履带就会向右转向；将转向手柄推向左侧，后履带就会向左转向。

3. 发动机启动按钮、发动机熄火按钮、发动机转速开关。

4. 左前支腿升、降开关。左前高度调整按钮：自动开、关。左前横坡调整按钮：开、关。

5. 铣刨机前部升、降开关，铣刨机整体上升开关，铣刨机后部升、降开关。

6. 右前支腿升、降开关。右前高度调整按钮：自动开、关。右前横坡调整按钮：开、关。

7. 排料皮带输送器手柄：上升、下降、左右摆动。

8．一般故障指示器。

9．紧急停机按钮：按下则紧急停机。

10．前履带转向手柄：将转向手柄推向右侧，前履带就会向右转向；将转向手柄推向左侧，前履带就会向左转向。

11．行走速度保存按钮：按住保存按钮超过 1.5 s，就保存了铣刨机当前的行走速度。行走速度调出：按下行走操作手柄上的开关（指示灯闪亮），然后按下保存按钮，铣刨机就会加速或减速到原先存储的速度。行走操作手柄：前进、后退。载荷控制按钮：自动、关闭。

12．差速锁按钮：开、关。

13．铣刨鼓开关：向左转启动，向右转启动。

14．皮带输送器驱动开关：向右转动开关并保持，直到指示灯亮，松开开关，皮带输送器转动；向左转动开关并保持，直到指示灯熄灭，松开开关，皮带输送器停转；将皮带开关拧到关的位置并保持 5 s，皮带输送器就会反向转动。皮带输送器速度调节旋钮（在右侧控制面板）。

15．水泵开关、水量调节旋钮（在右侧控制面板）。

16．CGC 显示器：由显示屏、选择器方向键、帮助功能键 F1、特殊功能键 F2、退出当前数据页面键 QUIT、选择或者确认键 ENTER 组成，可以查看铣刨机的各种参数，操作人员根据参数判断铣刨机的工作情况。

17．边板升降开关：右侧控制台控制右侧边板升降、左侧控制台控制左侧边板升降。

18．空位。

19．喇叭。

20．破碎梁升降开关：上升锁定、下降浮动。

21．刮板升降开关：上升锁定、下降浮动。

22．电源钥匙开关：左边供电关闭，中间供电打开，右边供电灯光均打开。

23．发动机罩打开开关；插入钥匙，向右转，发动机罩打开；向左转，发动机罩关闭。

24．旋钮警示灯按钮：开、关警示灯。

25．皮带输送器折叠：插入钥匙，向右转，皮带输送器展开；向左转皮带输送器折叠；中间保持。

26．发动机故障代码显示：通过指示灯闪烁，显示发动机存在什么故障。

一、发动机启动前的检查

1．检查燃油液面高度，必要时加满。

2．检查机油液面：抽出油尺，正确的机油液面应该在油尺上 min 和 max 之间，如果机油的量不足，需补充机油。

3. 检查液压油面：通过目测液压油液位，至少应处于一半位置，如果不足，应添加液压油。

4. 检查分动齿轮箱中的油位：通过目视液位计（油尺）油位，最少为一半，正确的液压应该在油尺上 min 和 max 之间，如果不足，需补充加油至油尺刻度。

5. 发动机冷却液液面：打开罩子，检查冷却液液面，不足应加满。

6. 保证急停按钮没有按下。如果按下，应按按钮上标注的方向旋转，解除急停，否则，发动机不能启动。

7. 检查刮板安全销必须固定。

二、启动发动机

1. 电源钥匙开关：调节到中间位置。

2. 按下发动机启动按钮：启动发动机。

3. 用发动机转速调节开关：在 1 s 内重复向左旋转 2 次，发动机怠速运转，预热发动机。

4. 检查监控系统：如果指示灯持续闪亮，表示存在故障。故障信息显示在显示屏（F1）上，应停机排除故障。

三、铣刨机向前（后）行走

1. 调节发动机转速开关到右边并保持，直到达到要求的发动机速度。

2. 转动铣刨机整体上升开关，使工作装置离开地面。

3. 按住行走驱动手柄上的船形开关，指示灯闪亮。向前（后）移动并按住行走驱动手柄，直到达到所需的速度。松开后，行走驱动手柄自动回到中间的位置，铣刨机仍按照所选定的速度前进（后退）。

4. 保存行走速度：按住控制台保存按钮超过 1.5 s，就保存了铣刨机当前的行走速度。

5. 调出行走速度：按下行走驱动手柄上的开关（指示灯闪亮），然后按下保存按钮，铣刨机就会加速或减速到原先存储的速度。

四、铣刨机转向

1. 前履带转向

（1）按下前履带转向自动模式选择按钮，指示灯亮起，自动回中模式打开在自动位置。

（2）将前履带转向手柄推向右侧，前履带就会向右转向。

（3）将前履带转向手柄推向左侧，前履带就会向左转向。

（4）转向手柄移动的距离决定了转弯半径。

（5）松开转向手柄，前履带自动回中。

（6）再次按压自动回中按钮，指示灯熄灭，自动回中模式关闭。

2. 后履带转向

（1）将后履带转向手柄推向右侧，后履带就会向右转向。

（2）将后履带转向手柄推向左侧，后履带就会向左转向。

（3）转向手柄移动的距离决定了转弯半径。

（4）松开转向手柄，后履带自动回中。

3. 蟹行模式

（1）按下后履带转向蟹行模式选择按钮，指示灯亮起。

（2）将转向手柄推向右侧，前履带就会向右侧蟹行。

（3）再按一下按钮关闭蟹行模式，指示灯熄灭。

（4）履带将仍处于目前转向位置。

4. 小半径转向模式

（1）按下后履带转向小半径模式选择按钮，指示灯亮起。

（2）通过前履带转向操纵阀手柄，使前履带偏转。

（3）通过后履带转向阀手柄调节一个新的转向角度（更大或更小）。

（4）再按一下按钮关闭自动模式，指示灯熄灭。

（5）履带将仍处于目前转向位置。

五、停机

1. 将输送器带内的铣刨除料完全送出。

2. 将铣刨机高度降到最低，如有必要应加安全装置。

3. 确认输料带的转换阀位于“工作位置”。

4. 将所有开关调整“OFF”“O”或“NATURE”的位置。

5. 将发动机速度调制怠速位置，让发动机在无载荷情况下运转，直到发动机冷却下来。

6. 按住发动机停机按钮，直到发动机熄灭。

7. 将主开关钥匙旋转至“OFF”的位置。

8. 确认铣刨机不会滑动，不被意外操作。

9. 如果铣刨机有可能与交通冲突时，请加以封锁（即警示灯、灯光等）。

10. 不可将铣刨机停放在楼梯出入口、消防栓前，以免要使用这些设备时，受到铣刨机阻碍。

11. 拔出钥匙，确认所有箱子及门均正确上锁。

一、路面铣刨机的使用技术

1. 铣刨机在使用时应配套好相应的辅助作业机械。有自动收料装置的铣刨机只需要配备装料卡车即可，而无自动收料装置的铣刨机应另配小型装载机及资料卡车。

2. 铣刨机必须由专人操作，操作人员必须经过严格的技术培训，熟悉整机各系统性能及操作规程，以防发生机械设备故障和人员设备安全事故。

3. 铣刨机在使用前必须对各部件进行空运实验，在确认各部件运转正常且各部件无泄漏的情况下方可进入正常工作。

二、路面铣刨机的应用特点

1. 使用铣刨机铣削路面，可以快速有效地处理路面病害，使路面保持平整。

2. 道路的翻修工程采用铣削工艺可保持原路面的水平高程。铣削工艺可将损坏路面切除掉，由新材料填补原有空间，经压实后与原路面等高，保持路面的原有水平高程，这使穿行于高架桥或立交桥涵的路面载荷对桥体不致产生冲击载荷，并且桥涵通过高程不变。

3. 保证新旧路面材料的良好结合，提高其使用寿命。采用铣削工艺可使填料坑边侧及底部整齐、深度均匀，形成新旧料易于结合的齿状几何表面，从而使翻修后新路面的使用寿命大大提高。

4. 有利于旧路面材料的再生利用。由于可以掌握切削深度，铣削下来的材料不仅干净且呈规则的小颗粒，不用破碎加工即可再生利用，大大降低了施工成本，同时也是一种环境保护措施。

三、铣刨机械的使用与管理

1. 铣刨机必须由专人操作，操作人员必须经过严格的技术培训，熟悉整机各系统性能及操作规程，以免发生机械设备故障和生产安全事故。

2. 铣刨机在使用前必须对各个部件进行空运转试验，检查各部件运转是否正常，在确认正常且各部件又无泄漏的情况下方可进入正常工作。

3. 无论何种型号的铣刨机，在进行工作时，必须先使机械处于行走状态，然后使转子旋转并缓慢下降，渐渐进入工作状态。此操作顺序不能有误，以免损坏机件或造成安全事故。

一、冬季保存铣刨机

1. 进行越冬存放的铣刨机要做好记号。

2. 将铣刨机内外彻底地清理干净，将其停放在一干燥并且通风良好的环境中。

3. 将油箱完全加满油。

4. 用常用的冷溶剂将发动机外部清理干净。

5. 在发动机还是热的时候，放干机油，更换机油过滤器，换上抗蚀油。

6. 按照操作和维护指南，将铣刨机上所有的润滑点都上好润滑油。

7. 移走V带，将皮带轮槽中加入抗蚀机油。

8. 封包空气过滤器的进气口和发动机排气口。

9. 如果铣刨机没有驾驶室，控制面板要进行覆盖保存或封盖保存。

10. 如果铣刨机装备液晶显示器，注意一定不要在低于 -25℃环境下保管，如果不可避免，可将该显示器拆下来，存放到适当的房间里。将拆除显示器留下的孔洞适当填充覆盖。

11. 履带驱动铣刨机的履带机构要清理干净，铣刨机必须停放在坚实的地面上（例如混凝土地面）。

12. 如果条件不允许，铣刨机要开到垫木上，以防铣刨机与地面冻在一起。

13. 移走蓄电池，用特殊的黄油处理电极，按照生产厂家的规定给蓄电池充电，蓄电池应存放在干燥、通风良好的地方，温度也应该适宜。

14. 如果铣刨机配备有洒水系统，要将整个水箱彻底排空，或在水箱中加入足量的防冻剂。

15. 释放皮带输送器的皮带张紧力。

二、铣刨机存放后的启动

1. 将带轮上的抗蚀油清理干净，安装并张紧 V 带。

2. 将发动机中的抗蚀油排空，然后换上经过特别配制的机油。

3. 安装上蓄电池，检查其充电情况和酸液面。

4. 检查发动机、齿轮箱和所有油箱中的油面高度。

5. 检查冷却液和防冻剂的液面高度。

6. 检查电气系统的功能是否正常。

7. 撤走空气过滤器进气口和发动机排气口的封包。

8. 启动发动机，检查机油压力，检查所有的管道和软管有无破裂和泄漏。

9. 检查刹车功能是否正常。

三、作业过程中的注意事项

1. 一次铣削路面的最大切削深度不得超出铣刨机的限值。

2. 转移工作点或空驶前必须将铣刨转子升离地面。

3. 铣削转子运转过程中严禁倒机。

4. 作业过程中铣刨机严重抖动或铣刨转子处发出异常声响时，可能铣到钢筋等坚硬物，应立即停机并提升铣削转子检查。

5. 严禁在铣刨机卸料皮带装置上悬挂任何重物或利用卸料装置的提升摆动功能将铣刨机作起重工具用。

6. 近距离自行转移工地时，输送料的带装置必须与机身成直线，不得左右偏斜。

7. 定期停机打开铣刨转子罩壳后挡板检察铣削刀具是否松动、脱落、折断或过度磨损，并及时更换，以免由于铣削刀具的缺损而引起铣刨转子损伤。

8. 铣刨机的液压系统应保持清洁，注意经常清洗或更换过滤装置，操作时若发现油压不正常，应立即停车检查；一般人员不得随意调整系统的油压。

9. 各运转部件应按说明书要求在工作前或工作结束后对其进行润滑保养。

四、更换铣刨机铣削刀具的顺序

1. 启动发动机：将发动机转速降至怠速。

2. 关闭铣刨鼓驱动：将铣刨鼓开关打向左侧并保持，直到指示灯熄灭。

3. 完全升起铣刨机。

4. 用支撑架支撑铣刨机。

5. 安全插销：释放铣刨机两侧的安全插销。

6. 铣刨鼓挡板：升高挡板，直到挡板自动挂好安全插销。

7. 升高边板（同时升高刮板）：向右转动并按住开关，边板就会升起。松开开关，铣刨机就会停留在升高的位置。

8. 用旋转装置或手柄转动铣刨鼓，用于检查铣刨鼓或更换刀头。

9. 用榔头或气动工具将磨损的刀头打出来。

10. 用榔头或气动工具将新的刀头打入刀座。

11. 降低铣刨鼓挡板：向右调节开关，升高铣刨鼓挡板，直到释放安全插销；然后调节开关向左并保持，直到铣刨鼓挡板完全降低。

12. 启用两侧的铣刨鼓挡板。

13. 移走支架：轻轻地升高铣刨机，必要时向内折叠支撑，然后松开。

五、检查液面高度，添加、更换液体的方法

1. 检查液面高度时，铣刨机横纵两个方向都必须处于水平状态。

2. 添加铣刨机的燃料和润滑油必须使用生产厂家指定的产品，或其代用品。

3. 在拆卸之前，清理所有的连接部位和接头；使用无绒擦布，保证绝对干净。

4. 小心地盖上或打开所有的开口和接口。

5. 铣刨机在工作温度下，才能更换机油。

6. 添加液压油之前，必须经过过滤。

7. 在液压油排净的情况下，不能启动铣刨机。

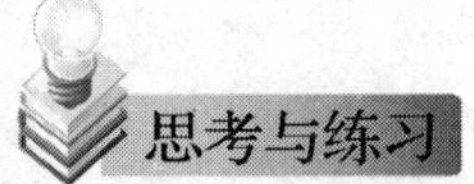

一、填空题

1. 路面铣刨机用于______________，旧沥青混凝土路面修补、翻修，水泥混凝土路面抗滑纹理加工、切缝、开槽等施工和______________。

2. 电源钥匙开关：左边供电__________，中间供电__________，右边供电灯光均打开。

二、判断题

1. 铣削转子运转过程中严禁倒机。（　　）

2. 严禁在铣刨机卸料皮带装置上悬挂任何重物或利用卸料装置的提升摆动功能将铣刨机作起重工具用。（　　）

三、选择题

1. 用发动机转速调节开关，（　　），发动机怠速运转，预热发动机。

A. 在 1 s 内重复向左旋转 2 次　　B. 向左旋转

C. 在1 s内重复向右旋转2次　　　　D. 向右旋转

2. 作业时，按住控制台保存按钮超过（　　）s，就保存了铣刨机当前的行走速度。

A. 1　　　　B. 1.5　　　　C. 2　　　　D. 3

四、简答题

1. 怎样启动铣刨机的发动机？

2. 检查液面高度，添加、更换液体的方法是什么？